大舜传

李永鑫　何俊杰　编著

绍兴文理学院高等人文研究院自设课题成果

中国文史出版社

图书在版编目（CIP）数据

大舜传 / 李永鑫，何俊杰编著 . -- 北京 ：中国文史出版社，2024. 12. -- ISBN 978-7-5205-4949-3

Ⅰ．K827=1

中国国家版本馆 CIP 数据核字第 20240E7941 号

责任编辑：王文运

出版发行： 中国文史出版社

社　　址：北京市海淀区西八里庄路69号　　邮编：100142

电　　话：010-81136606　81136602　81136603（发行部）

传　　真：010-81136655

印　　装：绍兴市越生彩印有限公司

经　　销：全国新华书店

开　　本：787mm×1092mm　1/16

字　　数：298千字

印　　张：23.75

版　　次：2025年3月北京第1版

印　　次：2025年3月第1次印刷

定　　价：128.00元

　　舜是史传中的五帝之一。舜,姚姓,妫氏,名重华,字都君,谥曰"舜",中国上古时代父系氏族社会后期部落联盟首领,建立虞国,治都蒲坂。20岁以孝闻名全国,30岁为尧所任用,50岁代天子事;58岁那年尧去世,61岁正式登上帝位,执政39年。被后世尊为帝,史称帝舜、虞舜、舜帝,故后世以舜称之。

　　舜善于修身,做到了为子孝、为兄仁、为友义、为臣忠、为君贤。舜以孝闻达于尧,尧选舜为接班人,最后把帝位传给了舜,成为千古佳话。

　　舜以德治国,以法辅之,使百姓享有国泰民安。《史记·五帝本纪》载,尧时禹、皋陶、契等大臣已经起用,但未有分职。虞舜时期则分工明确,各司其职,设立了中央各级机构,形成了国家的雏形。

在中国的历史上,舜是第一个把全国划为十二州的君主,舜还在各州设"牧",用以管理地方政事。此外,还建立了法制、赋税制度、统一度量衡制度、礼乐教化制度等。

舜是明德始祖,《史记·五帝本纪》载,"天下明德皆自虞帝始"。在五帝之中,舜以贤德而享誉千秋。舜出身贫寒,地位卑微,幼年丧母,继母凶悍,弟弟骄横,和其父几欲置舜于死地。然舜始终奉之以孝,待之以礼。舜30岁时为尧所征召,几经考验,尧禅让帝位于舜。舜继帝位之后,敬天地山川之诸神,抚山南海北之群牧。名章典刑,广开言路,政治清明,河清海晏;选贤任能,黜陟幽明,庶绩咸熙,尽善尽美。孔子称赞"巍巍乎,舜、禹之有天下也,而不与焉"!舜终其一生,德化天下,万民敬仰。

舜与上虞有不解之缘。在上虞地域有许多关于舜的传说和故迹,这从一个侧面反映了上虞在中国历史发展中的重要作用。

自古至今,绍兴的先贤认为舜的出生地在上虞。《史记·五帝本纪》"正义"引《会稽旧记》云:舜,上虞人,去虞三十里有姚丘,即舜所生也。明万历《新修上虞县志》记载,舜生于上虞姚丘,"姚丘在县十二都"。根据方位,应在今上虞区上浦境内,该镇虹漾村还有纪念舜母的圣祠。据传说,舜的母亲握登是感受彩虹而怀上舜的,分娩时又有祥瑞之光照耀,将虹漾山东西两岸照成红色。为纪念这件非同寻常的事,就把村名改为虹漾。

至今上虞境内尚有"舜井""大舜庙""百官桥""舜江""小舜江""历山""百官渡""百官里""指石""握登""虹漾""耕山""象田岭""象田寺""吊马石""石床""谷林"等许多虞舜生活遗痕和标志。

舜年轻的时候有"耕历山""陶河滨""渔雷泽"等故事,在上虞都能找到相应的地方。

舜事业有成后,多次返回故乡。任昉《述异记》载:"会稽山有虞舜巡狩台,台下有望陵祠。"

舜在会稽山巡狩时,曾筑坛祭天。祭天时,用黄色土筑坛,插黄色旗帜,主祭者穿黄色服饰,故名"黄坛"。后留地名黄坛,在 20 世纪 60 年代,"黄坛"改名"王坛"。

舜另一次回故乡是在尧崩之后,史载舜避丹朱于上虞时,朝中百官很想念舜,要求舜回去。《史记·五帝本纪》载:"诸侯朝觐者不之丹朱而之舜,狱讼者不之丹朱而之舜,讴歌者不讴歌丹朱而讴歌舜。"上虞成了当时的临时首都。百官迎接舜的桥后来被命名为百官桥,这一地方以后就称百官,而且一直沿用至今。《水经注》卷四十转引《晋太康三年地记》载:"舜避丹朱于此,故以名县。百官从之,故县北有百官桥。"百官从而朝贺,百官地名亦由此而来。

1997 年,陈桥驿先生在《虞舜文化》序中说:"我在《大禹研究》(浙江人民出版社 1995 年版)一书的序言中曾经指出,'禹是越地土生土长的人物,他的崇高精神和伟大人格,他的人定胜天的坚强意志和卓越不凡的治水方法,一直扎根在这个地区,现代绍兴人可以理直气壮地说:禹是我们的'。现在,我可以重复那篇序言中的话,虞舜的崇高品德和伟大人格是令人肃然起敬的。他自己谦逊禅让,又能选贤与能,任用禹、稷、契、皋陶等并十有二牧。巡行四方,躬耕畎亩,为芸芸众生鞠躬尽瘁。在儒家经典中,虞舜确实是一位至圣完人。但是这个故事的渊源却无疑出自上虞,他是上虞土生土长的人物。所以,现代上虞人可以理直气壮地说:虞舜是我们的。"

上虞是虞舜故里,是虞舜文化的原发地,世世代代的上虞

上虞大舜庙

人民虔诚祭祀舜王，传承虞舜的道德精神。虞舜以其明德感召四方，化育万民；从孝顺父母到协和万邦，从谦虚谨慎到至仁至善，虞舜之明德无不渗透其中。新时代上虞精神"明德尚贤，创变笃行"也是在虞舜精神的基础上与时俱进。我们要按照习近平总书记"用明德引领风尚"的要求，在新时代砥砺前进、笃行实干。

绍兴市学者李永鑫、何俊杰在深入研究古文选《尚书》《史记》及诸子百家文选基础上写出了《大舜传》，对追溯史前文明迈出了新的一步。他们重新考证舜出生于浙江上虞，归葬在湖南苍梧，对舜的生平事迹、德治社会做出了新的研究，提出了新的见解。

《大舜传》的出版将有助于虞舜文化的普及弘扬。对上虞来说，传承弘扬虞舜文化是学习贯彻习近平文化思想的重要举措，是全面提升"青春之城"文化力的重要内容，更是应有的责任和担当。我们将进一步挖掘虞舜文化内涵,做好考古挖掘和文史整理研究工作。同时,要做好虞舜遗迹的保护和重建工作。由于年代久远,虞舜遗迹多已湮没,有些标志性遗迹必须立项重建工作。要像前几年重建大舜庙一样,重建一批虞舜标志性遗迹,使上虞的虞舜文化真正成为看得见、摸得着、可感受的显性文化,把上虞建设成为名副其实的虞舜故里,以迎接世界舜迹寻根者的参访、拜谒,真正让虞舜文化在历史长河中持续熠熠生辉。

2024 年 12 月

目录

从嵊州小黄山文化算起,绍兴有考古依据的人类活动时间已经有 10000 年。从河姆渡文化开始,迄今也已有 7000 年之久的历史了。4500 多年前的良渚文化遗迹,是中华文明的肇始时代,三皇五帝、大禹是这个时代的主角。在那个英雄辈出的时代,虞舜、夏禹在绍兴留下众多传说和古迹遗存,反映出绍兴在 4500 年以前文明曙光初现之际也占有重要地位。古人说:"越,舜禹之邦也。古有三圣,越兼其二焉。"

绍兴地处宁绍平原西部,长江三角洲南翼,浙江省中北部,西接杭州,东连宁波,北濒杭州湾。绍兴倚山面海,南部有会稽山盘踞。会稽山麓以北,直至杭州湾,是广阔的平原地带,称为"山会平原"。山会平原东起曹娥江,西至浦阳江,总面积约 580 平方公里。平原地区土地肥沃,水资源充足,四季分明,气候适宜。这块地方最早被称为越,后来建立的政权就叫越国。

绍兴先民在这块土地上生产生活,最早种植水稻,最早发明舟船工具,最早用"干栏式"建筑构筑自己的住房。先民们还创造了特有的艺术和文化。早在旧石器时代,就可以在当时的生产工具石器上,考察到一些审美的意向和形迹。绍兴艺术文化的历史,现在也已经可以追溯到新石器时代。河姆渡史前文化遗址中众多的出土文物有力地证明,美术、音乐等不少艺术门类在当时已经出现;建筑、编织、陶塑、髹漆以及玉石骨牙雕刻等工艺也已经发展起来。在此后的良渚文化中,玉器艺术蔚为大观,并从对生产工具和装饰的模仿中逐渐脱颖而出,具有越来越丰富的精神象征意义,出现了琮、璧、钺等比较成熟且成组合的玉制礼器。其稳定规矩的造型和对称和谐的装饰布局,已开后世玉类器物造型和装饰构图之先河。

从不断出现的考古遗存可以看出,在新石器时代,绍兴地域的文明表现出了自己的特点,但殊途同归,绍兴的文明曙光却成为中华文明的重要组成部分。

一、虞舜时代会稽地区考古遗迹印证

在考古学中,依据石制工具制作水平,分为旧石器时代和新石器时代两个历史阶段。浙江旧石器时代文化遗存中最为著名的是1974年冬在建德县李家镇上新桥村乌龟洞发现的一枚古人类犬齿化石,经鉴定距今约5万年。由于它是浙江省首次发现、且被确证为人类化石,意义颇为重大,故被命名为"建德人"。学术界一般都以为"建德人"揭开了浙江历史的序幕。

从历史记载和考古发现看,至迟从新石器时代早期起,绍兴地域内先民们的生产生活活动十分活跃,翻开了人类文明的篇章。从 20 世纪开始,陆续的地下发现,展现了古越先民的吉光片羽。

自二十世纪六七十年代开始,在这里陆续发现了数十处新石器时代的文化遗存,其中较为重要的有:20 世纪 30 年代开始发掘的余杭良渚文化遗存;70 年代发掘的余姚河姆渡文化遗址;80 年代发掘的绍兴马鞍文化遗址;90 年代发掘的萧山跨湖桥、下孙文化遗址和 2005 年才发掘的嵊州小黄山文化遗址。其中,余杭良渚文化遗存正是舜禹时代的印证。

余杭良渚文化遗存

良渚文化遗存是继河姆渡文化之后浙江境内又一支影响巨大的新石器时代的晚期文化,反映了史前时期浙江历史发展的第二次高潮。良渚文化的上限时间在距今 5300—5200 年,下限时间学术界略有分歧,多数主张定在距今 4200 年前后。良渚文化的分布范围很广,其中心地区是环太湖流域,而宁绍地区也可见到良渚文化类型的文化遗址,如绍兴市柯桥区的马鞍仙人山、凤凰墩遗址、齐贤陶里壶瓶山遗址、杨汛桥寺前山遗址,上虞区马慢桥遗址,宁波市余姚市鲞架山和鲻山遗址等。这说明文化有很强的渗透力,它会打破地域界限,使地域文化中呈现出你中有我、我中有你、互相影响、互相融合的现象。而辉煌灿烂的中华文明正是各个地域文化汇聚的最终结果。

绍兴出土鸠杖的青铜杖首

1936 年施昕更几次到良渚进行实地调查,获得了不少收获。1936 年底至 1937 年 3 月,在有关方面的支持下,对良渚遗址进行了三次考古发掘,出土了大量陶器、石器和玉器。1938 年,施昕更对出土文物进行整理研究,出版了《良渚——杭县第二区黑陶文化的初步报告》一书,从而使埋藏地下数千年之良渚文化显现于世,受到学术界的广泛注视。中华人民共和国成立以后,考古工作突飞猛进,同一类型的文化遗址在以环太湖流域为中心的区域内大量涌现,从而使良渚文化的内涵更加丰富和充实。

　　一是犁耕农业有了长足的发展。良渚时期所使用的工具,大多数是用石制成,木器和骨角器仅占少数。器型有犁、耘刀、斧、锛、锄、耘、有孔石刀、铚、镰等,可以说这些工具基本上满足了各个生产环节的使用需要。

　　工具中最引人注目的是石犁。石犁在崧泽文化晚期就已经出现,但良渚使用的石犁,无论在形制、数量或是犁与犁床的组装上,都有明显的进步。

　　良渚文化时期的石犁,其犁身长而前锋夹角小(30—50度),犁面大,并有琢磨而成的圆孔 2—4 个。尤其是在木犁床上还改进增设了可控制深浅的犁箭和长辕,使结构更为合理、科学。

　　有人对石犁和犁床结构进行了探索复原,以为当时的犁床是由两部分构成的,上为木板,下为垫木,石犁嵌夹在两者中间,然后打入木钉。这样,石犁便夹在木犁床中,使其刃部外露,克服了石犁容易损坏的弱点。结合民族学的资料,由于当时石犁都比较笨重、庞大,不是一人所能操作,所以必定安有一根长辕,供人力挽行。其操作方法,可能是一人在后,操作犁把;两人在前,拉犁耕作。当时尚未出现以畜力挽犁的先进耕作方式。

良渚石犁适用于土质松软的沼泽地带。石犁的使用,扩大了耕地面积,改善了土壤结构,为提高地力和工效创造了条件,在中国农具发展史上,具有里程碑性质的意义。

二是令人惊奇的制玉工艺。此为良渚先民的又一重大成就。制玉,是由石器制作技术发展而来的。良渚的玉器制作十分盛行,这当然与当地盛产玉石有关。良渚时代玉器制作已成为独立的生产部门,已采用了切、割、挖、凿、划、钻、磨、琢、雕、刻等各种技艺。

从璞玉到玉器,一般均需经过采矿、设计、开眼、打磨、钻孔、雕刻和抛光等多道工序。

采矿——如能捡到裸露在山头或地表的矿石,这当然是最省工、最简易的方法。挖掘深埋在岩石中的玉石并非易事,因为当时还不可能用爆破方法。据晋常璩《华阳国志·蜀志》记载,秦李冰率民众凿"五尺道"时,遇到岩层时即先"积薪烧之",然后开凿。估计良渚先民在玉矿层中先堆放柴火,用火烧之,达到高温后再泼上冷水,利用热胀冷缩原理使岩石爆裂,然后选择取凿。

开眼——开采玉材后,一般都依照预先的设计方案,先切割成各种坯料,俗称"开眼"。开眼的方法很多,如用马尾等一类原料搓成绳索,充当"锯条",不断拉动和加水,慢慢把玉璜剖开;或用"砣切法",截断圆形、扁薄的玉坯;也可能用硬度较高的石英石作切割工具。选取何种方法,要根据具体条件和可能,而且同样是良渚玉器,其开眼方法也不尽一致。

钻孔——玉石成坯后,便进入钻孔工序。从出土文物看,良渚时代已出现了利用绳子(或皮条)拉动旋转的实心钻头,以后又把钻头改进为空心的圆形管,既减少加工对象的接触面,又可加工孔大而深的物件。其主要钻孔工艺有实心钻法、管钻法和琢钻法。

实心钻法。犹如现在木工所使用的"木工钻",宁波市慈湖遗址就出土了这类木工钻头。使用时,一般先在器物上琢一小圆窝,避免钻头滑动,然后再进行钻孔。良渚出土的璜、冠形器、串饰、牌饰、锥形器等玉器,就是用此法加工而成。

管钻法。它是在实心钻的基础上发展起来的,由于管钻只要把加工对象钻掉一圈,接触面小,阻力减少,可以使工效大为提高。然而管钻之"管",用竹、硬木、骨等何种材料制成,尚不得而知。若用金属,当然是最理想的,但当时尚未发展到金属冶炼的水平。

琢钻法。就是用尖锥状石器琢孔、划孔或挖孔,此类工艺比较简单。江苏丹徒大港磨盘墩出土过以黑色燧石打制而成的小石钻,即为琢钻玉器的工具。

打磨——是为了消除玉器表面上的加工痕迹,出现理想的光洁面。一般是用颗粒均匀的砂粒,先粗后细,不断磨损。或用如同现在的"砂轮"安装在砣床上磨制玉器。方法简单,是玉器加工中不可缺少的一道工序。

雕刻——就是用某种比玉硬度更高的黑色燧石或玛瑙等制成的石钻,刻画雕刻玉器。良渚出土的玉器,如反山发现的"琮王",外壁中部刻有8个头戴羽冠、两手叉腰的神人骑坐在神兽之上的"神徽",每个神徽图像高不足3厘米,宽不及4厘米,而神人的羽冠、手、胸和神兽头部、前肢,都刻画得惟妙惟肖、生动逼真,线条又细如发丝,令人啧啧称奇,堪称史前时期加工艺术

良渚文化时期的鸟图腾崇拜

的杰作。

用何种方法雕刻如此精美的玉器,现在还不得而知。有人推测,可能用"腐蚀法",即用某种动物或植物的分泌物涂在其上,使之软化,然后雕刻;或是用硬度更高的石英、玛瑙、水晶石一类原料作刀具,雕刻玉器。研究者想出许多方法,但大都是推测而已。

抛光——是最后一道工序,又称"上光",就是把玉器放在木片、竹片或兽皮之上不断摩擦,使玉器表面呈现光泽,细腻滋润,晶莹透彻。至此,一件玉器才算制作完成。

三是原始聚落群的扩大。聚落即村落,而聚落群则是诸多村落的总称。良渚时期,由于人口的繁衍,原始村落的数量不断增多,以至出现了规模较为庞大的聚落群。考古遗址的不断涌现,证明了聚落的迅速发展。

聚落遗迹包括房屋、道路、灰坑、手工作坊、畜栏、宗教场所、墓地等。研究聚落遗址,特别是大型聚落,对了解当时生产状况,社会结构、人与环境的关系以及原始宗教观念,都有十分重要的意义。

良渚先民由于生活在水网密布的沼泽平原和低洼的丘陵地带,所以人们多选择在地势较高的山麓前面地带或土墩高地、河岸边台地作为聚落所在。

由于社会经济的发展,良渚时期的社会结构已经出现了急剧的变化:贫富悬殊,对立阶级关系逐渐形成、暴力统治萌芽、社会矛盾复杂化,这一切都表明良渚时期我国社会即将跨入文明社会的门槛。因而表现在聚落上也显露规模、等级、设施、总体设计等方面的差异。

依时间先后,良渚文化的聚落群大致可以分为早、中、晚三期,每期都有典型的聚落遗址发现。

早期聚落以江苏吴江县龙南遗址的第二期文化遗存为代表。该遗址的总体格局是以天然河道为中轴,房屋依河而筑,隔河相望。在临河北岸的房址前,有防止河水泛滥的堤坝;临河南岸有两组房址,发现有灰坑、灰沟和呈圆形的土坑水井。

龙南遗址第三期文化遗址和良渚庙前遗址是良渚文化聚落的中期代表。龙南第三期遗存与第二期遗存有前后承袭关系,也发现一条河道和一座房址,其房屋大多属浅穴式建筑,建筑材料主要是木头、泥土、茅草之类,墙体系木骨泥墙。庙前遗址的规模远大于前者,两次发掘,揭露面积达 1000 平方米。遗址可分两个文化层,上层属良渚文化,下层为马家浜文化。在良渚文化层,发现房屋建筑遗存两座、带木构框架的水井及墓葬 6 座。房屋的基址是建在一条古河道的边上。以河流环绕居住处的格局,在当时比较流行。

良渚聚落可以良渚大观山果园遗址群为后期聚落代表。该遗址地处良渚、安溪、瓶窑三镇,在 33.8 平方公里的范围内,已发现遗址 100 多处，分布密集，成群连片，各种大型墓葬、祭坛、居址、礼仪性建筑、宗教场所、水井、制玉作坊等皆集中于此，而聚落群的中心就是大观山果园遗址。

在大观山遗址群之外，其四周又有荀山遗址群、瑶山遗址群、汇观山遗址群、潘板遗址群和横山遗址群，可谓蔚为大观，汇集良渚文化聚落群之精华。

四是内涵丰富的良渚墓葬文化。考古发掘中获得的墓葬资料，蕴含着极为丰富的文化内涵。从墓葬中不仅可以了解当时的埋葬习俗，而且可以认识其原始宗教观念的演变、社会经济的发展状况、贫富分化、社会结构等方面的情况。

良渚墓葬资料非常丰富，目前搜集到的资料已达 577 座之多，从其葬制和随葬品的质量和数量等特点来看，可以划分成大、中、小和乱葬墓几种类型。

大型墓——墓主多为当时社会的上层人物，墓穴规模巨大，建造考究，随葬品多而精美。如汇观山 4 号墓，墓坑长 4.75 米，南边宽 2.6 米，北边宽 2.3 米，深 0.2 米，并有呈"回"字形的棺椁痕迹，是迄今所见最大的良渚墓葬。如反山 20 号墓，墓坑长 3.95 米，南边宽 1.96 米，北边宽 1.75 米，深 1.32 米。随葬品有陶器 2 件、石器 24 件、象牙器 9 件、鲨鱼牙齿 1 枚、玉器 170 组，如以单件计，总数竟达 547 件之多。如寺墩 3 号墓，墓坑南北长约 3 米，东西宽约 1.2 米，随葬品有玉器、陶器、石器，共达 100 多件，其中有玉璧 24 件、玉琮 32 件，放置于尸体上下前后和周围，是史前玉殓葬的典型例子。赵陵山 77 号墓，墓坑长 3.3 米，宽 1.1 米，深 0.3 米，随葬物有玉器、石器、陶器、骨器，总共达 160 件，是良渚墓地随葬品最为丰富的大墓。而反山 12 号墓中，不仅出土了刻有精美绝伦，叹为观止的"神徽"，还出土了号称"琮王""钺王"的玉琮与玉钺，可以推测墓主是当时最有权势的人。

中、小型墓——是良渚墓葬中数量最多、墓主身份最复杂、数量最庞大的墓葬。墓坑长 1.6—3 米，宽 0.7—1 米，有的则无墓坑；随葬品从 1 件到 40 件，多寡不一,有的甚至一无所有。如果再作划分,中型墓可分Ⅰ级(如赵陵山57号墓、80号墓)、Ⅱ级(如庙前24号墓、杭州水田畈2号墓、3号墓、海宁徐步桥4号墓、千金角8号墓等);小型墓也可分Ⅰ级(如平湖平邱墩9号墓、徐步桥2号墓)和Ⅱ级(如平邱墩2号墓、3号墓、15号墓、26号墓等),其中平邱墩2号墓既无墓坑,也无随葬品,说明墓主生前是濒临破产和沦为奴隶边缘的小生产者。中、小型墓主生前的地位最不稳定,少数人可能继续向上爬,跻身于贵族之列,而多数人的趋向是越来越穷。

乱葬墓——是指那些既无墓坑,又无随葬品、葬式各异、头向不一的乱葬墓丛。被葬者应是生前社会地位最低的下层群众。他们或是从战争中掠夺来的战俘,或是氏族成员因贫困而沦为奴隶。

战国尸佼的《尸子》中说:"吴、越(之君)以臣妾为殉,中国闻而非之。"人殉和人祭,是奴隶社会的一项极为野蛮的制度。人殉,是奴主贵族死后,用奴隶或侍妾殉葬;人祭,则是以奴隶、罪犯之首级祭天地、祖宗。这种残暴行为在古代曾遭到社会正直人士的严厉谴责:"始作俑者,其无后乎。"俑是用来殉葬的土偶和木偶,孔子连作俑都反对,咒诅他断子绝孙,足见其对殉葬制度的痛恨。

在良渚乱葬墓中,杀殉现象时有所见。如在江苏昆山张浦镇赵陵山遗址中,就见有杀殉人骨,有的下肢被砍断,有的双腿呈捆绑状,有的仅存人头骨或身首异处。在上海福泉山139号墓和145号墓中,也发现有屈身下跪和双手被反绑的人殉遗骨。

良渚墓葬中出现的贫富分化和人殉现象,说明良渚社会性质已在发生变化。

良渚文化的分布范围:良渚遗址是新石器时代晚期的文化遗址。由于这一时期江浙一带社会发展的共同趋向,故良渚文化的分布范围,并不局限于浙江的杭嘉湖平原。文化的波及不受今省界、县界的限制,同类文化遗址的大量发现,证明良渚文化的分布范围极为广阔。

学术界公认良渚文化的中心区域是环太湖流域。

杭嘉湖平原是良渚文化遗址集中地区。其中余杭最为密集，据统计，在良渚、安溪和瓶窑镇的 33.8 平方公里范围内，就有近百处良渚文化遗址，占遗址总数近五分之一。这里不仅有荀山遗址群、安溪遗址群、大观山遗址群，瓶窑遗址群和潘板遗址群，而且各遗址群所发现的遗迹和遗物品位都比较高，在良渚文化中占有重要地位。江苏南部和上海市西部也有一些良渚文化的著名遗址，如上海福泉山和马桥（第五层）遗址、江苏昆山的赵陵山遗址、吴县草鞋山、张陵山遗址和武进区寺墩遗址。

在嘉兴、湖州市属范围内和宁绍平原也有不少良渚文化的遗址。其中海宁市的千金角、三官墩、荷叶地、达泽庙、余墩庙、大坟墩；桐乡市的普安桥、屠甸镇荣星村姚家山、百桃乡新地里；嘉兴市的双桥、雀墓桥、兆墩、支家桥、陆家坟、高墩坟和步云；平湖市的平邱墩；嘉善县的大往、新港；海盐县的石泉高地、龙潭港、仙坛庙、王坟和周家浜等遗址，都是良渚文化遗址。湖州市的良渚文化遗址，主要有钱山漾、花城、千金镇塔地及德清县的辉山、三合乡刘家山（上层）、新安桥、羊尾巴山、雷甸下高桥等遗址。

宁绍平原也是良渚文化的分布区，如柯桥区马鞍、仙人山、齐贤陶里壶瓶山、杨汛桥寺前山，上虞区马慢桥，余姚市鲞架山、鲻山，宁波市慈湖、鄞县钱圶，奉化区名山后，象山县塔山等文化遗址。

从上述良渚遗址的文化内涵看，可见良渚文化波及范围很广，大致可以划定：北抵长江，东到舟山群岛，西到宁镇地区，南至

上虞"神州舜迹"石刻

宁绍平原和舟山、定海、嵊泗等地。

在新石器时代早、中、晚期，绍兴先民从未停止过活动，代表各个时期的文化遗址不断发现。嵊州小黄山、萧山跨湖桥史前遗址，是宁绍地区最早的新石器时期文化遗址。尔后是名闻全国的余姚河姆渡遗址，它早期（第四文化层）文化，曾影响杭嘉湖平原的马家浜文化，到第一文化层时又受马家浜文化的影响。到了新石器时代晚期，又有如绍兴马鞍文化遗址、上虞马慢桥文化遗址、柯桥区齐贤镇壶瓶山遗址、杨汛桥镇寺前山遗址，余姚市鲻山、鲞架山遗址，宁波市慈湖遗址，奉化区名山后等遗址陆续发现，在时间上与杭嘉湖平原的良渚遗址不相上下。从文化内涵上分析，有明显的良渚文化因素，应纳入良渚文化的范畴之内。

二、虞舜在会稽地区的传说故事

舜禹的传说与良渚文化有关,良渚文化是舜禹时代的考古印证。虞舜时代是确实存在的,虞舜文化遗存以浙江、湖南一带为多。现在的问题是,舜怎么会在古代会稽一带活动,他的始祖是谁?

司马迁在《五帝本纪》中,把他归于华夏族,是黄帝的后代:"虞舜者,名曰重华。重华父曰瞽叟,瞽叟父曰桥牛,桥牛父曰句望,句望父曰敬康,敬康父曰穷蝉,穷蝉父曰帝颛顼,颛顼父曰昌意:以至舜七世矣"。昌意是黄帝之孙,则舜是黄帝的九世孙。名正言顺,舜是炎黄族的后代。正因为如此,司马迁说舜是"冀州之人也"。冀州是古地名,《史记正义》注释,"蒲州河东县本属冀州"。有学者考证,河东即今之山西永济。又据《孟子·离娄下》记载:"舜生于诸冯,迁于负夏,卒于鸣条。"有人考证,诸冯即今山东菏泽市五十里之姚墟。两者虽然说法不一,但都是在炎黄族的聚居地。如此一来,舜似乎成了华夏族人,是华夏首领黄帝的后裔。但据《吕梁碑》的记载,舜不是黄帝后裔,其世系是:"舜祖幕,幕生穷蝉,穷蝉生敬康,敬康生乔牛,乔牛生瞽叟,瞽叟生舜。"

舜被列为黄帝的后裔,据何光岳等先生的解释:"后人怎么会发生把黄帝、颛顼当作有虞氏始祖这一误会呢? 问题就出在舜做了尧的女婿这一点上。"这个解释是有一定道理的。舜原有妻子叫登北氏,还为舜生过两个女儿。尧为了拉拢舜,"妻以二女",就是娥皇、女英。这样一来舜就成了尧的上门女婿,即后世所谓入赘,这种情况在母系氏族时期十分普遍,尤其是在会稽一带长期流传,在秦《会稽刻石》中,秦始皇还训斥:"夫为寄豭,杀之无罪。"青年男子嫁出去之后,就不能算是原氏族的成员,不仅财产无权继承,连姓氏也得与妻子部落的姓一致。舜之父瞽叟姓妫,而舜姓姚;瞽叟家的财产应由其弟象继承,舜无权过问。这恐怕也是舜与其父关系搞坏的原因之一。当然,华夏族的正统观念,也是硬把舜与黄帝接上关系的原因之一。孟子曾说:"舜,东夷之人也。"《礼记·王制》

载:"东方曰夷,被发文身。"但"东夷"是一个内涵非常广泛的概念,於越族也包括在东夷之内。而孟子所指的舜为东夷人,却限定在山东。"舜生于诸冯",诸冯即指今山东省的菏泽市。此与舜的实际出生地不符,所以《会稽旧记》载:"舜,上虞人,去县三十里有姚丘,即舜所生也",这一记载,不是毫无根据的主观臆说。绍兴史前时期越文化,是鸟图腾,越人连文字也是鸟篆,河姆渡文化遗存印证了越人对凤鸟的崇拜。

帝舜像

凤凰与龙一样,是众多的部落氏族融合后的共同的图腾。凤凰作为图腾,不是自然崇拜的产物,而是想象中的民族祖先的产物。中华民族的始祖,女娲、盘古、炎帝、黄帝都以龙作为氏族图腾,都是龙的形象。凤凰则是虞幕、帝喾、舜以及商殷的祖先契的图腾。《山海经》说舜祖句望鸟面人身,《左传·昭公十七年》云:"……高祖少皞挚之立也,凤鸟适至,故纪于鸟,为鸟师而鸟名。"《史记·殷本纪》说:"殷契(商族之祖)母曰简狄,有娀氏之女,……见玄鸟堕其卵,简狄取而吞之,因孕生契。"

关于凤凰的传说,以与舜帝相关的传说最为丰富、最为精彩。传说中,一说凤凰是舜的化身,一说舜与凤凰歌舞相伴,形影相随。

《法苑珠林》云:"舜父夜卧,梦见一凤凰,自名为鸡,口衔米以哺,言鸡为子孙,视之,乃凤凰,以黄帝梦书占之,此子孙当有贵者。"

《山海经·大荒南经》载:"有载民之国。帝舜生无淫,降载处,是谓巫载民。巫载民盼姓,食谷,不绩不经,服也;不稼不穑,食也。爰有歌舞之鸟,鸾鸟自歌,凤鸟自舞。爰有百兽,相群爰处,百谷所聚。"

《法苑珠林》与《山海经》所揭示的就是舜与凤凰的紧密关系。

舜帝崇拜凤凰,凤凰具有阴柔美的特质,这与舜帝对家庭讲和睦,对社会讲和谐,对宇宙讲"神人以和",千方百计创造出天地人和的国家的特质是相一致的。

另外,虞舜曾有象耕鸟耘的传说,河姆渡文化遗存中有许多象牙艺术品被发现。我们考证4000多年前会稽一带确有象类生活,但长江以北的山东并没有象类生存的记载和地下发现。因此,象耕鸟耘的地域非江南地区莫属。

舜是中国远古时期的一位"圣王",是中华民族传统道德的楷模,在全国各地有许多关于舜的传说和遗迹,这是可以理解的,是人们对他爱戴、敬仰的表现,但他绝非黄帝后裔则是可以肯定的。

舜的业绩

大舜30岁被荐举,50岁代尧摄政,61岁继位,直至病死苍

苍梧舜帝陵

梧,实际执政近 40 年。在数十年政治生涯中,政绩赫赫,万众敬仰。今举其荦荦大者简述于下。

一是治水安民。帝尧时,"汤汤洪水滔天,浩浩怀山襄陵,下民其忧"。尧用鲧治水,"九年而水不息,功用不成"。尧只好"举舜而敷治"。舜受命于危难之时,当务之急是治理水患。他到各地察看灾情,发现鲧"治水无状",当机立断,"举鲧子禹,而使续鲧之业"。大舜这一措施正确而又及时。若不迅速改变治水方案,立即调整抗灾领导班子,则水患必定愈演愈烈,黎民百姓会遭受更大灾难。舜力排众议,全力支持禹治洪水,并不时给以指导,终于大功告成,不但使禹名扬天下,更使百姓安居乐业。

鲧之"治水无状",以往论者往往以为鲧治水方法不当。传统的说法,鲧治水用"堙",即堵、筑堤的方法,如《国语·鲁语》说:"鲧障洪水而殛死";《山海经·海内经》也说:"鲧窃帝之息壤以堙洪水,不待帝命,帝令祝融杀鲧于羽郊。"其实,大禹治水有时也用"堙"法,如《诗经·长发》记载:"洪水茫茫,禹敷土下方";《淮南子·地形训》也记载:"禹乃以息土填洪,以为名山。"所以,"堙"和"疏",是治水常用的两种方法,采用何种方法,得看情况而定。可见,治水成败的关键,不完全是方法问题。鲧治水失败最后被杀,情况很复杂,"不待帝命",可能是其中的一个原因。有人多为鲧被殛死叫屈,现在看来大可不必,"用鲧治水,九年而水不息,功用不成",总是一个事实。"九年",可能是一个虚数,但治水多年毫无成效,会给百姓带来多大的灾难!舜不得已而选禹代之,是正确而及时的措举。要说治水功绩,第一大功应该归之于舜,因为是他推举了禹。

二是恢复经济。大舜在发动举国上下齐心合力治水的同时,着手于经济的复兴。"调有余而补不足",只是临时性的应急措施,关键是领导人民恢复生产。舜以为最重要的是配备高效率的领导人员,切切实实地抓生产。他对弃说:"弃,黎民始饥,汝后稷播时百谷",弃是农官,舜要求他"顺四时而种百谷",首先把农业抓起来;其次是同时恢复手工业和山林川泽的开发,"垂主工师,百工致功;益主虞,山泽辟;弃主稷,百谷时茂",由垂和益两位大臣负责这两项工作,都取得可喜成绩。舜还主张多种经营,全面复兴经济。舜早年在"耕历山、渔雷泽、陶河滨、作什器"的同时,就搞过商业贩运,《尚书大传》记载舜"贩于顿丘,就时负夏"。这样一来,洪水造成的经济衰败的严重情况,逐步得到改变。

大舜振兴经济的正确措施,使民众迅速渡过灾难,又为以后夏王朝的建立奠定了经济基础。

三是划定疆界。我国疆界的形成和确定,有一个长期的历史发展过程。在中国古代文明的初创时期,有据可查的划定中国疆界的君主,当推大舜和禹。据《史记·夏本纪》记载,禹治水从冀州开始,逐步向各地推进:"卑宫室,致费于沟淢。陆行乘车,水行乘船,泥行乘橇,山行乘檋。左准绳;右规矩,载四时,以开九州",于是就有"九州"之称。"九州"囊括了全国的领土,即冀、兖、青、徐、扬、荆、豫、梁、雍,共九个州。又据《史记·五帝本纪》记载,舜"肇十有二州,决川",由九州而重新划为冀、兖、青、徐、扬、荆、豫、梁、雍、并、幽、营,共十二州,比原先的九州多出了并、幽、营三州。究其原因,《史记·集解》引马融曰:"禹平水土,置九州。舜以冀州之北广大,分置并州。燕、齐辽远,分燕置幽州,分齐为营州。于是为十二州也。"其时禹尚未接替舜的帝位,所以十二州应该是全国疆域的最早的正式划定。

为巩固国家的统一,舜对中国境内的周边部落,实施安抚政策:"南抚交趾、北发,西戎、析枝、渠廋、氐、羌,北山戎、发、息慎,东长、鸟夷,四海之内咸戴帝舜之功。"表明舜的民族政策得到了周边各族的拥戴。在客观上,对民族融合和中华民族的发展,起了积极的促进作用。

四是加强吏治。舜代尧摄政后,十分关注各级官吏的任免与考核。首先,不拘一格大胆起用贤能之士。史载高阳氏有才子八人,世誉"八恺",名气很大。高阳氏就是高阳部落,这八人据《左传》中史克的解释是苍舒、隤敳、梼戳、大临、龙降、庭坚、仲容和叔达。又高辛氏有才子八人,世誉"八元",据《左传》记载,"八元"指伯奋、仲堪、叔献、季仲、伯虎、仲熊、叔豹、季狸,都是有名的好人。但是"八恺""八元","至于尧,尧未能举"。舜敢于冲破世俗偏见,授以重任,真正做到了"野无遗贤",最大限度地发挥各种俊杰之士的作用。其次,量才录用,安排适当职位,发挥各人的特长,如皋陶主刑狱,八恺主后土,八元主教化等等,成绩斐然。再次,加强对官吏的监督与考核,所谓"三岁一考功,三考黜陟",就是对官吏的政绩不时地加以考察,根据多次考核的结果,决定其职位的升降。还有的官员虽然早已任用,但不给以与实际相符的爵位名号,亦不予其作用的发挥。《史记·五帝本纪》载:"而禹、皋陶、契、后稷、伯夷、夔、龙、垂、益、彭祖自尧时而皆举用,未有分职",舜就授以爵位名号,以安其心。如禹为司空、皋陶为士、契为司徒、垂为共工、益为朕虞、伯夷为秩宗、夔为典乐、龙为纳言。这样,从中央到地方的官僚机构都已确立,国家政权的雏形正在形成。

五是明法慎罚。大舜为安定社会秩序,主张以法治国,以德辅之。他命有司修订刑律,如著名的《五刑》,即墨、劓、剕、宫、大辟五种刑罚,被后世统治机构长期沿用。另又作《典刑》《官刑》《教刑》《赎刑》,使中国古代刑法体系渐趋完备。

大舜一再强调法不阿贵,不徇私情,并且身体力行。孟子学生桃应问道:"舜为天子,皋陶为士,瞽叟杀人,则如之何?"孟子答曰:"执之而已矣",即是说,舜决不因瞽叟是自己的父亲而徇私枉法。对于民愤极大、罪大恶极者,舜绝不手软,果断处置:"昔帝鸿氏有不才子,掩义隐贼,好行凶慝,天下谓之浑沌。少皞氏有不才子,毁信恶忠,崇饰恶官,天下谓之穷奇。颛顼氏有不才子,不可教训,不知话言,天下谓之梼杌。此三族世忧之。至于尧,尧未能去。缙云氏有不才子,贪于饮食,冒于货贿,天下谓之饕餮。天下恶之,比之三凶。舜宾于四门,乃流四凶族,迁于四裔,以御螭魅,于是四门辟,言毋凶人也"。严惩"四凶",大快人心,维护了法律的尊严。由于执法严明,使犯律触法者大为减少,"钦哉!钦哉!惟刑之静哉",实现了安定社会秩序的最终目的。

"不教而杀谓之虐。"明法慎罚虽能打击坏人,安定社会,但它是不得已的消极措施。积极而长远的办法,是加强礼乐教化。

大舜非常重视礼乐的教育作用。他对契说:"契,百姓不亲,五品不训,汝为司徒,而敬敷五教,在宽。"又命夔为典乐,"教胄

全州新区零陵舜帝像

子,直而温,宽而栗,刚而毋虐,简而毋傲;诗言志,歌长言,声依永,律和声,八音能谐,毋相夺伦,神人以和"。这是说,礼的作用是维护等级制度,防止作奸犯科;而乐则是陶冶情操,抑制傲虐。

司马迁认为"礼由人起。人生有欲,欲而不得则不能无忿,忿而无度量则争,争则乱";而乐之起,则是人之感情的表露,"乐者,……其本在人心感于物也。是故其哀心感者,其声噍以杀;其乐心感者,其声啴以缓;其喜心感者,其声发以散;其怒心感者,其声粗以厉;其敬心感者,其声直以廉;其爱心感者,其声和以柔"。可见乐的作用,在于规范人的情感。因此,礼乐教化与刑律制凶,虽是方法不同,而最终目的却是殊途而同归:"故礼以导其志,乐以和其声,政以一其行,刑以防其奸。礼乐刑政,其极一也,所以同民心而出治道也。"由此可以看出,大舜重视礼乐教化,也是为了稳定社会。

从以上列举的业绩中可看出,大舜确实为文明社会构建了一整套较为完备的政治制度,这应该是后世统治者尊其为圣君的原因所在。

舜的品格

司马迁在《史记·五帝本纪》中说:"天下明德皆自虞帝始。"可见,他是我国古代帝王中的道德典范。

舜的可贵品格主要表现在以下几个方面。

一是孳孳为民。孟子在《尽心上》中赞颂大舜:"鸡鸣而起,孳孳为善者,舜之徒也。""孳孳",同"孜孜",勤勉之意。舜代尧摄政后,"夙夜匪懈",为国事日夜操劳。史载舜"岁二月,东巡狩,……五月,南巡狩,八月,西巡狩,十一月,北巡狩",终年繁忙,无片刻之闲暇。

爱民是舜治国的宗旨。孟子说:"殃民者,不容于尧舜之世。"又说:"尧舜之道,不以仁政,不能平治天下。"正因为舜能爱民,百姓归之若流水;"一年而所居成聚,二年成邑,三年成都。"

值得一提的是大舜治国,注重实效,不求形式。《庄子·山木》载:"舜之将死,乃命禹曰:'汝戒之哉,形莫若缘,情莫若率。缘则不离,率则不劳。不离不劳,则不求文以待形。不求文以待形,固不待物。'"此处所说的"缘""率",皆自然、真率之意。崇尚率直、反对虚浮是舜的施政特色,所以在临死前尚不忘谆谆告诫他的后继者。

二是知人善用。孔子说:"舜有五臣而天下治。"孔子所说的五臣,指禹、后稷、契、皋陶、伯益。禹为司空,负责平定水患;后稷为农官,顺四时而植百谷;契为司徒,掌五常之教;皋陶为士,掌刑狱之职;伯益为虞官,管山林川泽。其中禹的功绩最大,"舜荐大禹,改官司徒,内辅虞佐,外行九伯。"正是由于舜的荐举和重用,禹才能大刀阔斧地治理洪水,尔后又在治水成功的基础上,缔造了中国历史上第一个奴隶制王朝。

知人不易,善任更难。舜对于提举的人才,大多能安排在适当位置,发挥各人特长,做到人尽其才。举禹治水,杀掉其爸爸,又起用儿子接替,就是在几千年后的今天,也会有人感到惊奇。其实,舜的用人思想,不囿于世俗观念,一切从大局和各人差异出发。环顾左右,在当时真正能担当此项重要任务的,非禹莫属。禹出身于治水世家,有丰富的治水经验;禹是一个顾全大局的人,不仅能从丧父之痛中解脱出来,而且还能从其父治水的失败中,吸取教训,另辟蹊径。

舜之举用官员,大都能量才录用,人尽其才。如举"八恺","以揆百事,地平天成";举"八元,使布教于四方,父义、母慈、兄

宁远舜帝陵

友、弟共、子孝,内平外成",或主农事,或主教化,都是量才录用,且成绩显著。

三是虚心纳谏。大舜心胸豁达,从谏如流。孟子说:"舜之居深山之中,与木石居,与鹿豕游,其所以异于深山之野人者几希,其闻一善言,见一善行,若决江河,沛然莫之能御也",揭示了成大事者必须集中众人智慧的真理。

舜对于谏言能认真分析,择善而从。孔子赞颂:"舜其大智也与,好问,而好察迩言,隐恶而扬善,执其两端,用其中于民,其斯以为舜乎!"这是实事求是的态度。

大舜为了广纳众言,还采取了一些具体措施。《尚书·舜典》载:"命汝作纳言,夙夜纳联命",他要求下属广开言路,及时上达。《淮南子·主术训》亦载:"尧置敢谏之鼓,舜立诽谤之木。"这也是广纳众谏的有效办法。

所谓"诽谤之木",即后世之华表,原是竖立于交通要道处的木牌,让过往民众在木牌上写谏言,以便执政者采纳。崔豹《古今注·问答释义》载:"程雅问曰:'尧设诽谤之木,何也?'答曰:'今之华表木也。以横木交柱头,状若花也,形似桔槔,大路交衢悉施也。或谓之表木,以表王者纳谏也,亦以表识衢路也。"尧的"敢谏之鼓",舜的"诽谤之木",他们不是装装样子,哗众取宠,表里不一,而是切切实实地广开言路,让广大民众真正能够知无不言,言无不尽。唯其如此,才能形成良好的政治氛围。

四是开拓进取。大舜执政后所做的许多大事,都具有继往开来的性质。如制定和实施刑律,"象以典刑,流宥五刑,鞭作官刑,扑作教刑,金作赎刑",都体现了宽猛相济的原则,而最终目的,是要实现"惟刑之静哉",就是人人守法,社会安定;又如"同律度量衡",使度之长短、斗斛之数量、斤两之轻重,都有统一标准,"所以齐远近,立民信也",此为秦统一度量衡之滥觞;再如在九州的基础上,为便于管理,又划分为十二州等等,都具有开创性质,并且在历史上产生了深远的影响。尤其是领导和支持夏禹治理水患和选用人才、各司其职两大政绩,其成就远远超过帝尧。

在治国指导思想方面,大舜也远远超越了前人。《越绝书》卷十三载:"圣人缘天心,助天喜,乐万物之长。故舜弹五弦之琴,歌《南风》之诗,而天下治",它反映舜的治国思想,是崇尚自然,求得天、地、人之间的和谐。

孔子曾概括大舜的治国宗旨是"无为而治",《论语·卫灵公》载:"子曰,无为而治者,其舜也与。夫何为哉,恭己正南面而已矣。""无为",不是无所作为,而是要防止干预过多,扰民害事。孟子说:"尧舜之治天下,岂无所用其心哉!"汉陆贾也说:"夫道莫大于无为,行莫大于谨敬。何以言之?昔虞舜治天下,弹五弦之琴,歌《南风》之诗,寂若无治国之意,漠若无忧民之心,然天下治。"舜的"无为"思想,在西汉初曾经实施过,取得了显著成效,迅速恢复了社会经济。而其首创者,当归之于大舜。

舜还是一位多才多艺的人才。相传他亲做五弦之琴,还做箫,箫形像凤翼,长二尺。又传他创有六律五声八音,特别是他与夔合作,创作了乐曲《大韶》,简称韶乐。孔子非常赞美《韶》:"子谓《韶》,尽美矣,又尽善也。谓《武》,尽美矣,未尽善也。"按《韶》,舜之乐名;《武》,周代乐名。孔子自称"吾从周",但他以为舜之治国又优于文、武，故借颂《韶》而贬《武》。"子在齐闻《韶》，三月不知肉味。"孔子对舜的敬仰，达到了如醉如痴、无以复加的程度。

特别值得一提的是，舜不是为艺术而艺术，他是借艺术教育民众："诗言志，歌长言，声依永，律和声，八音能谐，毋相夺伦，神人以和。"文学艺术能陶冶情操、教育民众。如"以夔为典乐，教胄子，直而温，宽而栗，刚而毋虐，简而毋傲"，就是用典乐教育贵族子弟"中和""孝友""宽厚"，毋刚毋虐。宫、商、角、徵、羽，谓之"五声"；金、石、丝、木、竹、匏、土、革，谓之"八音"，五声八音讲究和谐，犹如天、地、人之间，也必须和谐相处，"理不错夺"，如此，则整个社会就能太平，万民欢乐。这一切都反映了舜用艺术教育民众的良苦用心。

五是严于律己。大舜是中华民族传统美德的典范，"舜为法于天下，可以传于后世"。"法"，即榜样，孟子以为舜是人民学习的楷模，大舜品格可以传之千秋万代。

孟子赞颂大舜，不无道理。就大处而言，大舜以天下为己任，而不以天下为己有。"舜视弃天下犹弃敝屣也。窃负而逃，遵海滨而处，终身诉然，乐而忘天下。"孟子所说的话是指舜功成名就之后，不愿接受尧禅位于他的命令。"尧曰：'女登帝位'，舜让于德不怿"。大舜不是做样子给人看，而是真心实意地想让位于有德之人。以后舜果然禅位于禹。儒家大肆鼓吹的"公天下"，实际上仅尧、舜二代而已。从小处说，舜对于生活小节也十分检点。"以至为帝，无非取于人者"，就是指舜为帝后，在物质待遇上不占任何便宜。"舜之饭糗茹草也，若将终身焉；及其为天子也，被袗衣，鼓琴，二女果，若固有之。"舜做了天子，仍然是吃干粮啃野菜。不是他没有条件享受，而是为了始终保持艰苦朴素的作风，以影响下属。

凡此种种，都足以说明大舜事事处处，都要成为群僚学习的榜样。大禹"薄衣食""卑宫室"以及死后"禹葬会稽，衣衾三领，桐棺三寸"的做法，显然是受了大舜人格魅力的感染。

第一章　大舜出会稽

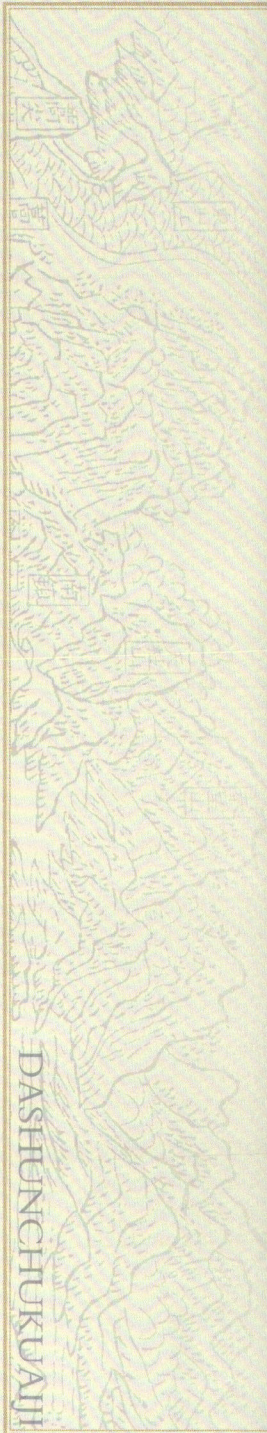

舜生上虞

　　舜是我国传说中的"五帝"之一。"五帝"有三种说法，但舜均列入其中，可见他在"五帝"中的地位是确凿无疑的。舜因出生于会稽上虞姚圩，故姓姚。虞舜之"虞"是古国名（实际是原始部落），上虞原名虞宾，是虞国的一部分，舜曾任虞国首领，故称虞舜。而舜，也非其名，《史记·五帝本纪·集解》引《谥法》曰："仁圣盛明曰舜"，可知"舜"是他死后的谥号。谥是中国古代帝王、贵族、大臣等死后，依其生前事迹所给予的称号，反映后人对他的总体评价。

　　据史籍记载，舜双目重瞳，故取名重华，字都君。"龙颜，大口，黑色，身长六尺一寸"，肤色黧黑，身材不高，一看便知其是一个从小参加劳动的人。

　　其实舜家里并不穷困，父亲姓妫，名瞽叟（又写作瞽瞍）。《史记·正义》引孔安国曰："无目曰瞽，配字曰'叟'，叟，无

大舜出生(范明良／作)

大舜与凤凰(范明良／作)

目之称也。"舜父不是盲人,瞽乃张大眼睛观察天象之意,有如今天的气象观测员、预报员之类。当时已进入农业定居时代,把握气候、季节十分重要。《左传》里提到瞽史,可知瞽又是史官之名,而且了解天道的演变。由此推知,舜父是妫姓部落掌管气象、天道变化的专职人员,与巫师的关系十分密切,其生活水准肯定高于一般氏族成员。

关于舜的出生,成书于公元前299年的战国时期的编年体史书《竹书纪年·帝舜有虞氏》说:"母曰握登,见大虹,意感而生舜于姚圩。"意思是说舜帝的母亲握登在田间劳作的时候,看见天上的彩虹就怀上了舜。事实上,各种版本的关于舜的传说,都说舜母握登感凤而生舜。

传说在尧帝三十九年的时候,也就是公元前2174年的一个晚上,居住在姚圩的握登做了一个梦,梦中有一只非常漂亮的大鸟,它的头部像大雁,后半部像麒麟,颈部像蛇,尾部像鱼尾,有燕子一样的下颌,鸡一样的喙,身上披着五彩花纹。大鸟绕着一株梧桐树,一边鸣叫,一边翩翩起舞,舞毕舒展双翅,飞向握登,停在她的小腹上就不见了,之后握登就怀了身孕。

亦有传说,尧帝四十年,也就是公元前2173年的一天,在上虞姚圩虹漾村,出现了天象奇观。早上起来天上万里无云,上午忽然风起云涌,电闪雷鸣,大雨瓢泼。午时许,大雨停了,当顶的太阳被一片厚厚的云托起。这时候,天上一种见所未见、闻所未闻的天象奇观出现了:在东、南、西、北四个方向同时出现了彩虹。当天上的四条彩虹消失的时候,睡在床上的握登迷蒙中又看见了五彩羽毛的大鸟,而且不是一只,而是一群,只只头冠高耸,尾羽长拖,五彩生辉,绕着床边翩然起舞,悠悠而歌。握登一阵高兴,隐隐约约中一声婴儿啼哭,一个男孩出生了。这就是后来的舜帝。

传说舜帝自小绝顶聪明,半岁就能走路,8个月就能讲话,2岁就能按大人的吩咐传递东西,3岁就能学着父亲用树叶或者草片或者竹管学鸡鸣鸟叫,斑鸠、八哥、画眉、夜莺等学得活灵活现。3岁多,舜开始跟着父亲学弹琴,那时候瞽叟把全部的父爱都倾注在舜的身上。瞽叟眼瞎,传授乐曲都靠口授。舜天资聪明,又特别有音乐天赋,听三四遍下来就能记住了。4岁多就能够把五弦琴弹拨得得心应手了,能把父亲教过的简单乐曲弹得节奏分明,有板有眼。

关于舜青少年时就擅长弹五弦琴,《孔子家语·辨乐解》载:"昔者帝舜弹五弦之琴,造《南风》之诗。"《韩非子·外储说左上》载:"昔者舜鼓五弦,歌南风之诗而天下治。"

有虞氏家族中,世世代代都曾有过乐官。舜的父亲瞽叟年轻的时候就擅长弹五弦琴,曾参加过官府组织的乐队。常言"瞽者善听,聋者善视",瞽叟眼睛瞎了以后,音乐方面的造诣却是越来越高,五弦琴弹得越来越好。

虞舜出生地——
虹漾村
（刘育平／摄）

　　舜十来岁的时候，曾经陪伴父亲外出，四处给人弹琴赚取粮食、葛布，也曾经跟一个大琴师学过琴和音律。受过大琴师的指点。舜帝自幼跟父亲学琴，后来又应用所学知识为父亲瞽叟制作过五弦琴。

　　关于舜的继母，《史记》《帝王世纪》《太平御览》均有记载。《帝王世纪》说："舜本冀州人，其母早死，瞽叟更娶，生象，象傲，而父顽，母嚚，咸欲杀舜。舜能和谐，大杖则避，小杖则受。"所有的史实与传说对舜的继母都是持否定态度的。说舜的继母做姑娘时就天生嫉妒，脾气乖戾，因为固执任性，别人称之为任性之女，便叫成了壬女。壬女嫁给瞽叟为后妻之后，便生了儿子象，壬女见舜相貌非凡，资质聪明，比象要强，万分嫉恨，把舜看作眼中钉、肉中刺，经常在瞽叟面前说舜的坏话，挑拨和离间瞽叟与舜的父子关系。瞽叟肝火旺，动不动就打舜，拿到什么就用什么打，打起来咬牙切齿，不打得皮开肉绽决不罢休。

　　关于舜的同父异母的弟弟象，《尚书·尧典》记载说："象傲。"

《孟子·万章上》说:"象至不仁,封之有庳……"传说象生下来时其貌不扬,鼻子很长,所以取名为象。象傲慢骄奢,对其同父异母的哥哥极为不恭。

平常,当瞽叟拿起大棒打舜的时候,舜就逃躲;倘若用小棍棒打,舜便站着不动,任由抽打,直到瞽叟打累了、骂乏了,方才离去。

传说壬女还生了一个女儿叫系,又叫媒手,与舜很合得来。媒手常常解救舜,使舜多次免遭灭顶之灾。

象耕鸟耘

　　瞽叟更娶继母壬女后,尽管舜常常挨打受骂,但舜依然十分孝顺。当后母生下象,又生下妹妹媒手后,舜的日子便一天比一天难过。舜的弟弟象自小傲慢蛮横,不讲道理,经常挑起事端,使父母打骂舜,舜在被父母打骂中长大,但是仍然孝顺父母如初,对弟弟友爱如初。尽管这样,继母壬女却还是想方设法赶走舜。当策划的兄弟种豆事件,由于象的嘴馋和贪婪失败后,象又多次陷害虐待舜,然后挑动瞽叟发怒,终于将舜赶出了家门。

　　有家不能归的舜就到历山边搭个茅棚住下,开始烧荒垦地。开始阶段,舜以野果子充饥,日出而作,日落而息。后来就出现了象耕鸟耘的奇事。传说舜一日在田间垦荒,疲倦了就在地头休息,忽然听见了"扑哧、扑哧"的鼻息声。抬头看时,只见一头大象从对面山上一步一步走向历山,一直走到

象耕鸟耘
（范明良／作）

舜垦荒的地方，用鼻子卷起一块巨大而尖利的石块，开始一下一下用力地刨地。象力大无穷，一个时辰不到就刨好了一大片地。尔后大象天天到历山帮舜刨地，久而久之，舜与大象建立了感情，就开始训练大象耕地。

舜有了大象帮助，耕地多了，种上庄稼后，地里杂草丛生，一个人忙不过来，正自发愁，地里出现了一群一群的大鸟，蹦蹦跳跳地帮助舜啄去地里的杂草和害虫。

舜在历山垦荒，象帮耕、鸟帮耘的故事成了千古美谈。

舜耕历山，史书确有记载。《墨子·尚贤下》记载："昔者舜耕于历山,陶于河滨,渔于雷泽,灰于常阳。尧得之服泽之阳,立为天子,使接天下之政,而治天下之民。"《尸子辑本》卷上载:"舜兼爱百姓,务利天下。其田历山也,荷彼耒耜,耕彼南亩,与四海俱有其利。"《吕氏春秋》载:"舜耕于历山,陶于河滨,钓于雷泽,天下说(悦)之,秀士从之。"《史记·五帝本纪》载:"舜耕历山,渔雷泽,陶河滨,作什器于寿丘,就时于负夏。"

舜历山开荒,勤耕苦作。他把收获后的粮食供给父母,送给缺粮的人家。他还动员和引导别人到历山垦荒种地,言传身教,身体力行地教别人怎样垦荒;怎样下种,怎样护苗,怎样助长,怎样收获。除此之外,舜还经常帮助劳动力弱的人家劳作。由于舜的倡导和示范,到历山开垦荒地的人越来越多。由于舜的感召,历山营造起一种友善、温馨、互帮互助的氛围,大家和睦相处,互让田畔,都以舜为榜样,勤耕苦作,历山呈现出一派生机。

由于舜让畔教耕,以德感人,舜的名声远播,许多人从很远的地方来历山结识他。据《尸子·君治》记载:"舜得友五人,曰雄陶、续耳、柏杨、东不识、秦不空。皆一国之贤人。"凡人到历山结识虞舜者,更是多如牛毛。

苦心经营着历山之余,舜也常到雷泽捕鱼。雷泽是个天然渔场,到这里捕鱼的人很多。由于捕鱼人来自四面八方,捕鱼的方法各异,捕鱼工具五花八门,一天下来,捕的鱼有多有少。久而久之,相互之间嫉妒、争执、纠纷也就产生了。为了争夺一个好的地盘大打出手的事时有发生,不时出现人员伤亡情况。舜下决心改变这种局面。舜善于动脑,捕鱼手法高明,鱼捕得多。每次舜除了将自己捕的鱼留下少量自食外,把鱼悉数分给鱼捕得少的人。同时,他常把自己发现的好地段让给人家,还手把手地教给人家捕鱼方法。有一次,舜同村的姚圩人的渔场被另一村人争夺,姚圩人不服,意欲大动干戈。舜及时赶到劝阻,要姚圩人将渔场让给人家,许诺本村人说,他保证另外给村里人找一处好渔场,同时,如果村里打鱼人中有人愿意种地,他可以拿出好地来作为补偿。

舜陶河滨（范明良／作）   舜渔雷泽（范明良／作）

由于舜真诚待人，谦恭礼让，好施乐助，在雷泽捕鱼的人们耳濡目染，深深感动，人与人之间的关系便发生了根本性的变化，人们互让渔场，你帮我扶，分享成果的事比比皆是。

舜也曾到舜江之滨学习制陶。见到工匠们制作出的陶器坯子粗糙，烧窑的过程很不科学，烧出的陶器既不中看，又不中用。工匠们烧制出来的陶器换不回多少粮食和蔬菜。舜到陶场学习制陶以后，就下决心改变这种状况。挨个走访工匠，熟悉生产流程，研究改进办法，反复摸索、反复试验，终于获得了成功。陶场烧制出的陶器一改旧观，变得工艺精巧，美观大方，而且品种繁多，受到了人们的普遍欢迎。

舜耕历山、渔雷泽、陶河滨的所作所为，表现出一种高尚的职业道德和人格魅力，是一种无形的力量，人们遇事以舜为榜样，效仿舜的言行。原来四海漂泊的人，都纷纷在舜居住的地方搭房而居。原来在别处居住的一些人，也举家迁徙，到舜居住的地方重建家园。于是，一年的工夫舜居住的地方就成了一个村

夫舜传

落,两年就成了一个小城镇,三年的工夫就变成一个都市了。《韩非子·难一》云:"历山之农耕侵畔,舜往耕焉,期年,圳亩正;河滨之渔者争坻,舜往渔焉,期年而让长;东夷之陶者器苦窳,舜往陶焉,期年而器牢。"《尸子辑本》云:"舜兼爱百姓,务利天下……故有光若日月,天下归之若父母。"《史记·五帝本纪》云:"舜耕历山,历山之人皆让畔;渔雷泽,雷泽之人皆让居;陶河滨,河滨器皆不苦窳。一年所居成聚,二年成邑,三年成都。"

舜小时在家庭中的地位下降,与其母握登早亡有关。握登是瞽叟的第一任妻子,"妻曰握登,见大虹意感而生舜于姚墟","意感"二字透露当时的婚姻关系还比较混乱,一夫一妻制尚未完全确立,"知母而不知父"的情况时有出现,自然会引起丈夫的怀疑。在河姆渡文化遗址中,发现当地有"食婴之俗",就是把第一个孩子杀死煮了吃,据说这样可以"宜弟"——是对第二个孩子的生长有好处,这在民族学资料中是有明确记载的。《史记》说:"瞽叟爱后妻子,常欲杀舜",这是司马迁不了解原始时代的习俗,"以今律古",这么好的孩子怎么得不到父亲的爱?以后有关舜的记载中也这样解释舜受迫害的原因,其实是不正确的。

孝感天地

尧帝登临帝位以后,把天下治理得井井有条。没料想到了晚年,上天好像故意刁难似的,动不动就洪水泛滥,浮尸遍野,庄稼颗粒无收,天下失去了歌舞升平的盛景。虽说派了共工治水,水患不但没有减,反而愈治愈凶。尧帝本来是个圣贤之君,心与黎民百姓紧紧相连,而今天降大灾,穷于赈灾救贫,便认为是自己德太浅薄,才遭上天惩罚。老大一把年纪的帝尧就很有了精力不济的感觉,加上早就有的退位让贤的想法,他急于寻找接任者,可又苦于找不到禅让的对象。

尧帝选贤有几条原则:一是好居功的人用不得。据他观察,大凡天下的好事,最终都要通过主政者多谋善断促成,这是事实。但是,谁又能保证天下没有祸事呢?有了好事主政者居功,那么出了祸事又算谁的责任呢?二是奉承逢迎的人用不得。这种人将溢美之词挂在嘴上,察言观色,献媚取宠,恶君之恶,好君所好。这种投机取巧之徒绝对做不成大事,只能算个摆设。三是坚持选贤于天下。一人说好不算好,众人拥戴才算高。尧帝虽然从善如流,身边也不乏人才,但是,在尧眼里,大圣大贤的没有几个。年老的人中,相当一部分人能够恪尽职守,但是终归老

孝感动天(范明良 / 作)

了;年轻人大都只擅长一项技能,缺乏治理国家的全面才干。自己的儿子丹朱不肖,既无御世之才,更缺乏做天子的德行。因此,尧帝决心四方求贤,明察暗访,找一个能顾及天下老百姓疾苦,真心诚意为天下办事的、真正能够继承他事业的接班人。他请过许由,寻过啮缺,访过伊蒲子。

帝尧访贤的方法一是亲自明察暗访,二是传令四方天官察访,三是要身边大臣推荐。《尚书·尧典》中有这样一段记载:一天,尧找四岳议事。帝尧说,四岳啊,我今在位已经70年了,你们有谁能够遵顺天命,接我登临帝位呢? 四岳说,我们德才鄙薄,不堪登上帝位。帝尧说,那你们就举荐一个高明的人,纵使他出身微贱也可以。大家告诉尧帝说,民间有一个鳏居的男子,名叫虞舜。帝尧说,是的,我听说过,他究竟怎么样? 四岳说,他是个盲人的儿子,父亲冥顽不化,后母愚昧无知,弟弟傲慢骄淫,但是虞舜能够和他们和睦相处,并且以孝顺的美德感化家人,使他们改恶从善,不至于作奸犯科。尧帝说,既然虞舜这人口碑这样好,那就让我试试他吧。

四岳是尧舜时期主管四方诸侯的,是四方诸侯之长。四岳向帝尧极力推荐虞舜。后来,被帝尧派往东边的时官羲仲也给帝尧报告了虞舜孝顺父母,友爱

兄弟,和睦邻里,诚实守信,无论家事、圩事、私事、公事,都办得很好,以及人们择舜而居,一年成聚,二年成邑,三年成都的情况。为谨慎起见,帝尧决定亲自访察。《史记·五帝本纪》载:"舜年二十以孝闻,三十而帝尧问可用者,四岳咸荐虞舜,曰可。于是尧乃以二女妻舜以观其内,使九男与处以观其外。"《孟子·万章上》记载:"万章问曰:《诗》云:'娶妻如之何?必告父母。'信斯言也,宜莫如舜;舜之不告而娶,何也?孟子曰:'告则不得娶。男女居室,人之大伦也;如告,则废人之大伦,以怼父母,是以不告也。'章曰:'舜之不告而娶,则吾既得闻命矣;帝之妻舜而不告,何也?''帝亦知告焉则不得妻也。'"由此可知,四岳荐舜,唐尧访舜,许之以二女以及以后的禅让有史为据,虽不无传说成分,但是都是在以史实作为根据情况下的演绎,绝非空穴来风。

《尚书·尧典》记载:"女于时,观厥刑于二女。厘降二女于妫汭,嫔于虞。"《史记·五帝本纪》记载:"……舜饬下二女于妫汭,如妇礼。"《尚书》的意思是说:尧决定把两个女儿嫁给舜,以便从两个女儿那里考察舜的德行。尧命令两个女儿跟舜到妫水转弯的地方去住下。《史记》的意思是说舜要娥皇、女英降下尊贵之心,住到妫水河边的家中去,遵守为妇之道。由这些史籍我们得知,尧得到舜以后,并没有马上让舜做官,而是继续考察舜。因此,舜在帝都平阳住过一段时间后,就带上两个美貌的妻子和尧帝赏赐的葛布、麻布和一架制作精美的五弦琴,前往妫水旁边的历山居住。帝尧重新为他们建了房子、仓廪,还赏赐了牛羊。

舜到家后,稍稍休息了一下,就带了娥皇和女英到姚圩看望父母和弟妹。舜一来要向父母解释不告而婚的原因,二来把尧帝赏赐的细葛布、麻布等送一些给父母。

第二天,舜把瞽叟、后母、象和媒手接到新房小住。后母看到尧赏给舜的房子宽敞明亮,家具齐全,牛羊满圈,心里的妒火更盛。回到姚圩后,后母壬女与象商量要害死舜,这样娥皇、女英以及全部财产就归了他们。瞽叟虽然觉得害舜不妥,但是不敢反对。

后母和儿子象商量以修仓廪的名义把舜烧死,这样对尧和对社会来说称作是火灾事故。象主要是看中了两位天仙般的嫂嫂,心生歹意,后母主要是看中了舜的财产,瞽叟迫于压力只好同意。于是全家人设计让舜到廪顶修漏,趁机在下面撤梯点火。《孟子》记载:"父母使舜完廪,捐阶,瞽叟焚廪。"(《孟子·万章上》)《史记》记载:"瞽叟尚复欲杀之,使舜上涂廪,瞽叟从下纵火焚廪。舜乃以两笠自扞而下,去,得不死。"而南朝梁武帝命武均等人编的《通史》则说,娥皇、女英已知舜此行多有不测,凶多吉少,两人就拿了一件五彩鸟羽编织成的披风给舜披上,当舜发现下面四周被火包围时,扯着披风纵身跳下,舜安然无恙。这里且不管是后母和象点的火还是瞽叟本人点的火,也不管是舜撑着斗笠跳下来还是扯着披风跳下来,事应具有真实性。

按照一般的规律,这么一场大火,又四面包围,仓廪也化为灰烬,舜必死无疑。后母和象见阴谋得逞,欣喜万分,以为神不知鬼不觉地把舜干掉了,可是到家一看,舜双目合闭,安详弹琴,全身轻松,悠悠乐哉。象大吃一惊,说他和妹妹跟妈妈去拔草,没想到粮仓起火,慰问说:"哥哥受惊了吧?"舜很不在意地说:"天灾人祸,始料不及,今后小心就是了。"大舜对后母和弟弟没有发一点脾气。难道他不知道事故的原委吗?不是。他愚蠢地看不破事情的真相吗?更不是。他为什么这样温和地对待亲人呢?这就是大舜的贤明之处,世人万难如此。这一切,娥皇、女英全部看在眼里,记在心里。她姊妹俩是要向尧如

实陈述的。

接着第二件事又发生了。后母和瞽叟、象见害舜一计不成又来一计，这一计应该说是绝死计。原来舜当初和父母一起生活的时候曾给家里打了一口井，井下多年的土淤需清理，于是瞽叟就要求舜下去挖淤。《孟子》记载："使浚井，出，从而掩之。象曰：'谟盖都君咸我绩，牛羊父母，仓廪父母，干戈朕，琴朕，弤朕，二嫂使治朕栖。'象往入舜宫，舜在床琴。象曰：'郁陶思君尔。'忸怩。舜曰：'惟兹臣庶，汝其于予治。'"（《孟子·万章上》）《史记》载："后瞽叟又使舜穿井，舜穿井为匿空旁出。舜即入深，叟与象共下土埋井，舜从匿空出，去。瞽叟、象喜，以舜为已死。象曰：'本谋诸象。'象与其父母分，于是曰：'舜妻尧二女，与琴，象取之；牛羊仓廪予父母。'象乃止舜宫居，鼓其琴。舜往见之，象愕不怿，曰：'我思舜正郁陶！'舜曰：'然，尔其庶矣！'舜复事瞽叟爱弟弥谨。"（《史记·五帝本纪》）从《孟子》和《史记》的记载中可得知，这次害舜的主谋是象。所以他首先提出瓜分舜的财产的方案：他留下两位嫂子和琴，其他财产全部给父母，但是他万万没有想到舜未死,当他手舞足蹈到了大舜房里要动手弹琴的时候,舜竟然安然无恙地回来了,这不能不使象惊愕不已。舜为什么没有死呢?原来这口井与邻家井之间有暗道,当舜淘井发现井绳被割断以后,便立马钻进了侧壁的暗道,并沿着暗道,从邻家井口爬了出来,才免于一死。

舜凭其机智和妹妹媒手及两位妻子暗暗相助,居然化险为夷,几次大难不死。

令后人大为敬佩的是,舜对父母、弟弟的所作所为并不怀恨在心,相反,"舜复事瞽叟爱弟弥谨",因而其孝行名声远播,元代郭居敬编的《二十四孝图》,把舜列为"天下第一孝子"。其实,舜有自己的想法,他是一个有远大抱负的人。连自己家里人的关系都搞不好,怎么去治理国家!"孝",本身不是目的,构建和谐社会才是舜孜孜以求的最终目标,在舜以后几十年的政治生涯中,始终坚持这一原则。

舜任司徒

《史记·五帝本纪》载:"舜年二十以孝闻,年三十尧举之,年五十摄行天子事,年五十八尧崩,年六十一代尧践帝位。"

舜原是有虞部落的首领,"舜居妫汭,内行弥谨",把本部落治理得卓有成效。他曾桼于平阳,牧牛于潢阳。他领导百姓发展生产,遇到干旱便替百姓凿井,遇有虎豹出没的山村,便不顾个人安危,立标志警告人们免遭伤害。

舜不仅获得了老百姓的爱戴,还搜罗了一大批人才在身边,扩张势力,为己所用。他的好友有雄陶、方回、续牙、伯阳、东不识、秦不空等人,都是国中贤人。舜耕历山时,与伯益交友,制陶于河滨时,又与夏禹交友。其中,有的是部落酋长,如伯益是少皞氏酋长,禹是夏部落酋长,雄陶、方回、秦不空等人,也非等闲之辈,很可能是某一部落的首领。当初尧让"四岳"——各部落酋长,推举自己的接替人时,部落联盟会

舜任司空(范明良/作)

议,也就是华夏族的最高权力机构,一致推选舜来接替,说明舜已有相当高的威望,尧之举舜,实是民心所向,众望所归。

尧对舜还是不放心,先是"妻之二女",就是把自己的两个女儿——娥皇和女英,下嫁给舜,"观其德于二女"。《史记·五帝本纪·正义》曰:"视其为德行于二女,以理家而观国也。"这一招是很厉害的。一个人的言行品德,家属最了解。舜也深知其用意,"饬下二女于妫汭,如妇礼",妫汭是虞国的基地,舜叫两位"公主"老老实实地待在舜的老窝,行妇道于虞氏。尧又派九个儿子与舜相处"以观其外"。在舜言行的感化下,"尧九男皆益笃",九男事舜更加惇厚谨敬。

舜的孝行感天动地。"孝为百行先。"作为舜帝,他生活在一个家庭环境极为恶劣的环境中,父亲非但眼瞎,而且顽固不化;继母又是一个心地十分狭隘且歹毒的泼妇,弟弟狂傲顽劣,无所不为。就在这样一个家庭环境中,在三番两次受到迫害的情况之下,舜始终遵守孝道,敬重父母,友爱弟象,以德报怨。纵使被帝尧举用,身事朝廷,仍然受到迫害,舜一如既往,不计前嫌,孝顺、友悌如初。对内能孝顺父母,对外则能淳化风俗。

故而《山海经》中说舜耕历山,"象为之耕,鸟为之耘"。因为舜的孝心感天动地,所以舜能被世人尊敬、拥戴、效仿;所以舜被尧看重。由此我们可以得出结论:舜之所以能由一个普通山野村夫成为"帝",其根本原因在于他的"孝感天地"。舜然后再把自己身体力行创建和倾注全力推崇的家庭伦理道德与各种社会制度、各个社会领域有机结合起来,使家庭伦理道德与宗教、宗法、礼制、礼乐、官制乃至哲学、教育等相互交织融会,形成浑然一体的关系,由家庭行为影响整个社会行为。舜深明上行下效的道理。做司徒以后,狠抓了对贵族子弟的五常教育。他将帝尧的血亲九族集结起来,联系先代君王的德治和自己的亲身经历,十分透彻地讲解君臣之间、朋友之间、父子之间、夫妻之间、兄弟之间必须遵循的道德原则。要求他们不仅要懂得这些道理,更重要的是切实按照这些道理去做。舜做司徒之时就敢于举贤任能。《史记·五帝本纪》载:"舜举八恺,使主后土,以揆百事,莫不时序。举八元,使布五教于四方,父义、母慈、兄友、弟恭、子孝,内平外成。"说颛顼高阳氏有八个德才兼备的儿子,做了很多好事,威望很高,人们称为"八恺"。舜做司徒后,就大胆起用了"八恺",让他们主管后土,全面负责各方农林事宜。"八恺"勤奋工作,走遍天下,调查各地水土资源,根据天地时序变化,调动各地农业生产,干得十分出色。舜又起用了"八元",让他们充分发挥自己的特长,到四方教化万民,推行五典之教,使四方家庭和睦,邻里相待真诚。虞舜身为司徒,严于律己,率先垂范,凡是自己说了的,就一定努力做到。他中道仁和,贵在笃实的人格力量,终于赢得了皇族的支持,得到了天下的肯定。赢来了华夏太平,世风大变。

《尚书·舜典》载:舜"纳于百揆,百揆时叙。宾于四门,四门穆穆。"由于舜担任司徒恪尽职守,华夏太平,世风为之一变,因此,尧又要舜总理百官,管理天下万邦政务,考察所有政府官员的业绩。舜兢兢业业,终日乾乾,勤勤恳恳,因此百官都能听从他的命令,纷乱复杂的政务经他管理都变得井然有序起来。由于舜尽职尽责,政绩斐然,帝尧十分满意,就进一步委以重任,要舜负责警卫平阳宫垣四门,负责保卫京畿之地的秩序和安全。这就相当于要舜担任中央帝国的卫戍部队总司令。与此同时,舜还兼任国家的迎宾长官,代表天子,迎接前来朝觐帝尧的四方诸侯、东夷、南蛮、西戎、北狄的酋长以及各方宾客。九夷之国来朝,虞舜迎于东门之外;八蛮之国来朝,舜迎于南门之外;六戎之国来朝,舜迎于西门之外;五狄之国来朝,舜迎于北门之外;宾客毕至,来者若云,舜招待得体。各方诸侯有的原来只听过舜的名字,没有见过这个人,现在亲眼见了舜的威仪,听了舜的谈吐,目睹了国都宫垣威仪赫赫,明堂四方端庄肃穆,对舜佩服得五体投地。从而对帝尧领导的国家无不肃然起敬。

舜做了司徒以后,又被尧用做司空,后来又做了司马。司空在西周之时是主管建筑、车服等器械制造,在东汉时主管水土和营建,在春秋战国时则主管工程。而司马在西周时掌管军政和

舜王庙
戏台一角

军赋,汉武帝时则罢太尉置大司马;由此可见,司空与司马在不同的朝代的职责并不是一成不变的。王宝琳先生把尧时总理百官、管理天下万般政务、考察所有官员业绩的舜说成是司空,而把负责警卫平阳宫垣四门,负责保卫京畿之地的秩序和安全,以及兼有迎宾任务的舜的职务认定为司马,这与《周礼》中所说司徒、司马、司空分别掌管邦教、邦政、邦事的职责是一致的。

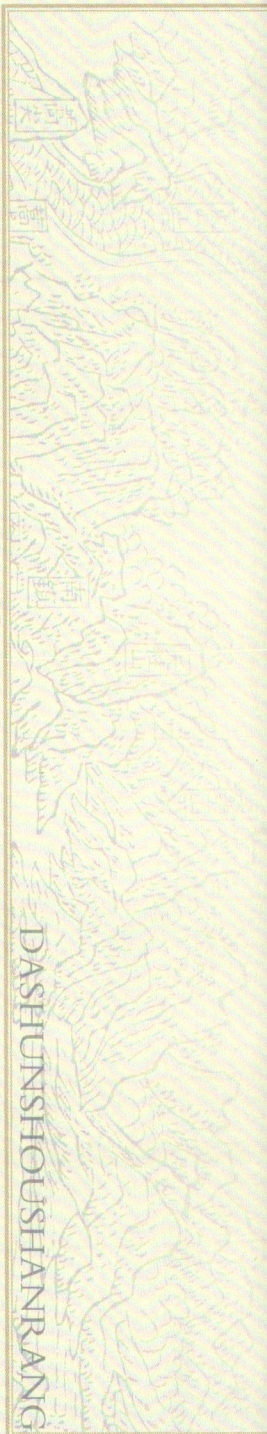

第二章

大舜受禅让

尧舜禅让

随着尧年龄的增大,尧开始考虑接班人问题,按当时的传统就是禅让,选好接班人然后把位子让给他。尧挑选接班人的方法就是禅让制。禅让制是个选贤制度,始于挚,挚从父亲帝喾手中继承了帝位,史称帝挚。帝挚在位时没有什么政绩,而异母弟尧却德高望重,于是帝挚没有把位置传给自己的儿子,而是禅让给了尧。"挚年兄弟最长,故得登帝位。封异母弟放勋为唐侯。挚在位九年,政软弱,而唐侯德盛,诸侯归之,挚服其义,乃率群臣造唐而致禅……唐侯于是自知有天下名,乃受帝禅。乃封挚于高辛氏。"尧得到挚的禅让,尧也感激挚的禅让,他在晚年的首要工作就是选拔出色的继承人,他设法让禅让制制度化。尧帝开创了后世乃至现在选人用人的先河,其具体做法有着极其重要的意义。

《史记·五帝本纪》载：

尧曰："嗟！四岳：朕在位七十载，汝能庸命，践朕位？"岳应曰："鄙德忝帝位。"尧曰："悉举贵戚及疏远隐匿者。"众皆言于尧曰："有矜在民间，曰虞舜。"尧曰："然，朕闻之。其何如？"岳曰："盲者子。父顽，母嚚，弟傲，能和以孝，烝烝治，不至奸。"尧曰："吾其试哉。"于是尧妻之二女，观其德于二女。舜饬下二女于妫汭，如妇礼。尧善之，乃使舜慎和五典，五典能从。乃遍入百官，百官时序。宾于四门，四门穆穆，诸侯远方宾客皆敬。尧使舜入山林川泽，暴风雷雨，舜行不迷。尧以为圣，召舜曰："女谋事至而言可绩，三年矣。女登帝位。"舜让于德不怿。正月上日，舜受终于文祖。文祖者，尧大祖也。

虞舜画像

几年前，尧叫舜去试任司徒之职，谨慎地理顺父义、母慈、兄友、弟恭、子孝这五种伦理道德，人民都遵从不违。尧又让他参与百官的事，百官的事因此变得有条不紊。让他在明堂四门接待宾客，四门处处和睦，从远方来的诸侯宾客都恭恭敬敬。尧又派舜进入山野丛林和大川草泽，遇上暴风雷雨，舜也没有迷路误事。

尧更认为他十分聪明，很有道德，把他叫来说道："三年来，你做事周密，说了的话就能做到。现在你就登临天子之位吧。"舜推让说自己的德行还不够，不愿接受帝位。在尧的坚持下,正月初一,舜在文祖庙接受了尧的禅让。文祖也就是尧的太祖。

这时,尧年事已高,让舜代理天子之政事,借以观察他做天子是否合天意。舜于是通过观测北斗星,来考察日、月及金、木、水、火、土五星的运行是否有异常,接着举行临时仪式祭告上帝,用把祭品放在火上烧的仪式祭祀天地四时,用遥祭的仪式祭祀名山大川,又普遍地祭祀了各路神祇。他收集起公侯伯子男五等勋爵所持桓圭、信圭、躬圭、谷璧、蒲璧五种玉制符信,选择

大舜庙北侧配殿壁雕

良月吉日,召见四岳和各州州牧,又颁发给他们。

尧把位置让给舜,舜没有称帝,舜这时只是一个摄政官,舜为摄政官的时间约有八年。

受命于危难之际的大舜面对如此艰难的形势,首先从自身的勤政开始。他深知,要治理天下必须先知道天下,于是,在受命后的一个月就开始了他艰苦的大巡察。

《尚书》中是这样记载的:"岁二月,东巡守,至于岱宗,柴。望秩于山川,肆觐东后。协时月正日,同律度量衡。修五礼、五玉、三帛、二生、一死贽。如五器,卒乃复。"(《尚书·舜典》)

这一段记述了受命后的大舜二月就带领众人开始了他东巡的大视察。他首先来到泰山,对这座东夷的名山举行了隆重的祭礼,祭完泰山后,又按顺序对泰山以东的大山进行了祭拜。祭拜完山川后,大舜接见了东方的各路诸侯,先与他们统一协商了四时的季节,以便统一农时,不误农耕,然后又和他们一起商量了音乐、法律、尺度、升斗和斤两等民间急需解决和明确统一的问题。接着又和大家一起商量了吉礼、凶礼、宾礼、军礼、嘉礼这五种统一的礼仪。同时又规定了见尊长时所贡礼物的统一标准,不能随意加码,包括的礼物有璜、璧、璋、珪、琮五种玉器,红、黑、白三色丝帛,一只生羔,一只生雁,一只死雉。他还和大家一起商定了弓矢、殳、矛、戈、戟这五种兵器的造型和规格。经过长时间的讨论,把上述研究的问题完全统一以后,大舜回到了唐都,向尧帝做了如实的汇报。

"五月南巡守,至于南岳,如岱礼。"(《尚书·舜典》)

到了五月,大舜进行第二次巡察,他带领众人来到南方部族方国巡察,全面考察了解了南方的情况。和在泰山一样,召集了各路诸侯,完成了他在泰山和各部落方国研究的所有会议内容后才回到唐都。这里需要说明的是,《尚书》记

舜帝巡守（铜雕）

载大舜到了南岳衡山。

"八月西巡守，至于西岳，如初。"（《尚书·舜典》）

到了八月，大舜又不辞劳苦带领众人来到西岳，先视察了西方各古国后又召开了重要会议，和前两次研究的内容一致，统一了各诸侯国的认识。

"十有一月朔巡守，至于北岳，如西礼。"（《尚书·舜典》）

到了十一月，大舜和众人冒着寒风来到北方巡视，到达北岳，同样召集各部落的首领来一起商讨全国需要统一认识、统一步伐、统一行动的治国安邦大事。

这四次大巡察，使刚登上摄政王位的大舜对全国的山川地貌人情习俗有了全面了解，同时对所有执政的官员进行了比较全面的考察。

从此，大舜从摄政王到他去世这近 80 年间，每五年都要在全国巡视一次。

在道路不通、水陆复杂、气候异常恶劣、车辆条件极差的情况下,每五年对四岳十二州进行一次民间视察,是何等艰难。大舜的考察是实实在在的轻装简从,扎扎实实地到民间到基层调查研究,去面对面地对大小官员进行考评,去真实地了解民众在想什么、做什么、需要什么,对执政的方针政策有什么实实在在的要求。

附:

1.《尚书·尧典》

昔在帝尧,聪明文思,光宅天下。将逊于位,让于虞舜,作《尧典》。

曰若稽古,帝尧曰放勋,钦明文思安安,允恭克让,光被四表,格于上下。克明俊德,以亲九族。九族既睦,平章百姓。百姓昭明,协和万邦。黎民于变时雍。

乃命羲和,钦若昊天,历象日月星辰,敬授人时。分命羲仲,宅嵎夷,曰旸谷,寅宾出日,平秩东作。日中星鸟,以殷仲春。厥民析,鸟兽孳尾。申命羲叔,宅南交,平秩南讹,敬致,日永星火。以正仲夏,厥民因,鸟兽希革。分命和仲,宅西,曰昧谷。寅饯纳日,平秩西成。宵中星虚,以殷仲秋。厥民夷,鸟兽毛。申命和叔,宅朔方,曰幽都。平在朔易。日短,星昴,以正仲冬,厥民隩,鸟兽氄毛,帝曰:"咨!汝羲暨和,期三百有六旬有六日,以闰月定四时,成岁。允厘百工,庶绩咸熙。"

帝曰:"畴咨若时登庸?"

放齐曰:"胤子朱启明。"

帝曰:"吁!讼可乎?"

帝曰:"畴咨若予采?"

欢兜曰:"都!共工方鸠僝功。"

帝曰:"吁!静言庸违,象恭滔天。"

帝曰:"咨!四岳,汤汤洪水方割,荡荡怀山襄陵,浩浩滔天,下民其咨,有能俾乂?"

佥曰:"於!鲧哉。"

帝曰:"吁,咈哉,方命圮族。"

岳曰:"异哉!试可乃已。"

帝曰:"往,钦哉!"九载,绩用弗成。

帝曰:"咨!四岳,朕在位七十载,汝能庸命,巽朕位?"

岳曰:"否德忝帝位。"

曰:"明明扬侧陋。"

师锡帝曰:"有鳏在下,曰虞舜。"

帝曰:"俞!予闻,如何?"

岳曰:"瞽子,父顽,母嚚,象傲,克谐,以孝。以孝烝烝,乂不格奸。"

帝曰:"我其试哉!女于时,观厥刑于二女。"厘降二女于妫汭,嫔于虞。

帝曰:"钦哉!"

2. 司马迁《史记·五帝本纪·唐尧》

帝尧者,放勋。其仁如天,其知如神。就之如日,望之如云。富而不骄,贵而不舒。黄收纯衣,彤车乘白马。能明驯德,以亲九族。九族既睦,便章百姓。百姓昭明,合和万国。

乃命羲、和，敬顺昊天，数法日月星辰，敬授民时。分命羲仲，居郁夷，曰旸谷。敬道日出，便程东作。日中，星鸟，以殷中春。其民析，鸟兽孳微。申命羲叔，居南交。便程南为，敬致。日永，星火，以正中夏。其民因，鸟兽希革。申命和仲，居西土，曰昧谷。敬道日入，便程西成。夜中，星虚，以正中秋。其民夷易，鸟兽毛毨。申命和叔；居北方，曰幽都。便在伏物。日短，星昴，以正中冬。其民燠，鸟兽氄毛。岁三百六十六日，以闰月正四时。信饬百官，众功皆兴。

尧曰："谁可顺此事？"放齐曰："嗣子丹朱开明。"尧曰："吁！顽凶，不用。"尧又曰："谁可者？"驩兜曰："共工旁聚布功，可用。"尧曰："共工善言，其用僻，似恭漫天，不可。"尧又曰："嗟，四岳，汤汤洪水滔天，浩浩怀山襄陵，下民其忧，有能使治者？"皆曰鲧可。尧曰："鲧负命毁族，不可。"岳曰："异哉，试不可用而已。"尧于是听岳用鲧。九岁，功用不成。

尧曰："嗟！四岳：朕在位七十载，汝能庸命，践朕位？"岳应曰："鄙德忝帝位。"尧曰："悉举贵戚及疏远隐匿者。"众皆言於尧曰："有矜在民间，曰虞舜。"尧曰："然，朕闻之。其何如？"岳曰："盲者子。父顽，母嚚，弟傲，能和以孝，烝烝治，不至奸。"尧曰："吾其试哉。"于是尧妻之二女，观其德於二女。舜饬下二女于妫汭，如妇礼。尧善之，乃使舜慎和五典，五典能从。乃遍入百官，百官时序。宾于四门，四门穆穆，诸侯远方宾客皆敬。尧使舜入山林川泽，暴风雷雨，舜行不迷。尧以为圣，召舜曰："女谋事至而言可绩，三年矣。女登帝位。"舜让于德不怿。正月上日，舜受终于文祖。文祖者，尧大祖也。

于是帝尧老，命舜摄行天子之政，以观天命。舜乃在璇玑玉衡，以齐七政。遂类于上帝，禋于六宗，望于山川，辩于群神。揖五瑞，择吉月日,见四岳诸牧,班瑞。岁二月,东巡狩,至於岱宗,柴,望秩於山川。遂见东方君长,合时月正日,同律度量衡,脩五礼五玉三帛二生一死为挚,如五器,卒乃复。五月,南巡狩;八月,西巡狩;十一月,北巡狩:皆如初。归,至于祖祢庙,用特牛礼。五岁一巡狩,群后四朝。遍告以言,明试以功,车服以庸。肇十有二州,决川。象以典刑,流宥五刑,鞭作官刑,扑作教刑,金作赎刑。眚灾过,赦;怙终贼,刑。钦哉,钦哉,惟刑之静哉!

驩兜进言共工,尧曰不可而试之工师,共工果淫辟。四岳举鲧治鸿水,尧以为不可,岳彊请试之,试之而无功,故百姓不便。三苗在江淮、荆州数为乱。于是舜归而言於帝,请流共工于幽陵,以变北狄;放驩兜于崇山,以变南蛮;迁三苗於三危,以变西戎;殛鲧于羽山,以变东夷:四罪而天下咸服。

尧立七十年得舜,二十年而老,令舜摄行天子之政,荐之于天。尧辟位凡二十八年而崩。百姓悲哀,如丧父母。三年,四方莫举乐,以思尧。尧知子丹朱之不肖,不足授天下,于是乃权授舜。授舜,则天下得其利而丹朱病;授丹朱,则天下病而丹朱得其利。尧曰"终不以天下之病而利一人",而卒授舜以天下。尧崩,三年之丧毕,舜让辟丹朱于南河之南。诸侯朝觐者不之丹朱而之舜,狱讼者不之丹朱而之舜,讴歌者不讴歌丹朱而讴歌舜。舜曰"天也",夫而后之中国践天子位焉,是为帝舜。

舜治洪水

鲧治水九年，最后以悲剧形式结束。这也说明尧帝的时代快结束了，舜帝的时代正式开始。舜帝位的真正有力竞争者是颛顼帝的儿子鲧，鲧的死，使舜放开了手脚。当舜确立权位以后，摆在面前的重要工作之一就是治水。舜在巡视鲧治水的时候，也发现了一个人才，这就是鲧的儿子禹。"于是舜举鲧子禹，而使续鲧之业。"舜巡狩回来向尧汇报杀了治水无功的鲧后，又推荐鲧的儿子禹继续治水，对此尧帝当然同意。"父职子继""子承父业"，禹觉得很悲伤，但又很无奈，治水是个苦差使，又十分危险，父亲的下场是个教训。但禹推辞不得，只能默默挑起重担。

舜主政后也召开了最高决策会议。在会上，舜对四岳说："有谁能奋发努力，建立功业，光大帝尧的事业，授给他官职辅佐我办事呢？"四岳都说："伯禹为司空，可以光大帝尧

舜治洪水
（范明良／作）

的事业。"舜说："嗯，好！禹，你去负责平治水土，一定要努力办好啊！"禹跪地叩头拜谢，谦让给稷、契和皋陶。舜说："好了，去吧！"这里"司空"的职务是有史以来第一次出现，相当于内阁总理，权位仅次于舜。鲧治水的时候，帝尧没有给他具体位置，也就是说，有治水的责任，没有保障治水的权力。这次舜给禹的头衔是"司空"，即部落联盟的第二把手，还让益、稷等配合，说明舜富有治国经验，考虑得十分周到。

在会上，舜还确定了其他重要事项。舜说："弃，黎民正在挨饿受饥，你负责农业，去教他们播种百谷吧！"舜说："契，百官不相亲爱,五伦不顺,你担任司徒,去谨慎地实行五伦教育。做好五伦教育,关键在于要宽厚。"舜又说:"皋陶,蛮夷侵扰中原,抢劫杀人,在我们的境内作乱,你担任司法官,五刑要使用得当,根据罪行轻重,大罪在原野上执行,次罪在市、朝内执行;五刑宽减为流放的,流放的远近要有个规定,按罪行轻重分别流放到四境之外、九州之外和国都之外。只有公正严明,才能使人信服。"舜还请大家推荐管理百工的官员,问:"那么谁能管理我的各种工匠?"大家都说垂可以。于是任命垂为共工,统领各种工匠。舜又问:"谁能管理我山上泽中的草木鸟兽?"大家都说益行。于是任命益为朕虞,主管山泽。益下拜叩头,推让给朱虎、熊罴。舜说:"去吧,你行。"就让朱虎、熊罴做他的助手。舜说:"喂,四岳,有谁能替我主持天事、地事、人事三种祭祀?"大家都说伯夷可以。舜说:"喂,伯夷,我任命你担秩宗,主管祭祀,要早晚虔敬,要正直,要肃穆清洁。"伯夷推让给夔、龙,舜说:"那好,就任命夔为典乐,掌管音乐,教育贵族子弟,要正直而温和,宽厚而严厉,刚正却不暴虐,简洁却不傲慢;诗是表达内心情感的,歌是用延长音节来咏唱诗的,乐声的高低要与歌的内容相配合,还要用标准的音律来使乐声和谐。八种乐器的声音协调一致,不要互相错乱侵扰,这样,就能通过音乐达到人与神相和的境界啦。"夔说:"嗳,我轻重有节地敲起石磬,各种禽兽都会跟着跳起舞来的。"舜说:"龙,我非常憎恶那种诬陷他人的坏话和灭绝道义的行为,惊扰我的臣民,我任命你为纳言官,早晚传达我的旨命,报告下情,一定要诚实。"舜说:"喂,你们22个人,要谨守职责,时时辅佐我做好上天交付的治国大事。"此后,每三年考核一次功绩,经过三次考核,按照成绩升迁或贬黜。所以,不论远处近处,各种事情都振兴起来了。又根据是否归顺,分解了三苗部族。

对于失去父亲的禹,年纪已经27岁了,悲痛几乎夺去了他的生命。但夏侯氏是一个部落,这个部落的精英都在治水。部落失去了首领鲧,子继父业,这个部落的首领当然还是禹来担任。27岁的禹是夏侯氏部落的新首领,这支治水大军，没有得到撤退的命令还是在那里治水。禹一边为父守丧，一边领导部落部下继续治水。只是没有尧帝的任命，得不到朝廷的支持，开展工作更加困难。但禹没有放弃，在治水现场悄悄地进行改革，改变筑堤挡水的方法，用开渠的办法把滞留的洪水引到大海。

禹接受了帝舜"司空"的任命后，舜颁发治水的政令，《史记·夏本纪》载："禹乃遂与益、后稷奉帝命，命诸侯百姓兴人徒以傅土，行山表木，定高山大川。"意思是命令禹等发动诸侯百官治水，对山川河流进行勘测，确定高山大川的走向和流向。

协助禹治水的有两位大臣，一位是益，按照舜帝的安排，益是主管山泽的官。另一位是后稷，后稷是主管农业的，所以，大禹的这两位得力助手很专业，也很有能力。

禹得到任命以后，首先是总结经验教训。禹总结了父亲鲧治水的教训，以及鲧之前的治水负责人共工的教训，发现他们采取的都是堙的方法，堙主要就是筑堤的办法，小范围的治理这是最合适的。故《国语》有记录说："昔共公弃此道也，虞于湛乐，淫失其身，欲壅防百川，堕高堙庳，以害天下。皇天弗福，庶民弗助，祸乱并兴，共工用灭。""其在有虞，有崇伯鲧，播其淫心，称遂共工之过，尧用殛之于羽山。其后伯禹念前之非度，厘改制量……高高下下，疏川导滞……皇天嘉之，祚以天下。"《淮南子》载："禹之决渎也，因水以为师。"《尚书·洪范》载："鲧堙洪水，汨陈其五行。"这里都说共工和鲧都用堙的办法，不但治不好洪水，而且自己的结局都不好，禹用水为师，采用疏导的办法获得了成功，并得到了天下。这里不是说堙的办法一点不好，只是如果没有大局观念，或者不知道河道的总流向，用堙的办法保护了一城一池，可能以邻为壑，使边上的部落遭殃。鲧和共工可能犯的都是这个错误。事实上共工是早期的治水专家，由于其部落所处生活地区的河流位于两山之间，所以他堵塞河流，用堙的方法为本部落的人民来牟利,形成了最早期的水库。这种堙的方法对局部地区是有利的。但是比较容易造成灾害。鲧比共工又进步了一层,为了抵御洪水的侵袭,在当时的生产力水平下,他不可能把整个河流都给堙起来,鲧所采用的办法是在人们居住的地区修建城郭抵御洪水。

鲧从避免水患的方面去考虑,或在城墙挡水之处加筑石龟、土墩之类,以分散水力,抵抗冲击,或在城外绕城筑一堤防。鲧的做法是选择地势较高的地方筑城,或者在原城基础上增加防洪设施。

鲧治水的成绩在后世文章中颇有记载。《吴越春秋》说:"鲧筑城以卫君,造郭以守民,此城郭之始也。""尧听四岳之言,用鲧修水。鲧曰:'帝遭天灾,厥黎不康。'乃筑城造郭,以为固国。"而大禹"纂就前绪,遂成考功",这是在鲧的基础上有了长足的进步。

禹主要的办法是"疏川导滞",使水随地势流淌。禹也采用"钟水丰物"的办法。这就是说,有些小水不能顺畅东流,也难汇入大河,便让它聚集为沼泽,这样不但治水无妨,而且可以给周围以鱼米之利。这就是说,他不仅"疏",也"聚",疏聚结合。还有一种"高高下下"的方法,疏通了河道,加深了沼泽,而且将所取之土积于河岸、泽旁,使成堤障。这是疏、聚、防的结合。再一种办法是"封崇九山""宅居九隅"。"九山"是指河沿岸人所居住的丘陵,"九隅"指临水之高地。禹令民众聚土积薪,择丘陵而处之。这些都是禹经常采用的治水办法。

大禹与益、后稷一起,命令诸侯百官发动那些被罚服劳役的罪人分治九州土地。他一路上穿山越岭,竖立木桩作为标志,测定高山大川的状貌。

大禹在外十三年,三过家门而不入。他节衣缩食,尽力孝敬鬼神。居室简陋,把资财用于治理河川。他在地上行走乘车,在水中行走乘船,在泥沼中行走就乘木橇,在山路上行走就穿上带铁齿的鞋。他左手拿着准和绳,右手拿着规和矩,还装载着测四时定方向的仪器,开发九州土地,疏导九条河道,修治九个大湖,测量九座大山。他让益给民众分发稻种,可以种植在低洼潮湿的土地上。又让后稷赈济吃粮艰难的民众。粮食匮乏时,就让一些地区把余粮调剂给缺粮地区,以便使各诸侯国都能有粮食吃。禹一边行进,一边考察各地的物产情况,规定了应该向天子交纳的贡赋,并考察了各地的山川地形,以便弄清诸侯朝贡时交通是否方便。

禹领导的治水,实质上是部落联盟领导的治水,遍及当时的九州大地。实行分区域治水,就是按九州划分的区域组织治水。把治水与交通路线踏勘相结合,开辟便捷通道,保证以后纳贡便捷安全。

禹治水及考察是从帝都冀州开始的。《史记·夏本纪》说:"禹行自冀州始。冀州:既载壶口,治梁及岐。既修太原,至于岳阳。覃怀致功,至于衡、漳。"在冀州先完成了壶口的工程,又治理梁山及其支脉。治理好太原地区,一直到太岳山之南。修治好覃怀之后,又继续修治了衡水和漳水。

冀州的壶口工程,是部落联盟的重点工程。大禹针对这个卡脖子工程,集中全力,用铜器、石器、木器等工具不断开凿崖壁,用木材烧烤崖壁,再用激流冲垮巨石。几年的努力,终于撕开50

米的岩崖,飞流直泻,降低了上游的水位,第一步治水成功了。因壶口位于龙门峡谷,这个工程被称为"禹凿龙门"。

"济、河惟兖州:九河既道,雷夏既泽,雍、沮会同,桑土既蚕,于是民得下丘居土。"济水和黄河之间是沇(兖)州:这个地区的九条河都已疏通,雷夏蓄积成了一个大湖。雍水和沮水汇合流入泽中,土地上种了桑,养了蚕,于是民众都能从山上搬下来定居在平地上。

"海岱惟青州:堣夷既略,潍、淄其道。"大海到泰山之间是青州:在这个地区堣夷平治之后,潍水、淄水也得到了疏通。

"海岱及淮惟徐州:淮、沂其治,蒙、羽其艺。大野既都,东原底平。"大海、泰山到淮水之间是徐州:在这个地区治理了淮水、沂水,蒙山、羽山一带也可以种植作物了。大野成了一个蓄水湖,东原的水也都退去。

"淮海惟扬州:彭蠡既都,阳鸟所居。三江既入,震泽致定。"淮河与大海之间是扬州:彭蠡汇成了湖泊,成了鸿雁南归时的栖息之地。松江、钱塘江、浦阳江在那里入海,震泽地区也获得安定了。

"荆及衡阳惟荆州:江、汉朝宗于海,九江甚中。沱、涔已道,云土、梦为治。"荆山到衡山的南面是荆州:这个地区有长江、汉水注入大海。长江的众多支流大都有了固定的河道,沱水、涔水业已疏导,云泽、梦泽也治理好了。

"荆河惟豫州:伊、洛、瀍、涧,既入于河,荥播既都,道菏泽,被明都。"荆州和黄河之间是豫州:伊水、洛水、瀍水、涧水都已疏通注入黄河,荥播也汇成了一个湖泊,还疏浚了菏泽,修筑了明都泽的堤防。

"华阳黑水惟梁州:汶、嶓既艺,沱、涔既道,蔡、蒙旅平,和夷底绩。"华山南麓到黑水之间是梁州:汶(岷)山、嶓冢山都可以耕种了,沱水、涔水也已经疏通,蔡山、蒙山的道路已经修好,在和夷地区治水也取得了成效。

"黑水、西河惟雍州:弱水既西,泾属渭汭。漆、沮既从,沣水所同。荆、岐已旅、终南、敦物至于鸟鼠。原隰厎绩,至于都野。三危既度,三苗大序。"黑水与黄河西岸之间是雍州:弱水经治理已向西流去,泾水汇入了渭水。漆水、沮水跟着也汇入渭水,还有沣水同样汇入渭水。荆山、岐山的道路业已开通,终南山、敦物山一直到鸟鼠山的道路也已竣工。高原和低谷的治理工程都取得了成绩,一直治理到都野泽一带。三危山地区可以居住了,三苗族也大为顺服。

禹通九山:禹开通了九条山脉的道路。

一条从汧山(在今陕西省陇县西南)和岐山(在今陕西省岐山县)开始一直开到荆山(在今陕西省富平县西南),越过黄河。

一条从壶口山(黄河壶口)、雷首山(今山西省永济市南)一直开到太岳山(今山西省霍州市东面)。

一条从砥柱山黄河中、析城山(今山西省阳城县西面)一直开到王屋山(今山西省阳城县南面)。

一条从太行山、常山(今河北曲阳县西北)一直开到碣石山(今河北省昌黎县渤海之滨),进入海中与水路接通。

一条从西倾山(今甘肃省临潭县西南)、朱圉山(今甘肃省天水市西南),鸟鼠山一直开到太华山(华山)。

一条从熊耳山(今河南省卢氏县东)、外方山(嵩山)、桐柏山一直开到负尾山(今山东省泗水县东)。

一条从嶓冢山(今陕西省宁强县北)一直开到荆山(今湖北省南漳县西)。

一条从内方山(今湖北省钟祥市西南)一直开到大别山(今湖北省武汉市蔡甸区东北)。

一条从汶山(甘肃、四川两省相邻地区)的南面开到衡山,越过九江(指今湖南洞庭湖一带),最后到达敷浅原山(今江西庐山)。

禹决九河:禹疏导了九条大河。

上虞"象耕鸟耘"雕塑群(傅长祥 / 摄)

弱水,即今甘肃张掖河,俗称黑河。把弱水疏导至合黎山,使弱水的下游注入流沙(居延泽);(《史记·集解》《史记·索隐》流沙皆作地名,应当为居延泽)黑水指流经甘肃北县一带的党河。疏导了黑水,经过三危山,流入南海(青海);疏导黄河,从积石山(在今甘肃省临夏市)开始,到龙门山,向南到华阴,然后东折经过砥柱山,继续向东到孟津,再向东经过洛水入河口,直到大邳;转而向北经过降水,到大陆泽,再向北分为九条河,这九条河到下游又汇合为一条,叫作逆河,最后流入大海;从嶓冢山(在今陕西省宁强县北)开始疏导漾水,向东流就是汉水,再向东流就是苍浪水,经过三澨水,到大别山,南折注入长江,再向东与彭蠡泽之水汇合,继续向东就是北江,流入大海;从汶山(位于今四川都江堰)开始疏导长江,向东分出支流就是沱水,再往东到达醴水,经过九江,到达东陵,向东斜行北流,与彭蠡泽之水汇合,继续向东就是中江,最后流入大海;疏导沇水(今河南省济源市),向东流就是济水,注入黄河,两水相遇,溢为荥泽,向东经过陶丘北面,继续向东到达菏泽,向东北与汶水汇合,再向北流入大海;从桐柏山(位于今河南省唐河县与湖北省枣阳市交界处)开始疏导淮水,向东与泗水、沂水汇合,再向东流入大海;疏导渭水,从鸟鼠同穴山(今甘肃省渭源县西)开始,往东与沣水汇合,又向东与泾水汇合,再往东经过漆水、沮水,流入黄河;疏导洛水,从熊耳山(今河南省西部)开始,向东北与涧水、瀍水汇合,又向东与伊水汇合,再向东北流入黄河。

所有的山川河流都治理好了,从此九州统一,四境之内都可以居住了,九条山脉开出了道路,九条大河疏通了水源,九个大湖筑起了堤防,四海之内的诸侯都可以来京城会盟和朝觐了。金、木、水、火、土、谷六库的物资治理得很好,各方的土地美恶高下都评定出等级,能按照规定认真进贡纳税,赋税的等级都是根据三种不同的土壤等级来确定的。他还在华夏境内九州之中分封诸侯,赐给土地,赐给姓氏,并说:"要恭敬地把德行放在第一位,不要违背我天子的各种措施。"

分级治理:禹治水原则上分三级,也就是联盟、九州和各部落三级协同治水。联盟是第一级,九州是第二级,部落是第三级。以疏通沟渠为主体的农田水利工程由各部落自己承担。《史记·夏本纪》中,有两处谈到疏通沟渠之事:"薄衣食,致孝于鬼神;卑宫室,致费于沟淢""以决九州致四海,浚畎浍致之川。"一个地方讲,大禹节衣缩食,以非常虔敬之心孝敬鬼神;居住的宫室简陋,而把资材都用到整治农田沟渠中去。另一个地方讲,在治水成功以后,禹向舜帝述职汇报工作时说:不仅疏导九条江河流入大海,还疏浚大大小小的沟渠流入江河。

导河入海治理的是江河干流和支流,这属于联盟和九州一、二级的任务。而沟渠入河是农田水利,这是三级治理中的第三级。九州是第二级联盟,第二级的任务是各自治理自己区块内的江河,而第一级联盟的任务主要是完成以壶口工程为重点的攻坚工程。《史记·五帝本纪》载:"唯禹之功为大,披九山,通九泽,决九河,定九州……""披九山",就是在九条山脉中披荆斩棘走出一条路来。"通九泽"与《夏本纪》中的"陂九泽""九泽既陂"等表达都是讲湖泊治理的。在逐一介绍九州的段落中,涉及湖泽的还有以下内容:兖州"雷梦既泽";徐州"大野既都";扬州"彭蠡既都""震泽致定";荆州"云土、梦为治";豫州"荥播既都,道菏泽,被名都";雍州"原隰厎绩至于都野"。

湖泊都是地势低洼之处蓄水而成,因此成为江河水量的调节器。洪水退去以后,平原上低洼之地会出现大大小小的湖泽,既泽、既都就是讲洪水退去以后湖泽的形成过程。"陂"还有一层意思,就是修筑堤岸以稳定湖泽的蓄水量。

舜格三苗

　　三苗古称九黎,是中国远古时期居住在南方的古老部落。《战国策》载吴起对魏武侯言:"昔者三苗之居,左彭蠡之波,右(有)洞庭之水,文山(岷山)在其南,而衡山在其北;恃此险也,为政不善,而禹放逐之。"《史记·五帝本纪》亦称:"三苗在江淮、荆州数为乱。""集解"释其地曰:"吴起云:'三苗之国,左洞庭而右彭蠡。'案:洞庭,湖名,在岳州巴陵西南一里,南与青草湖相连。彭蠡,湖名,在江州浔阳县东南五十二里。以天子在北,故洞庭在西为左,彭蠡在东为右。今江州、鄂州、岳州,三苗之地也。"三苗是长江中游的一个强大部落。

　　据考证,三苗原居黄河流域。三苗似为中原民族或中原西部之民族,旧以为即今苗族恐非。在远古之时,最初生活在黄河流域的是苗族,后来以黄帝、炎帝为代表的华夏族从今中国西部迁来(他们可能是仰韶文化的创造者),两族发生冲突,苗族战败,逐渐被迫南下,到了长江流域。

舜格三苗（范明良／作）

由此可知，三苗从黄河流域迁居长江中游，乃是受到华夏族的挤压而不得已之举。

三苗与华夏族之争战，由来已久，最早可追溯到黄帝时期。《史记·五帝本纪》载："轩辕之时，神农氏世衰。诸侯相侵伐，暴虐百姓，而神农氏弗能征。于是轩辕乃习用干戈，以征不享，诸侯咸来宾从。而蚩尤最为暴，莫能伐。……蚩尤作乱，不用帝命。于是黄帝乃征师诸侯，与蚩尤战于涿鹿之野，遂禽杀蚩尤。

而诸侯咸尊轩辕为天子,代神农氏,是为黄帝。"

从这段记载中可以看出,黄帝与蚩尤的战争,是他一生中的重大事件。他之所以被尊为天子,也是因为擒杀蚩尤,铲平蚩尤之乱。

蚩尤是九黎族的领袖。九黎原居黄河流域,是一个相当强大的部落,是后世所谓"中原之地"的最早统辖者。

九黎族势力强大,内分81个氏族,装备精良,势力强大。蚩尤在群众中有很高的威望。

蚩尤战败,九黎族一度受挫。到了颛顼、帝喾时代,炎帝的支流共工族先后与颛顼、帝喾争夺帝位。华夏族的内战,又给九黎族以发展机会。颛顼之后,九黎改称三苗。"黎苗……颛顼之前曰九黎,颛顼而后乃曰三苗……黎苗势力与诸夏并炽。"可见,三苗势力再次强大起来。颛顼与三苗交战的情况是:"有苗,九黎之后。颛顼代少昊,诛九黎,分流其子孙,为居于西裔者三苗。至高辛氏(帝喾)之衰,又复九黎之君恶。尧兴又诛之,尧末又在朝。舜时又窜之。"(《礼记正义·缁衣》引郑玄注《尚书·吕刑》)

可知颛顼对九黎,是用"分流其子孙"的办法。它似乎并不能真正解决问题,所以在帝喾、尧、舜时代,三苗势力复振,成了华夏族的劲敌。

尧、舜时期,三苗多次向华夏族发动进攻。《史记·五帝本纪》云:帝尧时,"三苗在江淮、荆州,数为乱",尧令舜率军讨伐,"迁三苗于三危"。这是用强令迁徙的办法,削弱其力量。"三危"有两说,一说在今甘肃敦煌附近;一说在今甘肃岷山西南。此次迁徙收到了一定的效果,《尚书·禹贡》云:"三危既宅,三苗丕叙",三危山可以居住,三苗也顺从了。但如同"颛顼分流其子孙"一样,强令迁走的只是三苗中的一部分,所以"尧末又在朝",有些三苗首领仍在部落联盟中拥有一定的势力。

舜对待三苗的叛乱势力,不是诛杀,而是"以德化之"。史书记载:"三苗不服,禹请攻之。舜曰:'以德可也。'行德三年,而三苗服。"史书亦有"当舜之时,有苗不服,于是舜修政偃兵,执干戚而舞之"的记载。史书中所说的"执干戚而舞之"中的"干戚舞"是乐舞的一种。古时乐舞有文武之分,文舞执羽旄,武舞执干戚。干戚就是盾与斧,都是兵器。士兵操着盾与斧而舞,称干戚舞。所谓"修政偃兵,执干戚而舞之",就是在对三苗的问题上,舜帝修正政策,停止用兵动武,通过"干戚舞"来说明帝国的强大,暗示不要轻易冒犯,进而达到教育、感化三苗的目的。

在三苗心服口服以后,为避免出现后患,舜帝又将三苗集体迁徙到了位于帝国西北部的甘肃敦煌一带。

附:

古"三苗"考

"三苗"或"三苗国",是苗族继九黎之后历史发展的又一个重要阶段。九黎活动在黄河流域的中原地带,三苗活动在长江中下游。

根据史籍记载,涿鹿大战九黎部族败退后,首领蚩尤牺牲,九黎一部分融入了黄帝族,一部分向南方迁移,来到了长江流域。

这里北是云梦大泽,南有三湘两湖,九黎后裔充分发挥良渚文化和文明之能，把稻谷农业的生产技术与治水经验带给这片土地。

九黎之后一面从事农耕生产，饲养畜牧；一面把蚩尤遗下的五兵，刀、剑、弓、戟、大弩，随时讲习，以保护族群自身安全。

在经过几百年的生产发展后，至尧、舜、禹时期，他们又强盛了起来，建立起历史上著名的强大部落联盟或国家，这就是"三苗"或"三苗国"。

"三苗"是苗族历史发展的又一个重要阶段。"三苗"以苗族族群为主体，也包含其他一些小的部落族群。

史籍《尚书》《史记》《帝王世纪》等上百种历史文献，对三苗或三苗国都有记载。

中国史籍记载和学人考证，三苗为九黎之后、九黎之裔。

《礼记·缁衣正义》："苗民，谓九黎之君也……有苗、九黎之后，颛顼伐少昊，诛九黎，分流其子孙，为居于西裔者三苗。"

《史记·五帝本纪·正义》引孔安国注曰："吴起云：三苗之国，左洞庭而右彭蠡。"

《集解》引马融云："三苗，国名也。"

上述资料告诉我们，三苗部落源于九黎部落。三苗是九黎之后，三苗存在于尧、舜、禹时代，九黎存在于炎、黄、蚩时代，九黎为先，三苗为后。

诚如梁启超在《太古三代载记》中所说："三苗、九黎，一族两名。"

伍新福、龙伯亚在《苗族史》中大量引用史料后说："这就更明确肯定，三苗、苗民是蚩尤九黎之后，二者是一脉相承的。"

显然，三苗和三苗国，就是以蚩尤为首的九黎部落集团，在同炎、黄部落集团争逐失败后，向南退却的成员，在不同的时间和不同的地域所形成的一个新的部落联盟。

侯哲安在《中国南方古代传说人物考》中也考证说：

"三苗是伏羲女娲之后位于南部的一支。他们在我国南方是一个大的部落联盟，曾加入过中原地区的华夏联盟，又与中原几个部落联盟发生过斗争。三苗经过战争失败以后，一部分成为汉族的成员，大部分流入南方各个地区，与今日南方许多少数民族在族源上有着密切的联系。他们都是中华民族不可分割的组成部分。"

由此可见，"三苗"与"九黎"是一脉相承的关系，"三苗"是"九黎"之后，是"九黎"之裔。

"九黎"与"炎黄"同时代，生活于黄河流域；"三苗"与"尧舜禹"同时代，生活于长江流域。

"三苗"是"九黎"余部退至长江流域建立起来的强大部落联盟。

史籍多说三苗是国名。《淮南子》有记载云："三苗国名。"许慎注："三苗之国。"

也有史籍称三苗为诸侯的。《史记·五帝本纪》郑玄曰："所窜之苗为西裔诸侯者。"

还有史籍称三苗系氏族名。《汉书·地理志》师古注曰："三苗本有苗氏之族。"

从以上文献记载看，所谓国名、诸侯、氏族实际上并不矛盾。三苗在历史上存在的时间较长（贯穿于尧、舜、禹时期），原为氏族，后来发展成为部落，进而又组成大的部落联盟。

三苗既谓之为"国"或部落联盟，必有其王或首领。史籍记载三苗的主要首领为驩兜。

《山海经·大荒南经》云："大荒之中有驩兜之国。"

在尧的部落联盟中，驩兜可能曾代表三苗参加了联盟议事会，故又称驩兜为尧臣。还有"三苗亦应是诸夏之国入仕王朝者也。"

伍新福考证说：作为三苗集团的成员驩兜族，在苗、瑶民族中留下不少遗迹。如古代即是"苗蛮"聚居地的今张家界市永定区（原大庸县）有崇山。

"驩兜是尚红的部落，他们流入川东南后，开采丹砂。丹砂作为一种矿物染料，它的红色远比'染以草实'的红色鲜艳、持久。因此，川东南成为红苗的发祥地。"

尧、舜、禹时代主要有对三苗的战争。早在距今6000年前后，三苗部落迅速发展，打开了北上中原的道路。而在中原地区，涿鹿之战后华夏部族战胜东夷，获得更为强大的生命活力，开始沿三苗部落北上的道路南迁。河南南阳地区是这一交通线的重要枢纽，也是中原部落与三苗部落争夺之地，伐三苗的战争正是围绕着对这一地区的争夺而展开的。

三苗部落也是一个兴旺发达的部族共同体，包括很多氏族部落，进入英雄时代以后，也建立了一批部落联盟和若干范围更大的联合体，其中最著名的是与中原部族集团进行了多次战争的三苗，因此在载籍中，"三苗"这一用语有广义和狭义两种内涵，一是泛指苗蛮集团，一是指其中曾与尧舜禹作战的一支。《战国策》记载："昔者，三苗之居，左彭蠡之波，右有洞庭之水，文山在其南，而衡山在其北。"这是指整个苗蛮集团的活动地域，彭蠡、洞庭就是后世的鄱阳湖、洞庭湖，衡山是《水经注·汝水》中提及的在雉县（今河南南召县南）界的雉衡山，文山地望不详，但可知尧舜禹伐三苗以前，苗蛮集团的居地范围在洞庭、鄱阳湖之间，北界在伏牛山南麓，包括了整个南阳盆地。

苗蛮集团的强大和参与中原逐鹿的势头无疑使黄河流域部落共同体的首领们感到了威胁，所以开始连续发动对三苗的战争，以解除威胁，进而夺取有利于南下发展的交通要冲，这是尧舜禹伐三苗的根本原因。

　　尧舜禹伐三苗战争的起因主要见于《尚书·吕刑》的记载，其中提到，"苗民弗用灵，制以刑，惟作五虐之刑曰法。杀戮无辜……民兴胥渐，泯泯棼棼，罔中于信，以覆诅盟。虐威庶戮，方告无辜于上。上帝监民，罔有馨香德，刑发闻惟腥。皇帝哀矜庶戮之不辜，报虐以威，遏绝苗民，无世在下。"文中列举"三苗之君"的罪状是不敬神灵而作五刑残害百姓，道德沦丧，背信弃义，反复诅盟。无辜受戮的百姓求告上帝，上帝因闻不到祭祀的馨香，只有滥用刑罚的一片血腥而震怒，所以尧哀怜人民的苦难，用武力遏绝"三苗之君"的暴虐，并使他永无后嗣。

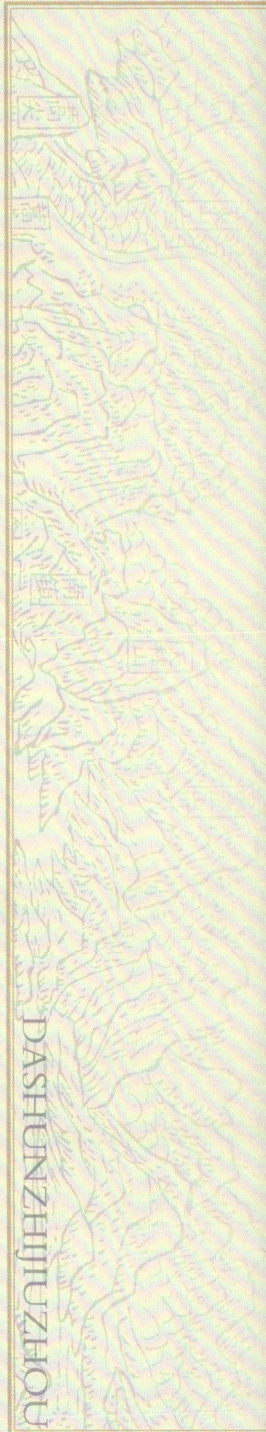

第三章

大舜治九州

舜践帝位

尧是黄帝的后代,帝喾娶陈锋氏的女儿,生下放勋。娶娵訾氏的女儿,生下挚。帝喾死后,挚接替帝位。帝挚登位后,没有干出什么政绩,于是弟弟放勋登位。这就是帝尧。"其仁如天,其知如神。"初封陶侯,辅佐帝挚。15 岁,封为唐侯,号为陶唐氏。20 岁,正式即位。

司马迁在《史记·五帝本纪》中写道,帝尧"其仁如天,其知如神。就之如日,望之如云。富而不骄,贵而不舒。黄收纯衣,彤车乘白马。能明驯德,以亲九族。九族既睦,便章百姓。百姓昭明,合和万国"。这是对尧品行的总体评价,其功绩主要是仁治天下,以亲民的行为团结各个部族。帝尧具体功绩有什么呢?《史记》写道,尧命令羲氏、和氏制定历法,教给民众从事生产的节令;命令羲仲、羲叔、和仲、和叔等人到四方,按照天时指导民众耕作。

帝尧在践履王位后，着手帮助人们发展农业生产，他不畏艰难，致力于消除水旱灾害，帮助民众建立正常的生产耕作秩序。陆续发明如井、日历、砂锅等，以利于民众的生活。

帝尧被后人称颂最多的是选人用人能力。《史记》中对尧的记载大部分是讲他对下属的判断和选择。帝尧把治理洪水泛滥作为头等大事，他在会上要求四岳推荐治水总指挥，四岳推荐了鲧，尧认为鲧不适合这个职位，原因是鲧有先科，曾不顾大局违命出走，其人格会影响治水大局。大家觉得当时没有更合适的人选，建议让鲧试一试，尧勉强同意了，最终证明尧对鲧的判断准确，鲧治水失败。

在选择接班人问题上，尧的做法成就了他作为一代圣贤的名声。四岳推荐了几个人选，如共工、丹朱。共工也是治水能人，但尧认为共工心术不正。丹朱是尧的儿子，但他认为丹朱不够贤惠，如果"授丹朱，则天下病而丹朱得其利"。如果任用丹朱，老百姓会受苦的。于是四岳推荐了孝感天地的舜，尧对舜的人品无可指摘，但他还不放心舜是否有能力治理国家，是否表里如一。

尧于是把自己的两个女儿娥皇、女英嫁给虞舜，从两个女儿那里考查他的德行，看他是否能理好家政。舜和娥皇、女英住在沩水河边，依礼而行事，二女都对舜十分倾心，恪守妇道。尧又派舜负责推行德教，舜便教导臣民以"五典"——父义、母慈、兄友、弟恭、子孝这五种美德指导自己的行为，臣民都乐意听从他的教诲，普遍依照"五典"行事。尧又让舜总管百官，处理政务，百官都服从舜的指挥，百事振兴，无一荒废。尧还让舜在明堂的四门，负责接待四方前来朝见的诸侯，舜和诸侯们相处得很好，也使诸侯们都和睦友好。远方来的诸侯宾客，都很敬重他。最后，尧让舜独自去山麓的森林中，经受大自然的考验。舜在暴风雷雨中，能不迷失方向，依然行路，显示出很强的生活能力。尧对舜的考察长达 20 年，终于把位置禅让给舜。

尧 13 岁时受封于陶,辅佐帝挚。15 岁,尧改封于唐国(今山西临汾市)。20 岁,尧代帝挚为天子。尧建唐国时,初都太原,在太原筑有唐城。2004 年以来,在襄汾陶寺遗址连续发掘出土的陶寺早、中期城址,宫殿区核心建筑,大墓出土的精美玉器、彩绘陶器等多件套随葬品,及以观天授时为主并兼有祭祀功能的观象台等遗迹,极可能为 4000 多年前尧时代的"唐尧帝都"。

尧的后期,在太原留下了自己的裔族后,沿着汾河南流的方向继续迁徙,最终落脚于临汾盆地——平阳,在平阳建都,于是,又有了"尧都平阳"之说。尧退位以后,舜把尧安排到绍兴风光秀丽的稽东镇,在那里筑小城,名叫尧郭,给尧养老。

尧死后葬在谷林,即帝尧陵,位于今山东省菏泽市鄄城县城南富春乡谷林寺。"尧王虚葬八百墓,唯有真身在谷林。"历代文献皆记录鄄城谷林尧陵,《吕氏春秋》云:"尧葬谷林。"《乾隆御批纲鉴》亦说:"尧帝崩于成阳,葬谷林,谷林即成阳。"谷林尧陵虽经数千年沧桑风雨,但墓冢犹在,碑碣尚存。

《尚书·尧典》曰:"二十有八载,帝乃殂落。百姓如丧考妣,三载,四海遏密八音。"

舜 50 岁时就做了摄政帝,就实际上掌握了帝国的大权,帝尧只是名义上的天子。这样又过了 8 年,即在舜 58 岁的时候,年已 118 岁的帝尧陨落了。天下万民,就像死了亲生父母那样悲哀。大家感戴尧德,思念圣恩,自行罢市,服丧哀悼。在长达三年的时间里,举国沉浸在深深的忧伤之中,天南海北都听不到音乐之声。在这个异常喜爱、崇尚音乐的国度里,以音乐为首的所有艺术活动都停止了,人们以无声的悲伤寄托对帝尧的无限哀思。

为崇尚帝尧节俭之德,帝尧的葬礼十分简洁。舜率群臣为帝尧守丧。长住在陵园边搭建的草棚里,睡草垫,喝稀饭,枕木块,虔诚之极。

舜从政多年,励精图治,以身作则,已经理顺了方方面面的关系,"齐七

东安大舜像

政""定五礼""定音律""调历法""统一度量衡""举八恺""用八元""惩四凶""订象刑"等。特别是,舜除去了对他登临帝位持有强烈反对意见的驩兜、共工、鲧、三苗。将驩兜流放到了远离京都的南方崇山峻岭之中;将共工流放到了远离京都的最北方的幽州;将桀骜不驯的鲧流放到东方最边远的羽山;将三苗迁徙到位于帝国西北部的甘肃敦煌一带。"四凶"各处东、南、西、北边远之地,相互之间音讯难通,自身难保,帝国也就少了后患。

虞舜在做摄政帝的八年里，国务常规管理都已经形成，因此舜与群臣守孝三年国家的各项事务并没有受到任何影响。

　　当时国家的政治形势可以说是一派大好，虞舜正式登临帝位的时机按理说已经十分成熟。意想不到的是，舜竟然悄然去国，离开了帝都。

　　《史记·五帝本纪》说："尧知子丹朱之不肖，不足授天下，于是乃权授舜。授舜，则天下得其利而丹朱病；授丹朱，则天下病而丹朱得其利。尧曰：'终不以天下之病而利一人'，而卒授舜于天下。"尧将帝位传贤不传子，态度是十分明确的，且让舜已经做了八年摄政帝。但是，等三年守孝期满，虞舜考虑到尧帝之子丹朱尚在，且丹朱亦有过欲争帝位的言行。舜留书一封，离开了帝都平阳。群臣上朝时，看见了舜的留言。舜在留言中写道："舜乃畎亩间匹夫，蒙先帝知遇恩方以摄政，感念先帝为国为民之深情，故

上虞大舜庙（刘育平／摄）

丝毫不敢懈怠,惟勤勉恭谨,恪尽职守,实欲尽释先帝爱民为国之一片苦心,救助万民之艰难困苦耳。然自古以来,大器皆传子孙或同宗,从未闻有匹夫承继大统者。帝子丹朱已经守孝期满,应承帝统,切望诸臣念先帝恩遇,全力辅佐,舜惟此愿耳。"

舜离开都城以后,来到了自己的部落虞国上虞,后人把这件事称为舜避丹朱。

但在都城的群臣十分焦急,群臣商量,一致认为:舜是帝尧选定的帝位继承人,从政摄天子事已经 28 年,政绩卓著。而丹朱不肖,天下共知。舜继帝位既然是先帝所定,就应该遵从先帝遗志。于是就派人四处寻访舜。最后,舜在四方诸侯以及皋陶、禹、稷等群臣的苦苦跪求下,感叹"天意不可违",只好回到帝都即天子之位。舜避丹朱的地方在会稽上虞,众官员请求舜回朝廷的地方叫"百官",还有"百官桥",众官员住宿的地方叫"驿亭"。

《孟子·万章上》说:"尧崩,三年之丧毕,舜辟尧之子于南河之南。天下诸侯朝觐者,不之尧之子而之舜;讼狱者,不之尧之子而之舜;讴歌者,不讴歌尧之子而讴歌舜。故曰,天也。夫然后之中国,践天子位焉。"

尧子丹朱也看透了事态,于是,就像《竹书纪年》所说:"帝子丹朱避舜于房陵,舜让,不克。朱遂封于房,为虞宾。三年,舜即天子位。"

舜登临天子位时已经 61 岁。

关于尧的儿子丹朱,传说是尧娶散宜氏女,生丹朱。帝尧生十子,丹朱为其嫡长子,出生时全身红彤彤,因取名"朱",朱自幼聪明,智慧极高,从小极受尧的宠爱。但其个性刚烈,做事坚决有主见,欠和顺和政治智慧,被尧视为"不肖乃翁"。

丹朱最初受封于浮山(今山西浮山),曾接受虞舜禅让而称帝(帝丹朱),丹朱曾称帝三年,但大臣们全跑到舜的地方,朝觐舜而不朝觐丹朱。舜觉得这是天意,正式登上帝位。舜登位后,把丹朱贬谪到丹水(今河南淅川),最后被封于刘国,亦即今定州、唐县。《尚书·逸篇》记载"尧子不肖,舜使居丹渊为诸侯,故号曰丹朱"。

丹朱曾经领导过炎帝的旧部和三苗部落联盟,与东夷关系密切,东夷部落联盟对丹朱评价很高。

丹朱还是弈围棋的专家,传说丹朱好游荡,经常无事生非,尧教子用心良苦,创造了围棋,教丹朱在家弈棋,丹朱虽然没多少用心,但凭他的智商,当时没有人能弈得过他。后人为了纪念丹朱,把他当作围棋之祖。

附：

1. 舜会百官考

北魏郦道元《水经注》引晋《太康三年地纪》云:"舜避丹朱于此,故以名县。百官从之,故县北有百官桥。"又云:"舜与诸侯会事讫,因相娱乐,故曰上虞"。传说因舜贤名远播,尧决定禅位于舜。尧崩,舜接位,但尧之子丹朱纠集一部分人作起乱来。舜为避丹朱之乱,向南躲避,来到上虞,居住于龙山之南现在的岭光一带,筑庐拓荒,亲耕历山,治理水患,教化乡民,传播中原文明。他所居住的山岭后来改称为隐岭,意即舜帝隐居之地。舜离开都城后,丹朱荒淫残暴,朝中官员和百姓日益思念舜的勤政爱民。正如司马迁在《史记》中云:"诸侯朝觐者不之丹朱而之舜;狱讼者不之丹朱而之舜;讴歌者不之丹朱而之舜。"臣民不理睬丹朱,追随虞舜而来,于是舜就在上虞大会诸侯,共议政事。尔后,舜感觉此乃天意难违,又回到都城,践天子位,是为帝舜。缘于舜会百官的典故,除上虞之名外,此处还留下了百官里、百官桥、百官渡等地名。

2. 舜避仇亭考

《史记·五帝本纪》记载:"尧崩,三年之丧毕,舜让避丹朱于南河之南。"丹朱是尧的儿子,舜想把帝位让给他,就躲到了"南河之南"。据《史记·五帝本纪·集解》的注释,"南河之南"就是"九河之最在南者",使人不得其要领。幸而《汉书·地理志》颜师古注有了较明确的解释。《地理志》上载:"会稽郡……上虞",下有颜注:"有仇亭,柯水东入海。"郦道元《水经注》卷四十亦载:"仇亭在(上虞)县东北十里,江北柯水,疑即江也。"明万历《新修上虞县志》卷十九又载:"仇亭,颜师古注《汉书》云:上虞有仇亭,柯水出焉,东入于海。今北乡有柯山沟,疑即其迹也。"史载舜避丹朱于上虞时,百官从而朝贺,百官地名亦由此而来,而柯水疑是舜江(曹娥江),百官就在曹娥江畔,建亭亦必在此处。解放前就有人建议百官曹娥江畔重建仇亭,以与越中犬亭(越王勾践养犬之处)、柯亭(汉)、兰亭(汉)相列,并称越中四古亭,供后人瞻仰。

有人以为"仇亭"之名不雅。其实,仇,同逑,如诗云:"窈窕淑女,君子好逑",取名曰仇,就是想把帝位让给有德之人。此亭自《晋书》以后不再见于史籍,可能早已毁坏,所以后人知之甚少。

除了以上几处重要的舜迹以外,尚有为数众多的舜迹和纪念性建筑。如舜江、小舜江、象田山(在上虞市西南三十余里处)、舜哥山(一名笔架山,在上虞东南铜牛山西。传说舜曾游憩于此)、指石山(在上虞市西南,俗呼荐公峤,言舜曾登此山)、舜桥(又称百官桥,在上虞市百官镇)、舜井(有多处,以上虞市百官镇舜帝庙北之舜井最为著名)、扶蜂里(在渔浦湖畔,相传舜在此湖捕鱼,捕鱼者绕湖而居)、粟里(《会稽三赋》云舜"供储于此")、粜米石(在舜江滨,传说舜在此粜米)、虞舜行宫(在上虞市梁湖镇,传旧时凡莅虞官员经此必具牲致祭)等。

3. 舜都蒲坂考

关于虞舜的都城,以蒲坂最为称著。《帝王世纪》谓:"舜所都也,或言蒲坂。"顾炎武《历代宅京记》云:"舜都蒲坂,今山西平阳府蒲州。"史念海《中国古都和文化》亦云:"至于舜都,则以蒲坂于义为长。"蒲坂,在今山西省永济市西13.5公里蒲州镇南1公里处。蒲坂原名蒲县,秦始皇东巡,见有长坂(原),故改称蒲坂,后世又名河东县。蒲坂一带,舜的遗迹甚多。

舜庙、舜宅及二妃坛 《宋永初山川记》云:"蒲坂城中有舜庙,城外有舜宅及二妃坛。"《括地志》卷二载,蒲州"河东县南二里故蒲坂城,舜所都也。城中有舜庙,城外有舜井及二妃坛。"《元和郡县图志》卷十二,河中府河东县也有内容相同的记载。

陶城 《水经·河水注》云:"陶城在蒲坂城北,城即舜所都也。"《元和郡县图志》卷十二载:"故陶城,在县北四十里。《尚书大传》曰:'舜陶河滨。'"陶城,在永济市区西北的张营乡,今名陶城村。陶城村有二,即南陶城村与北陶城村。所谓"陶城",系指南陶城村而言。村东南约5公里有舜帝村,村中有一高五六米的石碑,上书"大孝有虞舜帝故里"。村东头有"舜帝庙",只有正殿一座,内置舜帝像,系清代建筑。陶城距蒲坂约20公里,属蒲坂畿内之地,与舜陶河滨有关。

妫汭水 《尚书·尧典》载:"[舜]帝曰:我其试哉,女于是,观厥刑于二女。厘降二女于妫汭,嫔于虞。"《帝王世纪》谓:"尧以二女妻舜,为宫室,封之于虞。故《尚书》云:厘降二女于妫汭,嫔于虞,即此也。"又谓:"妫水在河东虞乡县历山西。汭,水源也,犹洛汭、渭汭也。"《括地志》曰:"妫汭水源出蒲州河东[县]南[雷首]山。许慎云:'水涯曰汭。'按《地记》云:'河东郡[首]山中有二泉,下南流者妫水,北流者汭水,二水异源合流,出谷西注河。'"《书集传》也说:"妫,水名,在今河中府河东县,出历山入河。"《尔雅》曰:"水北曰汭。亦小水入大水之名,盖两水合流之内也,故从北从内。盖舜所居之地。"妫水与汭水,实为一泉二流,然后再合流入黄河,即今永济西南10.5公里的苍龙峪水。相传为舜娶尧之二女处。

历山,在永济市东南30公里处。《水经·河水注》云:"郡南有历山,谓之历观,舜所耕处也,有舜井。"《括地志》卷二云:"蒲州河东县雷首山,一名中条山,亦名历山,亦名首阳山,亦名襄山,亦名甘枣山,亦名猪山,亦名独头山,亦名吴山。此山西起雷首,东至吴坂,凡十一名,随州县分之。历山南有舜井。"扬雄《河东赋》曰:"登历观而遥望兮,聊浮游于河之岩。"此历观即指历山,相传为舜所耕处。

4. 尧舜都平阳考

史乘所载,虞舜的都城,除蒲坂外,尚有平阳。《帝王世纪》云:"舜所都也,或言蒲坂,或言平阳及潘者也。"《水经·汾水注》谓:"汾水南,迳平阳县故城东……应劭曰:县在平河之阳,尧、舜并都之也。"《元和郡县图志》卷十二载:"晋州,《禹贡》冀州之域,即尧、舜、禹所都平阳也。"平阳本为唐尧之都,《汉书·地理志》河东郡平阳条下应劭注曰:"尧都也,在平河之阳。"《帝王世纪》云:"尧初封唐,在中山唐县,后徙晋阳,及为天子,居平阳。"《晋书·载记·刘元海》载:"平阳有紫气,兼陶唐旧都。"《史记·外戚世家·正义》引《括地志》云:"平阳故城即晋州城西面,今平阳故城东面也。《城记》云:尧筑也。"平阳地处黄河之东汾河流域中下游的临汾盆地,春秋时为晋羊舌氏邑,战国时为韩邑,秦置县,治所在今山西省临汾市西南8.5公里的金殿村。

尧之旧都,本在唐县,或云晋阳,均为陶唐氏古国之王都。逮至尧为"天子",成了华夏国联的盟主后,徙居平阳。平阳城为尧所筑,虞舜在受禅之后,继尧为华夏盟主,自然由蒲坂徙居平阳,因而平阳也就成了舜的"帝"都。

平阳位于晋南临汾盆地,汾河河谷在这里加宽,从地貌上形成一个小型平原。临汾盆地北依耸峙的霍太山,与晋中地区接壤;西侧的吕梁山及其支脉姑射山纵列而构成山河之险,东部连接着自南而北延伸的雷首山,形成一道屏障,南部与运城盆地连接,在地理特征上形成北部封闭,南部自然开放的状态。这里地势平坦,土壤肥沃,资源丰富,生态平衡,构成了建都立国的有利因素。

临汾金殿虽为文献记载中的平阳,但其附近并没有找到规模相当的史前城址,与金殿近在咫尺的襄汾陶寺,发现了一个龙山时代的史前古城。陶寺遗址位于山西省襄汾县东北7.5公里的陶寺镇南,分布在陶寺、李庄、中梁、东坡沟四个自然村之间,地处汾河以东,塔儿山西麓。整个遗址总面积约400万平方米。陶寺古城位于陶寺村西至宋沟一带,平面略呈圆角长方形,方向为北偏西45度,长约1800米,宽约1500米,总面积约为280万平方米。由早期小城、中期大城、中期小城三部分组成。早期小城长约1000米,宽约560米,面积约56万平方米;中期大城目前仅探明北段、中段和南段。北段城垣在早期小城的北部重建。东段城垣在早期小城的基础上向东南延伸 800 米与中期小城相接。南段城垣与北垣平行,墙体宽 8 米以上,长约 1500 米;中期小城由中期大城的南垣与其南面一段曲尺状拐折的墙体围成刀把形,两段城垣的最远距离是 180 米,总面积约 10 万平方米。根据城墙夯土中出土的遗物以及遗迹之间的叠压打破关系判断:陶寺城址营建于早期,扩建于中期,毁于晚期。宫殿区位于早期小城的中南部,其三面有围墙,面积 5 万平方米。墓地位于中期大城南垣外的中期小城西北角,面积约 1 万平方米。观象台位于中期小城内祭祀区,北依大城南垣,平面为半圆形,外圈半径 22 ～ 25 米,总面积在 1400 平方米左右。此外,也发现了手工业作坊遗迹。城内墓地出土有成组的彩绘陶器、彩绘木漆器,还有鼍鼓、特磬、石(玉)钺、红铜铃和内壁绘有蟠龙图案的陶盘等。

根据陶寺古城城墙夯土中出土的遗物以及遗迹之间的叠压打破关系判断,该城址使用的绝对年代据碳十四测年估计,当在公元前 2300 年至 2150 年之间,长达 150 年左右。按《帝王世纪》所载,尧在位 98 年,假设这些时间均在平阳,则尚余 50 余年,应为舜之所都,因而陶寺龙山文化古城很可能就是尧、舜所定都的平阳。

舜任贤能

帝尧崩殂，虞舜即位，天下易主，朝廷改元。帝尧逝世三年后的一个吉旦，帝舜到了先王的太庙，他要在这里会见四方君长和朝廷重臣，就国家政务问题召开最高国务会议。帝舜把明堂四面的大门故意打开着，无论地位有多卑微的人都可以前来倾听会议内容，透明度极高。帝舜有意让天下人监督君主的一言一行，监察大臣们的一举一动。

帝舜向列祖列宗祭祀祈祷完毕以后开始说话了："各位元勋重臣，大家想想，万民活命靠的是什么？还不就是食物吗？治国安民的根本就是将生产搞上去，妥善地解决老百姓赖以活命的粮食问题，这样，国家的边远地区才能安定。边远地区安定了，首都才得安宁。在所有的言行当中，一个人的仁和德是最重要的。要培养淳厚的品德，厚待有德行的人，信任善良的人，拒绝任用那些花言巧语的奸佞小人。如果真

东汉武梁祠画像石上的帝喾、帝尧、帝舜、夏禹、夏桀画像

正做到了这些,那么,即使是蛮夷,也一定会感动得归服的。"

舜帝开门见山,语重心长,直道民瘼,对待天下的政事与对待帝国的先祖们的态度如出一辙。他接着问道:"四方诸侯的首领们啊,你们中间谁能光大帝尧的事业呢?谁能够担任百官之长,主持政务,辅弼我成就帝国的事业呢?"

众人一致推荐禹。舜帝当年以身家性命为担保,向帝尧推荐禹负责治水大业,并由禹承袭了鲧的爵位。舜摄政以后,一直对禹很器重。而今,禹治水获得成功,舜正需要一位有威望、能力强的人当自己的帮手。于是舜帝便委任禹为百官之长,继续为司空,主持政务,率领百官,并叮嘱禹更要勤勉奋发。

帝舜敲定了首辅大臣后,委任稷做了司农,管理农林事务。稷出身寒苦,父母都被洪水吞没,年尚幼小的稷便遭遗弃,因此又名弃。舜委任受苦出身的弃管理农林事务,期待弃时时刻刻把处于水深火热中的老百姓记挂在心中,课农桑,兴农事,发展农林生产。

接着,帝舜又委任契做司徒,掌管天下教化,负责抓"父义、母慈、兄友、弟恭、子孝"五种伦理道德的教育。委任皋陶担任法官,负责监察、管理诉讼,治罪施刑,叮嘱皋陶要公正明察,保民以德,治民以法,准确量刑。委任垂担任百工,负责国家工程。委任益做虞官,负责管理高原湿地、山林湖泽、草木、鸟兽、鱼鳖。委任伯夷出任礼官,主持帝国最高礼仪。委任龙负责纳言,向下传达君王敕命,向上反映百官和黎民百姓的呼声。委任夔做乐官,全面负责对贵族子弟的礼乐教育。

安排完毕,帝舜最后说:"四岳、十二州的郡长,还有禹、皋陶、垂、益、稷、契、伯夷、龙和夔,你们22位大员都是国家的顶梁柱,今天在先帝太庙里宣誓就职,从今以后,一定要忠于职守,顺应民意,辅弼我创立丰功伟绩!"

鲧治水9年,禹治水13年,经过长达22年的艰苦卓绝的努力,大洪水终于被平定了。然而,亘古未有的洪灾却给华夏帝国留下了累累创伤。田野荒芜,农业凋敝,商旅难行,百业荒废,边患不断,内忧日深,灾民流离失所,帝国满目疮痍。因此,帝尧丧期刚过,诸侯将避丹朱出走的虞舜请回京都以后,深怀忧患意识的帝舜为了迅速复兴国家而在太庙里召开了这次重要会议,在充分民主的基础上,结合平时的考察,任命了新的内阁和官员,充实和强化了国家的管理职能。被舜委以重任的22人,都能忠于职守,勤奋努力,成就了功业。皋陶掌管刑法,断案平正,人人都佩服他;伯夷主持礼仪,上上下下都能礼让;垂主管百工,百工不折不扣做好本职工作;益主管山泽,山林湖泽都得到开发;弃主管农业,百谷生长旺盛;契主管教化,百官亲善和睦;龙主管接待宾客,远方诸侯都来朝贡;舜所置十二州牧做事,没有谁敢违抗。尤其是禹功劳最大。

从此以后,官员们以光大帝国德治,复兴帝国百业为己任,恪尽职守,千方百计搞好农业生产,管理好自然资源,恢复工商贸易,肃清边患,稳定社

东汉武梁祠画像石上的尧舜禹画像

会,打击奸佞凶顽之徒,严明国法政纪,黎民百姓欢欣鼓舞,齐声赞颂尧天舜日。

对于舜帝任命22名朝廷大员的情形,《尚书·尧典》有十分详细的记载。任命完毕,"舜曰:'咨！汝二十有二人,钦哉！惟时亮天功,三载考绩,三考黜陟幽明。'庶绩咸熙,分北三苗。"意思是舜帝说:你们这22位负责各方政务的官员,一定要谨慎呀！要随时想到这顺应天意的事业,努力去创造丰功伟绩！今后朝廷每隔三年要对所有官员考核一次政绩,经过三次考核以后,就要对昏暗无能的官员降职,对明智有功的官员升迁。这样一来,一切事业就振兴起来了,三苗也被流放到了边远的地方。

附:

1.《尚书·皋陶谟》

曰若稽古。皋陶曰:"允迪厥德,谟明弼谐。"

禹曰:"俞！如何？"

皋陶曰："都！慎厥身，修思永。惇叙九族，庶明励翼，迩可远，在兹。"

禹拜昌言曰："俞。"

皋陶曰："都！在知人，在安民。"

禹曰："吁！咸若时，惟帝其难之。知人则哲，能官人。安民则惠，黎民怀之。能哲而惠，何忧乎驩兜？何迁乎有苗？何畏乎巧言令色孔壬？"

皋陶曰："都！亦行有九德。亦言其人有德，乃言曰：'载采采'。"

禹曰："何？"

皋陶曰："宽而栗，柔而立，愿而恭，乱而敬，扰而毅，直而温，简而廉，刚而塞，强而义。彰厥有常，吉哉！"

"日宣三德，夙夜浚明有家。日严祗敬六德，亮采有邦。翕受敷施，九德咸事，俊乂在官。百僚师师，百工惟时，抚于五辰，庶绩其凝。

"无教逸欲，有邦兢兢业业，一日二日万几。无旷庶官，天工，人其代之。天叙有典，敕我五典五惇哉！天秩有礼，自我五礼有庸哉！同寅协恭和衷哉！天命有德，五服五章哉！天讨有罪，五刑五用哉！政事懋哉懋哉！

"天聪明，自我民聪明；天明畏，自我民明威。达于上下，敬哉有土！"

皋陶曰："朕言惠可底行？"

禹曰："俞，乃言底可绩。"

皋陶曰："予未有知，思日赞赞襄哉！"

2.《尚书·益稷》

帝曰："来，禹！汝亦昌言。"禹拜曰："都！帝，予何言？予思日孜孜。"皋陶曰："吁！如何？"禹曰："洪水滔天，浩浩怀山襄陵，下民昏垫。予乘四载，随山刊木，暨益奏庶鲜食。予决九川，距四海，浚畎浍距川；暨稷播，奏庶艰食鲜食。懋迁有无，化居。烝民乃粒，万邦作乂。"皋陶曰："俞！师汝昌言。"

禹曰："都！帝，慎乃在位。"帝曰："俞！"禹曰："安汝止，惟几惟康。其弼直，惟动丕应。徯志以昭受上帝，天其申命用休。"

帝曰："吁！臣哉邻哉！邻哉臣哉！"禹曰："俞！"

帝曰："臣作朕股肱耳目。予欲左右有民，汝翼。予欲宣力四方，汝为。予欲观古人之象，日、月、星辰、山、龙、华虫，作会；宗彝、藻、火、粉米、黼、黻、絺绣，以五采彰施于五色，作服，汝明。予欲闻六律五声八音，在治忽，以出纳五言，汝听。予违，汝弼，汝无面从，退有后言。钦四邻！庶顽谗说，若不在时，侯以明之，挞以记之，书用识哉，欲并生哉！工以纳言，时而飏之，格则承之庸之，否则威之。"

禹曰："俞哉！帝光天之下，至于海隅苍生，万邦黎献，共惟帝臣，惟帝时举。敷纳以言，明庶以功，车服以庸。谁敢不让，敢不敬应？帝不时敷，同，日奏，罔功。"

帝曰："无若丹朱傲，惟慢游是好，傲虐是作。罔昼夜頟頟，罔水行舟。朋淫于家，用殄厥世。予创若时。"

禹曰："娶于涂山，辛壬癸甲。启呱呱而泣，予弗子，惟荒度土功。弼成五服，至于五千。州十有二师，外薄四海，咸建五长，各迪有功，苗顽弗即工，帝其念哉！"

帝曰："迪朕德，时乃功，惟叙。"

皋陶方祗厥叙,方施象刑,惟明。

夔曰:"戛击鸣球、搏拊、琴、瑟、以咏。"祖考来格,虞宾在位,群后德让。下管鼗鼓,合止柷敔,笙镛以间。鸟兽跄跄;箫韶九成,凤皇来仪。

夔曰:"于! 予击石拊石,百兽率舞。"

庶尹允谐,帝庸作歌。曰:"敕天之命,惟时惟几。"乃歌曰:"股肱喜哉! 元首起哉! 百工熙哉!"

皋陶拜手稽首飏言曰:"念哉! 率作兴事,慎乃宪,钦哉! 屡省乃成,钦哉!"乃赓载歌曰:"元首明哉,股肱良哉,庶事康哉!"又歌曰:"元首丛脞哉,股肱惰哉,万事堕哉!"

帝拜曰:"俞,往钦哉!"

舜纳众言

《吕氏春秋》记载，尧有欲谏之鼓，舜有诽谤之木。据传，舜做了摄政王以后，首先在宫廷门外设立诽谤木，让天下一切有冤屈、欲控告、受迫害、出建议的人站在诽谤木下，舜专门设立了官员接待这些人。不管这些人反映的问题正确与否，接访官员一概接受，然后按反映的情况梳理清楚，分类报出，而舜是有报必看。这样来自最基层第一线的情况大舜就完全掌握了。当然，诽谤木下有骂者，也有持不同政见者，舜对这些意见统统听之，反对的意见也让人讲完，不堵塞言路。他要求皋陶"惟明克允"，要求伯夷"夙夜微寅，直哉惟清"，他要求龙"命汝作纳言，夙夜出纳朕命，惟允"。就是说舜专门设立了纳言大臣，让龙去做这件事情，因为舜对"谗说殄行"者极为痛恨，他对民间官员的腐化行为深恶痛绝，所以让龙毫不怠慢地早晚及时传达他的指令，收集社会方方面面的

舜帝驱恶（铜雕）

要求和意见，而且一定要实事求是，真实可靠，不准有假。这样，舜对来自民间的反映和他实际的考察，"黜陟幽明"，好的官员提拔重用，对昏庸的官员罢免不用。这样，"庶绩咸熙"，各项事业成绩斐然。舜的诽谤木是实行民主政治、全心全意服务和依靠人民群众的最好写照。前文曾提到，舜对重臣实行分工时，曾"询于四岳，辟四门，明四目，达四聪"，广泛征求四岳的意见，实行真正的民主推荐，把四门打开，广泛听取社会的意见，充分发扬民主，让大家"知无不言，言无不尽"，认真倾听群众的呼声，其可谓开明政治之大成者也！

据《尚书》记载，舜和禹进行了一次长时间的对话。

禹对舜说："当君主的能明白当君主的难处，当大臣的能明白当大臣的难处。这样，国家大事就能处理好，天下百姓也会以德践行了。"

舜听后很高兴地说："你说得对啊！如果确实能做到这样，

大舜传

那么好的建议就不会弃而不用,有才能的人就不会在人间浪费了,天下就会太平。决定大事时能充分听取民众的建议,丢掉自己不正确的想法,吸收采纳群众的正确意见,为政不轻视、虐待出身穷苦的人,起用人才不要计较他的卑贱,这是只有尧帝才能做到的。"

禹说:"积德行善的人就能得福,反其道而行之的人就必有祸,这真是报应啊!"

伯益说:"是啊!要十分警惕这报应啊!只有从严要求自己,才能免于报应。法律法规不能破坏,不要过度放纵,不要过度贪玩;用贤才时不能有二心,根除邪恶不能优柔寡断,不成熟的决策不要盲目推行,只有如此,百事才能通达。对百姓无用的荣誉不要接受,也不要违背群众的意见去推行自己的主观意志,要勤政不怠慢,办事有成效,只要这样,四海之内都会归顺。"

禹又说:"是啊,大帝啊!您要记住,自己德行的修养表现在执政的大事上,而执政的核心在于为民。不仅水、火、金、木、土、谷这六件大事要干好,而且要把端正百姓的德行、增加人民的财产、改善好民生这三件事也要协调办好。如果这九个方面的工作都做好了,百姓就会万分高兴歌颂功德了。对那些好人,要劝他们继续为好,奖励他们。对那些坏人,要用刑罚去严惩他们,这样奖罚分明,天下万民就会感到欢欣鼓舞,这时候要及时组织引导他们团结欢乐、载歌载舞、共同歌颂太平盛世,使社会不走下坡路。"

舜说:"是啊!现在水也治好了,地也长庄稼了,天下太平了,你又把六府三事治理得井井有条,多少年之后人们都会铭记你的功劳啊。"

还有一段令人深思的对话,《尚书》记载如下:

禹对舜说:"大帝啊,你要慎重地认识在你身边工作的大臣啊!"

舜说:"你说得很对!"

禹接着说:"凡是忠诚于你所要达到的目标,而又能头脑机智清醒,对你的

舜纳众言（范明良／作）

决策坚定不移执行的人,这种人不用则已,一用就能得到民众的拥护。你用这样的大臣来执行你的决策,上帝一定会赐福于你的。"

舜听后赞叹地说:"对呀! 臣就是邻啊! 邻就是臣啊!

禹说:"你说得正确。"舜又说:"臣就是我的手臂耳目,我想身边能有广大的民众,你要千方百计地扶助我,我想努力去安宁四方,你要好自为之;……我有错误你一定帮我改正,千万不要当面赞成,背后又搞一套,我的大臣们,你们可要严肃认真地履行好自己的职责啊! 对于顽愚之人听信谗言,如果查明事实,你们要找出他犯错误的原因,并用鞭打的手段,给其他人一个警示,并把他犯错误的事实写在木简上示众。当然,目的还是要帮助他改正错误,重新做人。"

禹说:"对啊,大帝! ……如果是这样,在位的大臣谁敢不荐贤举能呢? 而民众中的贤人又有谁能不积极地响应你的号召,乐有所为呢? 相反,如果举贤用人不正确,好的意见不采纳,那么好人和坏人都可以一起向你进言,那就势必真假难分,最后一事无成了。"

从这两段对话我们可以看出,舜与群臣之间的关系多么融洽平等! 可以讲他们之间是坦诚相见的,知无不言的。他们互相诚勉,互相关心,互相信任。他们对话的核心就是怎样治国,用什么人治国。这种坦诚相言,正是舜重谏纳言的具体体现。

附:

1. 敢谏鼓

《淮南子·主术训》中所记载的:"尧置敢谏之鼓,舜立诽谤之木。"

"敢谏之鼓"与"诽谤之木",形式不同,功能则一。据晋葛洪的《抱朴子·博喻》记载:"诽谤之木设,则有过必知;敢谏之鼓悬,则直言必献。"由此可见,"谏鼓""谤木"均是尧舜建立的与民众沟通的渠道,用现代的话讲,就是广开言路,倾听民意,鼓励民众积极进言、谏言,自觉接受民众的监督。

所谓"敢谏之鼓",意指尧帝在朝上专门设置了一面鼓,若有人击鼓进谏,他便会出来接待纳谏。但其中的"敢"字却也道出了深意:一是进谏之士需有敢当面直言的勇气,二是纳谏之人需有纳谏的仁德与胸怀。若二者缺一,"谏鼓"就将沦为徒有其表的摆设。不过从后人对尧的评价中,"谏鼓"的作用应是卓有成效的。比如白居易的《敢谏鼓赋》云:"鼓者工所制,谏者君所命。鼓因谏设,发为治世之音;谏以鼓来,悬作经邦之柄。纳其臣于忠直,致其君于明圣。将使内外必闻,上下交正。于是乎唐尧得以为盛治者也,至矣哉! 君至公而灭私,臣有犯而无欺。讽谏者于焉尽节,献纳者由是正辞。言之者无罪,击之者有时。故謇謇匪躬,道之行也;鼕鼕不已,声以发之。始也土鼓增华,蕡桴改造。外扬音以应物,中含虚而体道。不窕不摦,由巧者之作为;大鸣小鸣,随直臣之击考。有若坎其缶于宛邱之下,又如殷其雷在南山之隈。音铿锵以镗(阖)答,响容与以徘徊。敬于帝心,四聪之耳必达;纳诸人听,七诤之臣乃来。故用于朝,朝无面从之患;行于国,国无居下之讪。洋洋盈耳,幽赞逆耳之言;坎坎动心,明启沃心之谏。且夫鼓之为用也,或备于乐悬,或施于戎政。以谐八音节奏,以明三军号令。未若备察朝阙,发挥廷诤。声闻于外,以彰我主圣臣良;道在其中,以表我上忠下敬。然则义之与比,德必有邻。将善旌而并建,与谤木而俱陈。是以闻其声则知有献替之士,聆其响不独思将帅之臣。嗟乎! 舍之则声寝,用之则气振。虽声气之在鼓,终用舍之由人。"

尧所立的"谏鼓",至魏晋时演变为"鸣冤之鼓",而"鸣冤"已是大于"谏言",敢击"鸣冤之鼓"的人,已不单是为舒展心中的"憋屈",而是为伸张所身负的"冤屈"了,所需的勇气,自然也与击"谏鼓"时不可同日而语。

2. 诽谤木

威严壮观、高高矗立的华表,最早源自一种用来纳谏的木柱,名曰诽谤木,其造型是在一根柱上横钉一块木牌。相传在4000多年前的尧舜时代,朝廷门前都要竖立这么一根诽谤木,便于百姓在上面书写谏言,针砭时弊。

古代,"诽谤"二字有进谏的意思。《说文》中曰:"放言曰谤,微言曰诽",也就是说,公开表达不满叫作谤,私下表达不满叫作诽。

诽谤木也叫谤木、桓表、华表木。《淮南子·主术训》中有"尧置敢谏之鼓,舜立诽谤之木"的记载。《后汉书·杨震传》中有"臣闻尧舜之时,谏鼓谤木,立之于朝"的说法。那么,尧舜时代的"诽谤木"具体是什么样式? 据晋代崔豹的《古今注·问答释义》记载:"程雅问曰:'尧设诽谤之木,何也?' 答曰:'今之华表木也。以横木交柱头,状若花也。形似桔槔,大路交衢悉施焉。或谓之表木,以表王者纳谏也,亦以表识衢路也'。"可见,当时的"华表"为木制,既可以让人进谏,书写人们对时弊的观点、看法，供王者采纳，同时还可以标明路衢，指示交通，相当于今天的道路指示牌。

对于诽谤木的作用，《史记·孝文本纪》中云："古之治天下，朝有进善之旌，诽谤之木，取谏之鼓。所以通治道而来谏者。"《吕氏春秋·不苟论》中也记载："欲知平直，则必准绳；欲知方圆，则必规矩；人主欲自知，则必直士。故天子立辅弼，设师保，所以举过也。夫人故不能自知，人主犹其。存亡安危，勿求于外，务在自知。尧有欲谏之鼓，舜有诽谤之木，汤有司过之士，武王有戒慎之鼗，犹恐不能自知。今贤非尧舜汤武也，而有掩蔽之道，奚繇自知哉！"

舜定贡赋

舜重视立规建制。缴纳贡赋,始于舜帝之时。舜命禹治水,并且要求禹制定贡赋标准。

禹通过九州考察,确立了"九九等级制",即田土质量分为九等,贡赋数量也分为九级,并且根据实际情况对各州的田土、贡赋等级进行核定。禹是将治水与土地普查相结合,即根据土质确定各州田土等级和贡赋等级。禹把九州土地和贡赋都划分为九级:上上,上中,上下;中上,中中,中下;下上,下中,下下。治水还与资源普查结合,根据物产确定各州缴纳贡赋的物资。

确定贡赋时考虑了多种因素。如雍州田地等级为一等,但因为地处边远、人力不足,贡赋只能定六等;荆州田地为八等,由于人力比较强,贡赋就定为三等;而冀州为帝都所在地,首善之区,政治、经济、文化中心,生产发达,资源丰富,人力最强,贡赋为"上上错",即丰年缴纳的贡赋总量排列首位,歉收年景退为第二等。扬州为"赋下上上杂"、豫州为"赋杂上中"、梁州为"赋下中三错",丰年和歉年贡赋等级不同。特别是梁州竟然还分出丰、平、歉三种不同的年景。在考察雍州时,特意指出那里少数民族的情况:"三危既度,三苗大序。""织皮昆仑、析支、渠搜,西戎即序。"三危地区治理好了,三苗族秩序完全安定了。织皮族居住在昆仑山、析支山、渠搜山等地,西戎各部落已经安定归顺。"于是九州攸同,四奥既居,九山刊旅,九川涤原,九泽既陂,四海会同。六府甚修,众土交正,致慎财赋,咸则三壤,成赋中国。"

冀州的土质色白而松软,这里的赋税属上上,即第一等,有时也杂有第二等,田地属于中中,即第五等。常水、卫水疏通了,大陆泽也修治完毕。东北鸟夷部族的贡品是皮衣。其进贡路线是绕道碣石山向西,进入黄河。

兖州的土质发黑而且肥美,草长得茂盛,树木高大。这里田地属中下,即第六等,赋税属下下,即第九等,经过十三年的整治之后,才能和其他各州相同。这一地区进贡的物品是漆、丝,还有用竹筐盛着的有花纹的锦绣。进贡时走水路,由济水进入漯水,然后进入黄河。

青州,这里的土质色白而且肥美,海滨一带宽广含碱,田地多是盐碱地。田地属上下,即第三等,赋税属中上,即第四等。进贡的物品是盐和细葛布,有时也进贡一些海产品,还有泰山谷地生产的丝、枲麻、锡、松木、奇异的石头,莱夷地区可以放牧,所以,那里进贡畜牧产品,还有用筐盛着用来作琴弦的柞蚕丝。进贡时,走水路,由汶水转入济水。

徐州,这里的土质呈红色,有黏性而且肥美,草木丛生,渐渐繁茂。田地属上中,即第二等,赋税属中中,即第五等。进贡的物品是供天子筑坛祭天用的五色土,羽山谷中的野鸡,峄山南面生产的可用以制琴瑟的孤生桐,泗水之滨浮石制的石磬,淮夷的珍珠和鱼类,还有用竹筐盛着的纤细洁净的黑白丝绸。进贡时,走水路通过淮水、泗水,然后转入黄河。

扬州,这里竹林密布,野草繁茂,树木高大。这里的土质湿润。田地属下下,即第九等,赋税居下上,即第七等,有时可居第六等。进贡的物品是三色铜,瑶、琨等美玉和宝石,以及竹箭,还有象牙、皮革、羽毛、旄牛尾和岛夷人穿的花草编结的服饰,以及用竹筐盛着的有贝形花纹的锦缎,还有根据朝廷的命令进贡包好的橘子、柚子。这些贡品都经由大海、长江进入淮河、泗水。

荆州,这里的土质湿润,田地属下中,即第八等,赋税居上下,即第三等。进贡的物品是羽毛、旄牛尾、象牙、皮革、三色铜,以及椿木、柘木、桧木、柏木,还有粗细磨石,可做箭头的砮石、丹砂,特别是可做箭杆的竹子菌簬和楛木是汉水附近三个诸侯国进贡的最有名的特产,还有包裹着和装在匣子里的供祭祀时滤酒用的青茅,用竹筐盛着的彩色布帛,以及穿珠子用的丝带。有时根据命令进贡九江出产的大龟。进贡时,经由长江、沱水、潜水、汉水,转行一段陆路再进入洛水,然后转入南河。

豫州,这里的土质松软肥沃,低地则是肥沃坚实的黑土。田地属中上,即第四等,赋税居上中,即第二等,有时居第一等。进贡漆、丝、细葛布、麻,以及用竹筐盛着的细丝絮,有时按命令进贡治玉磬用的石头,进贡时走水路,经洛水进入黄河。

梁州,这里的土质是青黑色的,田地属下上,即第七等,赋税居下中,即第八等,有时也居第七等或第九等。贡品有美玉、铁、银、可以刻镂的硬铁、可以做箭头的砮石、可以制磬的磬石，以及熊、罴、狐狸。织皮族的贡品由西戎西倾山经桓水运出，再从潜水船运，进入沔水，然后走一段山路进入渭水，最后横渡黄河到达京城。

雍州，这里的土质色黄而且松软肥沃，田地属上上，即第一等，赋税居中下，即第六等。贡品是美玉和美石。进贡时从积石山下走水路，顺流到达龙门山间的西河，会集到渭水湾里。织皮族居住在昆仑山、析支山、渠搜山等地，那时西戎各国也归服了。

禹所做的一切，不仅仅是治水，他把维护舜帝权威、治理天下洪水、发展社会生产力、协调各部落利益关系等连在一起，把诸方面较好地统一起来。

舜立政制

在洪水泛滥、内忧外患之际,舜临危受命。他知道,必须调整行政区划,实行中央集权的制度,对各级官员严格考核,任人唯贤,奖罚分明,进行德法兼治,下定决心统一三苗,才能实现大华夏的统一。

为了实现中央集权制的目标,舜采取了一系列措施:

扩大了国家疆域和划分了政区。以南方疆域为例,黄帝时只到达长江;颛顼时只到达长江南岸;帝喾和帝尧扩大到南岳衡山。舜使禹治水,辟九山,通九泽,决九河,定九州,大大地开拓了疆土。舜帝时,国土"方五千里,至于荒服,南抚交阯、北发;西戎、析枝、渠搜、氐、羌;北山戎、发、息慎;东长、岛夷,四海之内,咸戴帝舜之功"。这里所提到的交阯,即是五岭以南的广东番禺。如果把帝都看成同心圆的圆心,那么,距离帝都五百里范围之内叫甸服;甸服以外五百里范围之内叫侯服;侯服以外五百里范围之内叫绥服;绥服以外五百里范围之内叫要服;要服以外五百里范围之内才叫荒服,足见舜时国家疆土之广阔。

舜在定九州的基础上,改九州为十二州。尧执政期间统一东夷以后,把天下划为冀、兖、青、徐、荆、扬、豫、梁、雍九个州,从这九个州的地理位置上分析,这就是华夏和东夷的整个地盘。前文我已讲过,舜做摄政王以后,经过一年的调查研究,他认为冀州面积太大,不易管理,所以就把冀州的西南部划出来改为并州。青州和梁州两个州的地域也太大,不利于治水和管理,所以就从梁州划出一块建立幽州,把青州一块划出来建立了营州,这样舜把尧时的九州改为十二州。实际上就相当于我们今天的十二个省。大舜又重新选派三个州的州长,这样十二个大的行政区域各自就形成了一个区域中心,为中央集权打下了一个牢固的区域基础。

舜耕群雕(刘育平/摄)

规定了巡狩制。上古时期,人们对天、地、日、月、星辰、神祇等都十分崇拜。大舜虽然做了摄政王,但是他很想知道上天对他摄政的看法如何,希望通过观察天象来检验一下当前的政治举措是否有失误。舜知道,处理好春、夏、秋、冬、天文、地理、人道这七个方面的政务,自古是君王施政的根本。安天下,养万民,靠的是农业生产,仰仗的是准确的时令节气。治理天下,如果不以上

重华亭脊兽——布谷鸟

天为准绳,就把握不了阴阳平衡;如果不以大地为准绳,就看不清柔与刚之间的调节;如果不以人道为根本,就会迷失行仁取义的大政方针。因此,舜做了摄政王后,第一件事就是祭祀天地,接着是祭祀日月星辰,然后祭祀各路神祇。这就是巡狩制。《尚书·舜典》载:"正月上日,受终于文祖。在璇玑玉衡,以齐七政。肆类于上帝,禋于六宗,望于山川,遍于群神。"史籍记载了舜接受帝尧禅让后,采用美玉做成的仪器观察天象,以及用公牛为牺牲祭天帝,燔祭烟火告慰天地四时,将举行望祭典礼祭祀山川神灵,告慰六宗。这一年的二月,虞舜离开帝都进行视察,先后抵达东岳泰山、南岳衡山、西岳华山和北岳恒山举行各种祭祀礼仪。从此以后,舜每隔五年进行一次巡狩,四方诸侯都分别在泰山、衡山、华山、恒山朝见舜,向舜报告政绩。舜谨慎考察,论功行赏。五年巡狩,遂成制度。巡狩制实际上就是把中央的权威牢牢地落实在了十二州上,实现对整个部落联盟的有效统治,严防地方独立,进一步维护了中央集权和部落联盟的统一,有利于"国家"凝聚力的形成。

规范了地方官员的任命制度。从尧帝时开始实行圭瑞制,什么是圭瑞制?

就是对有政绩的官员,由大帝发给圭瑞表示信任可以继续留职。对干得还可以但有重大失误的官员,圭瑞暂时留下以观后效;如果三个月这个官员还没得到圭瑞,这就意味着经过考察这个官员还没改正过失;如果一年之内仍然没有得到圭瑞,大帝就要削减这个官员的权力;如果三年还不发给圭瑞,大帝就把这个官员罢官免职,全部剥夺这个官员的权力。舜继承发展了这个制度。

规定了官员的述职制度。在五年巡察期间的四年间,各诸侯每年都来京城述职一次,汇报当地的情况,评价自己的功过,接受中央的检查。凡是在富国兴邦方面有贡献的,就奖赏给他们车马和衣服。

统一了"五礼"。即统一了四时的节气,统一了大小月和闰年时间,统一了一日中的十二时,统一了度、量、衡,统一了吉、凶、宾、军、嘉五种礼仪制度。

统一朝觐礼仪。舜帝明确规定了公、侯、伯、子、男五爵朝觐天子时必须严格遵守的五种礼仪。公爵觐见天子,以九寸恒圭为信符;侯爵觐见天子,以七寸信圭为信符;伯爵觐见天子,以五寸弓圭为信符;子爵觐见天子,以五寸谷璧为信符;男爵觐见天子,以五寸蒲璧为信符。每一位请求觐见的人,都必须把自己的圭瑞用丝绢虔诚包好,觐见前预先呈交。觐见者如果是帝颛顼的后裔,其圭瑞就用红色丝绢包扎;因为帝颛顼高阳氏崇尚红色,帝喾高辛氏崇尚黑色,帝尧陶唐氏崇尚白色,因此,如果是帝喾的后裔,其圭瑞就用黑色的丝绢包扎;除此之外,其余诸侯一律都用白色的丝绢包扎。作出这样的规定,既体现了天子的尊严,也表达了国家对于先代帝王的敬重。舜帝对朝觐者呈送贡品也一一作了具体规定:诸侯朝觐,用美玉作贡品;卿朝觐,用活羊羔作贡品;大夫朝觐,用活雁作贡品;士朝觐,用死野鸡作贡品。

建立上下统一的考核制度。诸侯对自己的臣子每月要考核一次,州官对自己的官员每季度考核一次,大帝对朝中大臣每三年考核一次。然后根据考核的情况,分级进行奖惩。

舜制刑法

　　舜帝认真总结了尧帝执政的经验,他认为尧的德治观念是正确的,要维护联盟和社会的安定,就不能一味地采取黄帝征炎伐蚩的手段,用武装去镇压那些反抗者,相反要对人民宽厚、仁爱。即使有不同的政见,也要包容、仁慈、以德感人,这个观点深深影响和感染着舜以至后来的禹。

　　舜帝以"象刑"取代"肉刑",完全否定了九黎之君那种极不人道的野蛮做法。

　　所谓"象刑",简言之,就是象征性的惩罚。舜帝认为,施刑的目的不仅仅是惩罚,而是真正达到对犯人的教育。

　　舜帝的刑法简明扼要,将仁德与法制结合起来,反映了舜帝宽厚的性格和慈善的秉性。而他的直接目的,就是最大限度地调动起全体国民共赴国难的积极性。因此,舜帝的刑法就把重点放在了劝人向善的用意上,而惩罚只是象征性的,次要的。舜帝制定的刑法包括六个方面:以图画的形式把各种刑罚刻画在日用器物上,使人随处可见,以作警示,做到众所周知。罪犯如果是幼小、老迈和愚蠢者,就予以赦免;其他的罪人,就用流放的方式代替受刑,以示怜悯和宽大。当官的犯罪,就以鞭打作为惩罚。在官府为学的世子如果不服管教,就用木条抽打。没有犯罪动机,却造成犯罪事实的,属于过失犯罪。对这类罪人,政府允许他们向国库缴纳罚金来赎罪。过失犯罪虽可赦免,但是对那些作恶多端、死不悔改的人,或者是对那些聚众闹事、为害四方的人,则严惩不贷。

《尚书·尧典》载:"象以典刑,流宥五刑,鞭作官刑,扑作教刑,金作赎刑,眚灾肆赦,怙终贼刑。"即是说:舜用流放的方法来代替过去的五刑。鞭打是官府的刑罚;用木板笞打是学校教化使用的刑罚;犯了罪可以用缴纳罚金的方式赎罪;如果犯了小罪,或者虽然过错较大,但只是偶然为之,那通过教育后赦免他;如果犯的罪较大,而又不思悔改,便要给予严厉惩罚。

在这六种刑罚中,舜首推象刑,因为这种象征性的刑罚是针对社会大多数人的。比如:本应受墨刑的犯人,只要头蒙一黑巾就算受刑了(《太平御览·慎子》:"以幪巾当墨");本当受割鼻惩罚的犯人,只在头上扎一根小草绳就行了(《太平御览·慎子》:"以草缨当劓");本当受膝刑的犯人,只要把一只脚涂黑就可以了(《太平御览·慎子》:"以菲礼当刖");本应受宫刑的犯人,只要两只脚穿上两只不同的鞋子就罢了(《太平御览·慎子》:"以艾韠当宫");要杀头的犯人,只要穿一件没有领子的上衣就算受刑了(《太平御览·慎子》:"布衣无领当大辟")。"流宥五刑",就是用流放的方式取代了原来规定的五种刑罚,这样让犯法的人们更易于接受。"鞭作官刑"对官员犯法的,尽可能不用酷刑,而用鞭打,新加坡现在还执行的鞭刑很可能就是从舜时传下来的,这样对官员是一种寄予悔改希望的宽容。"扑作教刑",是在官府为学的世子如果不服管教,就用木条抽打。"金作赎刑",指没有犯罪动机,却造成犯罪事实的,属于过失犯罪。对这

舜制象刑
（范明良／作）

类罪人，当然有钱的可以用金子赎罪，金子归国库，这样也可免刑。"眚灾肆赦，怙终贼刑"，过失犯罪可以赦免，对那些犯了大错，但不够犯罪条件的人，要从严进行教育，让其知错悔改；而对那些罪过很大，又不认错悔改，不杀不足以平民愤的，要坚决杀掉，绝不能让其危害社会。舜帝这种德法兼施的政策深得百姓的拥护，广大民众深受教育。他们深深懂得法宽不是无法，法治是以教育人为目的，不是为惩罚而惩罚；刑法也不是那种苦民、害民，导致家破人亡，人人自危的法律，而是一种自我警示、自我反省、自我约束的规范。这种法治的最后目的，就是最广泛地团结普天之下的民众,团结一切可以团结的力量,达到天下和谐、君民同治的目的。

舜"象以典刑",将刑法制度化,形成条律,并由专职官员审理。舜命皋陶做"士",掌管刑法。叮嘱皋陶注意把握刑法的尺度分寸,做到以公正廉明使人心服。舜帝罚"四罪"(共工、骥兜、鲧、三苗),流"四凶"(浑沌、穷奇、梼杌、饕餮),其间既有蛮夷,又有黄帝族人,亦有东夷族人,可见舜帝执行刑法之"维明克允"。

舜明礼乐

舜践帝位以后,大力推行礼乐治国。

墨子说:"昔者尧舜有茅茨者,且以为礼,且以为乐。"(《墨子·三辨》)唐代史学家杜佑指出:"自伏羲以来,五礼始彰,尧舜之时,五礼咸备。"(《通典·礼一》)宋代学者罗泌也说:"伏羲尧舜礼制大备,所以为万世法。"(《路史·卷二十》)据此,我们认为,在舜帝时代,礼不仅已经形成了,而且内容已较为完备,对社会生活的影响也是广泛而深刻的。

《尚书·舜典》中提到了"三礼":"舜曰:嗟!四岳,有能典朕三礼?皆曰:伯夷可。"又提到了"五礼":"同律度量衡,修五礼。"《尚书·皋陶谟》也提到了"五礼":"天秩有礼,自我五礼有庸哉。"这里所说的"三礼"和"五礼"究竟包含了哪些内容,我们今天已经很难说清楚了。但是,通过这些记载,我们却不难看出,舜帝时代不仅已经有了礼,而且礼还可

以分为几种不同类型。综合相关史料,我们认为,舜帝时代的礼大致包含了以下几个方面的内容:

祭礼。礼本于祭祀,祭礼是礼的主要组成部分。舜帝时代的祭礼内容已非常丰富。一是祭祀上天及诸神。据《尚书·舜典》记载,舜在太庙中接管帝尧治理天下的权力时,"肆类于上帝,禋于大宗,望于山川,遍于群神",进行了非常严肃的祭祀活动,祭祀的对象就是"上天"及"群神"。二是祭祀山川等自然之物。所谓"禋于六宗","望于山川",实际上也就是祭祀自然之物。舜执政之初巡狩四方,任务之一就是祭祀各地的名山大川:"岁二月,东巡守,至于岱宗,柴。望秩于山川,肆觐东后。……五月南巡守,至于南岳,如岱礼。八月西巡守,至于西岳,如初。十有一月朔巡守,至于北岳,如西礼。"(《尚书·舜典》)三是祭祀祖先。舜在巡守四岳回来后,曾用牛来祭祀祖先:"归,格于艺祖,用特"(《尚书·舜典》)。尧死之后,"舜乃封丹朱,使奉尧祀,以客见天子,而舜亦宗祀尧,至舜之子孙乃更郊尧而宗舜"(苏辙《古史·五帝本纪》)。四是祭社。管子说:"有虞之王……寸土为社,置木为闾,始民知礼也。"(《管子·轻重戊》)《淮南子·齐俗训》也说:"有虞氏之祀,其社用土。"可见,祭社的风俗在尧舜时代也已形成了。

宾礼。宾礼就是接待宾客之礼,在上古时期,主要是指帝王款待来朝的四方诸侯和四方诸侯派遣使臣向帝王朝贡问安的礼节仪式。舜在辅佐尧时,曾负责接待部落首领的工作,"宾于四门,四门穆穆";"既月乃日,觐四岳群牧,班瑞于群后"(《尚书·舜典》)。舜统治天下之后,确立了"五载一巡守,群后四朝"的制度(《尚书·舜典》),《史记集解》援引郑玄的话解释说:"巡狩之年,诸侯见于方岳之下。其间四年,四方诸侯分来朝于京师。"可见,朝觐和会同之礼在舜帝时代已经形成。

丧礼。《尚书·舜典》记载说:"二十有八载,帝乃殂落。百姓如丧考妣。三载,四海遏密八音。"《史记·五帝本纪》记载说:"舜子商均亦不肖,舜乃豫荐禹于天。

舜操琴乐
（范明良／作）

十七年而崩。三年丧毕,禹亦乃让舜子,如舜让尧子。"由此可见,
三年之丧的礼仪以及治丧期间不能从事音乐等娱乐活动的制度
早在尧舜时期也已经存在。墨子说:"舜西教乎七戎,道死,葬南
己之市。衣衾三领,谷木之棺,葛以缄之。已葬,而市人乘之。"
(《墨子·节葬下》)可见,在尧舜时代,葬礼活动一般都崇尚节
俭,对死者的崇拜与哀悼主要是存乎内心。因此,墨子提倡节葬
要以尧舜禹为典范。

其他礼仪。孔颖达曾经指出:《舜典》云'类于上帝',则吉
礼也。'百姓如丧考妣',则凶礼也。'群后四朝',则宾礼也。'舜

征有苗',则军礼也。'嫔于虞',则嘉礼也。是舜时五礼具备。"(《礼记正义》卷一)由此可见,传统文中的各种主要礼仪在舜帝时代都已经出现了。事实上,舜帝时代的礼仪确实是很丰富的,除了上述讨论过的内容之外,还有一些其他方面的礼仪也已初具形制。比如说,垂裳而治体现了服饰礼仪,《易·系辞下》中有"黄帝、尧、舜垂衣裳而天下治,盖取诸《乾》《坤》"的句子,韩康伯的解释是:"垂衣裳以辨贵贱,《乾》尊《坤》卑之义也。"(《周易注》)还比如说,"尧二女不敢以贵骄事舜亲戚,甚有妇道";"舜之践帝位,载天子旗,往朝父瞽叟,夔夔唯谨"等,则体现了家庭与夫妇礼仪。

音乐。在传统文化中,礼与乐往往是联系在一起的,两者的关系非常紧密,难以机械地分割。舜非常重视乐的教化功能,安排了专门司职乐的官员,确立了乐的审美理想。《尚书·舜典》记载说:"帝曰:夔! 命汝典乐。教胄子,直而温,宽而栗,刚而无虐,简而无傲。诗言志,歌永言,声依永,律和声。八音克谐,无相夺伦,神人以和。"舜还将"乐"作为赏赐诸侯的奖品,论功行赏。司马迁说:"夔始作乐,以赏诸侯,故天子之乐业,以赏诸侯之有德也。"(《史记·乐书》)此外,舜还创作并演奏了精美的音乐《韶乐》,还制作了五弦之琴,以歌《南风》,在舜帝时代,乐器被视为最珍贵的财富之一。尧以二女妻舜的时候,"赐舜絺衣,与琴,为筑仓廪,予牛羊"(《史记·五帝本纪》)。象与瞽叟一起谋害舜,除了想霸占尧的两个女儿之外,还想要占有舜的琴。由此可见,乐在社会生活中占有非常重要的地位。

舜帝时代的礼文化其实也是很发达的。舜是中国礼治思想最早的有影响的践行者,是传统礼文化的奠基人。吴国桢先生明确指出"礼是舜的发明与创造",他还将舜帝时的礼区分为吉祥的典礼、忧郁的典礼、勇武的典礼、友爱的典礼和快乐的典礼等五种仪式。

舜主政后,布五教(典)于四方,形成了"父义、母慈、兄友、弟恭、子孝、内平外成”的理想局面。

舜五典中的父义，不仅仅是对家庭而言，而是指全社会。一家之长对内对外都要讲仁义。什么叫仁呢？孟子讲“仁者爱人”，在社会上要平等对待一切人。要严于律己，宽以待人。对穷人，对有难处的人要有同情心，要倾囊相助，帮助弱势群体。对家庭而言，要爱妻爱子，宽容。什么叫义呢？要有义心义举，为人处世讲义气，讲信用。别人有难，要挺身而出，义不容辞。而绝不能像父亲瞽叟一样，助妻为恶，无为迁就，虐待亲子，丧失道德。从广义上去分析去理解，我们才感觉到“义”的真正含义。

五典中的母慈，也不仅仅是对家庭讲的，而是一个母亲面对全社会时所应该具有的风范。慈，慈善也。慈爱善良是一个母亲的最高美德。对子女要善待，对父母长辈要善敬，对穷人要善施，对坏人要善劝，对社会所有人要善良。不狠、不妒、不贪、不淫、不奢、不骄，做到温、良、恭、俭、让、吃苦耐劳、任劳任怨、与人为善、讲团结、讲和谐，这才是广义上母慈的真正含义。而绝不能像舜的后母壬女一样，心狠手辣，为人刁猾，与人为恶，品行不端。

兄友，从狭义上理解，好像是指当哥哥的在家庭要友好，但我理解，友好的范围要广义化，是要对全社会的人友好。当面对我们身边的每一个人时，都要友好相待、温和谦恭、互敬互爱、诚实信用、团结互助。

弟恭，就是要恭敬。对家庭所有的人、所有的亲戚，当然要恭敬，但对社会所有人也要恭敬。恭，肃静、谦逊、有礼貌。讲仁义，讲文明，讲礼貌。不蛮横，不害人，不欺人。举止文雅，做人谦恭，尊敬师长。而绝不能像舜的弟弟象那样，傲慢无礼，鄙夷待人，贪得无厌，为人狡诈。

子孝，当子女的要孝顺。所谓百善孝为先，就是要求子女对老人、长者、前辈都要以孝为大、以孝为先、以孝为准。衣食住行用，先有长辈，再有兄弟姐妹，后有自己。家庭有难，己先为之；父母有疾，尽力医治；家无餐食，己先饿之；考姒如丧,须尽守孝。顺,就是对老人、长者、前辈要顺从。父母责之,顺而听之,不予辩驳;父母打之,忍痛挨之,不予记恨;父母枉之,顺而忍之,不予回言;父母爱之,反复三思,不可娇己;父母偏信,听之任之,不可伤尊。当然孝也不应局限于自己的家庭,而是要做到"老吾老以及人之老",只有这样才能达到孝治天下的目的。

大舜还十分关心和重视音乐。他父亲瞽叟是当地一个有名望的乐师,受其父影响,大舜从小喜欢乐器,而且水平很高,特别是他的五弦琴弹得出神入化。舜称帝后,一直和琴为伴,终生形影不离。湖南《地理志》引古志记载,韶山冲就是因舜南巡奏韶乐于此,九嶷山上有一个箫韶峰,相传也是舜在此奏韶乐之处,又有传广东的韶关也曾是舜到过之地。舜特别重视音乐文化,在任命大臣时,舜钦点夔做文化教育部长,让他用典乐教育下一代,把这一代人培养成合格的人才。由于舜的影响,历史上主张以诗乐来教化百姓,以礼仪来规范百姓的理论家比比皆是。

舜帝大力倡导尊师敬老之风,他就曾经亲自率领过朝廷大臣视察太学。太学是舜帝办在蒲坂的一所学校,招收的是年龄较大,但有小学文化根底的学生。当舜帝视察学校时,全体师生列队迎接,舜帝对他们训了话。

为了教育人们尊老敬老,"有虞氏养国老于上庠,养庶老于下庠"(《礼记·王制》)。舜帝从70岁以上的老人中选出"三老""五更"十余人,将他们请到太学,为他们设宴,舜帝亲自端菜斟酒陪饮。餐毕,又让学子们一起参见诸老,再让诸老给学子们训话。而且,舜帝每年秋季必行养老之礼。

总之,舜帝在兴教办学、重视教化方面颇有建树,这也是后人所说的舜帝能"无为而治"的根本原因。

舜倡九德

《尚书·皋陶谟》以记事的形式，记载了舜帝与禹、伯夷、皋陶在朝中议事的情况。虞舜践天子位之后，大禹治水成功，舜推荐禹为继承人，并掌管整体政务；伯夷在尧舜时代一直是掌管国家礼仪制度的重臣；皋陶则是国家掌管刑法的要臣，人称圣臣。

大洪水的威胁一旦解除，压倒一切的矛盾不再是大水，而是内政的治理了。舜帝深深地懂得偏听则暗，兼听则明的道理，他旗帜鲜明地申明：尊重大臣，鞭挞邪恶，广纳众议，有错则纠。

在舜帝与几位重臣议事时，皋陶说："只要帝能真正地代表仁德，治国就会取得成功，群臣辅弼君王就会彼此和谐，方方面面的朝政就会相得益彰，形成合力。"

禹说："你说得一点不错，具体怎样实行呢？"

皋陶说："首先要加强自身修养，严格要求自己。对待上至高祖下至玄孙的同族，不论辈分高低，都要宽厚仁爱。这样一来，人们才信任你，杰才俊彦才会聚集在你身边，愿意做你的羽翼和帮手。从自己做起，就可以由近及远，影响天下，治国远谋。"

禹听了，对皋陶的明达之言十分赞赏，称赞说："你讲得真是太好了！"

皋陶又说："为帝的重要任务还在于知人善任，安定民众。"

皋陶画像

禹质疑说："哎呀，要是用你这个标准来衡量，就是连舜帝恐怕都难以做到呢。不错，能够准确把握每个人的秉性和能力，量才而用，这是天大的智慧。有识才的非凡智慧，有安民的大恩大德，就会受到爱戴。如果能够这样，又何必要对驩兜深怀忧虑？又何必流放三苗？又何必对共工一类花言巧语的奸佞小人害怕呢？"

皋陶见禹质疑，就列举了舜帝所倡导的人应该具备的九种美德。

皋陶说："宽容大度而又威严，温顺柔和而又有所建树，厚道随和而又能办事，干练多能而又能尊敬上级，驯顺服从而又刚毅，耿直不挠而又温和委婉，性情随和而能辨别是非，刚烈内敛而又诚实博学，勇敢坚强而又顺乎情理。如果一个人能显示出这九种美德，就是一个十分完美的人。温顺而刚毅，耿直而温和，刚烈而博文——如果卿大夫能够以此为目标，从早到晚勤勤勉勉，毫不懈怠，能表现出这三种美德，那就可以使他采邑常保。宽容而严谨，柔顺而自立，随和而恭谨，干练而谨慎，阔大而缜密，坚强而善良——如果诸侯每天能以这六德为努力目标,那他不仅可以建功立业,而且能够永保国家。卿大夫三德,诸侯六德,将此九德在天下普遍推行,凡具有其中多种品德的人就大胆录用,凡是具有卓越才能的人都能在朝为官,百官臣僚们都能互相取长补短,低等官员踊跃向善、敬奉天时、辅弼君王,再纷繁复杂的政务也会形成统一整体,各项事业都会获得成功。君王不贪图安逸才能拥有天下,诸侯就只有兢兢业业勤奋努力才能居安思危,对那些玩忽职守的不称职官员要及时淘汰。为官的既然饮食天禄,就要辅君安民,尸守其位。为官而昏庸无能,岂不是把上天保佑万民的大事都给荒废了吗?

皋陶所陈述的"九德",实际上是舜帝举贤任能惩恶扬善的依据。是舜帝对百官臣僚们的一贯要求。举"八贤",用"八恺",荐禹治水,任命22个朝廷重臣,以及"除四恶""惩四凶"等一系列政令,都是以此为根据的。

舜作诗歌

　　舜还是一位诗人。《竹书纪年·帝舜有虞氏》记载,有一次,当舜和大臣一起聚会的时候,天气闷热,烈日当空,众人酷热难忍,忽然阴云漠漠,雷电交加,骤雨突降,阵阵凉风扑来,给人逐暑去热。舜十分感慨,认为这是天赐良机,应该让禹当摄政王,于是舜脱口而出:"卿云烂兮,纠缦缦兮,日月光华,旦复旦兮。"众大臣接着集体对曰:"明明上天,烂然星辰。日月光华,弘于一人。"舜又接着对曰:"日月有常,星辰有行。四时顺经,万姓允诚。于予论乐,配天之灵。迁于贤圣,莫不咸听。鼜乎鼓之,轩乎舞之。精华已竭,褰裳去之。"(《竹书纪年·帝舜有虞氏》)

　　舜创作的诗有《思亲操》《南风歌》《卿云歌》等。

《思亲操》

《古今乐录》曰:"舜游历山,见鸟飞,思亲而作此歌。"谢希逸《琴论》曰:"舜作《思亲操》,孝之至也。"

陟彼历山兮崔嵬,有鸟翔兮高飞。

瞻彼鸠兮徘徊,河水洋洋兮青泠。

深谷鸟鸣兮莺莺,设罥张置兮思我父母力耕。

日与月兮往如驰,父母远兮吾当安归。

[宋]郭茂倩辑《乐府诗集》卷五十七

《南风歌》二首

《古今乐录》曰:"舜弹五弦之琴,歌《南风》之诗。"《史记·乐书》曰:"舜歌《南风》而天下治。""南风"者,生长之音也。舜乐好之,乐与天地同,意得万国之欢心,故天下治也。

其一

反彼三山兮商岳嵯峨,天降五老兮迎我来歌。

有黄龙兮自出于河,负《书》《图》兮委蛇。

罗沙案图观谶兮闵天嗟嗟,击石拊《韶》兮沦幽洞微。

鸟兽跄跄兮凤凰来仪,凯风自南兮喟其增叹。

其二

南风之薰兮,可以解吾民之愠兮。

南风之时兮,可以阜吾民之财兮。

[宋]郭茂倩辑《乐府诗集》卷五十七

《卿云歌》三首

《尚书大传》曰:舜将禅禹,于时俊乂百工相和而歌《卿云》,帝乃唱之曰:"卿云烂兮。"八伯咸进稽首曰:"明明上天。"帝乃再歌曰:"日月有常。"《史记·天官书》曰:"若烟非烟,若云非云,郁郁纷纷,萧索轮囷,是谓庆云。"庆云即卿云,盖和气也。舜时有之,故美之而作歌。

之一

卿云烂兮,糺缦缦兮。日月光华,旦复旦兮。

之二

明明上天,烂然星辰。日月光华,弘于一人。

之三

日月有常,星辰有行。四时顺经,万姓允诚。

于予论乐,配天之灵。迁于贤善,莫不咸听。

鼖乎鼓之,轩乎舞之。精华已竭,褰裳去之。

[宋]郭茂倩辑《乐府诗集》卷八十三

《舜歌》

舜虽治定功成,礼备乐和,而君臣之间或作歌以责难于臣,或赓歌以责难于君。《三百篇》其权舆于此乎!

舜歌

股肱喜哉,元首起哉,百工熙哉。

赓歌一

元首明哉,股肱良哉,庶事康哉。

赓歌二

元首丛脞哉,股肱惰哉,万事堕哉。

[元]左克明辑《古乐府》卷一

《大唐之歌》

惟五祀奏钟石(奏,一作定)、论人声及乃鸟兽,咸变于前,秋养耆老,而春食孤子(一作春食铺于),乃淳然招乐,兴于大麓之野,报(一作执)事还,归,二年谈然(谈,一作营),乃作大唐之歌,其乐曰:

舟张辟雍,鸧鸧相从。

八风回回,凤皇喈喈。

[清]孙之骙皆辑《尚书大传》卷一

长沙马王堆出土的《黄帝经》,则几乎到处为节奏鲜明、如诗般的韵语。如"天德皇皇,非刑不行。穆穆天刑,非德必倾。刑德相养,逆顺乃成"等。清代的沈德潜先生,将轩辕黄帝语辑入《古诗源》中,想来自然是有他的道理。虽然,我们并不能由此而确定中华民族的文明始祖轩辕黄帝该不该称作中国历史上最早的诗人,但是,虞舜帝是诗人,应该是一个确凿无疑的历史事实。因为,不仅在他之前的唐尧就有传世的诗作,证明了五帝时期确实已有诗歌创作,至于虞舜帝更有《南风歌》《卿云歌》《思亲操》等诗作传世。所以,说五帝之一的虞舜帝是中国历史上最早的诗人,是毫无问题的。至于他"诗言志,歌永(咏)言,声依永(韵),律和声"的著名诗歌理论,至今仍不失于诗歌创作的指导意义。也正因为如此,春秋之际有《诗经》,战国、秦汉有《楚辞》《乐府》,到了唐代,诗人辈出,诗歌创作取得了辉煌的历史成就,就是一种非常自然的事情了。

"诗言志,歌咏言",讲的是诗的精练性语言形式、充沛的情感表达,以及其精髓性的精神内涵,是人们意志性的高度语言表现。"声以永(韵),律和声",说的是诗的合辙押韵,具有鲜明的节奏感,极富音乐性,能够吟唱悦耳。"八音克定,无相夺伦",说的是诗的吟唱,必须能够符合音律之制,以及乐器的伴奏。古代以金、石、丝、竹、匏、土、革、木谓"八音",代指乐器合奏:在古代的乐器中,金指钟,磬谓石,琴瑟为丝,箫、管曰竹,笙、竽称匏,埙作土,鼓言革,木指柷敔。虞舜帝的诗论之所以讲到音律及乐器合奏,是因为诗原本就是歌词,是歌的一个重要组成部分。诗歌,就是要配乐演唱。正因为如此,在全世界,只有中国的诗、词都有着极其严格的格律、节奏以及平仄声调的规定。因而,亦只有中国的古典诗词,是语言精练、感情充沛、极富形象性和音乐性的文学作品形式。

综上,虞舜帝善于抚琴,能作诗歌,有自己独到的诗歌理论,对中国的诗歌发展作出了不可磨灭的贡献。

舜创《韶乐》

《竹书纪年·帝舜有虞氏》曰："元年己未,帝即位居冀,作大韶之乐。"所谓大韶之乐也就是《韶乐》。《韶乐》为舜所作,亦称《韶音》,也叫《九招》《九韶》《箫韶》。

《尚书·皋陶谟》说："笙镛以间,鸟兽跄跄,箫韶九成,凤凰来仪。"《尚书大传》曰："韶,舜乐名。言箫见细器之备。"《论语·述而》记载："子在齐闻韶,三月不知肉味。"

由此可知,韶乐是人世间最美好的音乐,是至善至美的音乐,宛如天籁。《韶乐》起处,抒发天地之心志,鸟翔兽舞,引得凤凰前来朝拜。

舜帝自幼与音乐结缘,五弦琴弹得出神入化。因此,他对音乐的作用有着特别的感悟。舜纵观黄帝、颛顼、帝喾、帝尧时代,帝喾将帝位传给挚,挚却不能很好地守业而遭废黜;尧子丹朱顽嚣而偏好争辩,办事常常悖谬,因而不得帝尧传位;共工、驩兜、鲧都是黄帝后裔,却不是骄横淫乱就是与忠直作对。舜帝意识到,把王子王孙贵族子弟培养成人,事关国家前程。舜帝决定通过诗歌、音乐等艺术教育手段来塑造贵族子弟们和谐的、审美的人格,使他们成为正直纯洁的有德之人。因此,舜帝起用了音乐大师夔做乐官。据《尚书·舜典》记载:帝曰:"夔,命汝典乐,教胄子,直而温,宽而栗,刚而无虐,简而无傲。诗言志,歌咏言。声依永,律和声。八音克谐,无相夺伦,神人以和。"意思是,帝舜说:"夔啊,任命你来主持乐律,去教导那些年轻人。要把他们教育得正直而温和,宽厚而谨慎,性格刚强而不盛气凌人,态度随和而不傲慢。诗是表达意志的,歌是用咏唱的形式来表达语言的,声是用曲折高低的乐律来表现歌曲的,律是用来调和乐声使他符合标准的。要使八音和谐,不要弄乱了相互间的伦次。这样的话,就能使神与人之间相互和睦,达到天人合一。"

　　史籍足以说明两个问题。其一,舜帝本人音乐天赋极高,对音乐情有独钟;其二,舜识才用才,对音乐大师夔寄予厚望。正因为这两个原因,才有舜帝与夔音乐天赋的碰撞,就创制出了天籁之音——韶乐。

　　中国历史上,歌颂黄帝的经典音乐叫《云门大卷》;歌颂帝尧的经典音乐叫《咸池》;歌颂舜帝的经典音乐就是《箫韶》,亦即《韶乐》。

　　传说,舜帝曾在湖南湘江边的一个山冲为感化三苗而演奏过《韶乐》。有史载:"韶山,相传舜南巡时,奏韶乐于此,因名。"(《湖南省志·地理志》引《嘉庆一统志》卷三五四)《辞海》据此诠释韶山:"相传古代虞舜南巡时,奏韶乐于此,故名……山有

中华孝德园

八景,风景优美。"传说舜帝也曾在广东的一个山上演奏过韶乐,这地方就叫了韶关,山上留下不少韶石;而舜帝南巡到了九嶷山,演奏韶乐的地方就叫了箫韶峰。

对于《韶乐》的演奏,初时以箫、笙等管乐为主,辅以五弦琴等弦乐,并以多种打击乐配合节奏。《尚书》记载舜命夔典乐时夔就曾说:"於!予击石拊石,百兽率舞。"当《韶乐》演奏起来之后,其优美的旋律引得百兽起舞,凤凰前来朝拜。

演奏《韶乐》需要64人,其中乐队32人,舞队32人。使用的管乐、弦乐、打击乐器共有近40种。传说后来西王母根据舜帝喜好音乐的特质,就从昆仑山中采得美玉,叫能工巧匠制成12支玉琯送给舜帝。舜帝得到12支玉琯后,命令夔挑选一干人习练,用于演奏《韶乐》。乐器中融入玉琯后,《韶乐》更为神奇美妙。这就难怪秦始皇时期"六代庙乐,唯韶武存焉"。就难怪孔子"在齐闻韶,三月不知肉味"而感叹说:"不图为乐之至于斯也。"

关于演奏《韶乐》的情景,《尚书·皋陶谟》这样描述:"夔曰:'戛击鸣球、搏拊、琴、瑟,以咏!'祖考来格,虞宾在位,群后德让。下管鼗鼓,合止柷敔。笙镛以间,鸟兽跄跄。《箫韶》九成,凤凰来临。"意思是夔敲击着玉磬,弹拨着琴瑟来伴奏歌咏,先自祖神灵都降临了,宾客们也都就位,诸侯国的首长都互相谦让座次。这时候,堂下吹打起各种乐器,如笙、箫、小摇鼓、指挥音乐节奏及起、止的木制柷、敔等。笙类细管乐与大钟轮换着演奏,鸟兽在优美的乐曲声中都舞动起来。《韶乐》演奏到九成的时候,引得凤凰都来了,配合着乐声起舞朝拜。

第四章

大舜荐夏禹

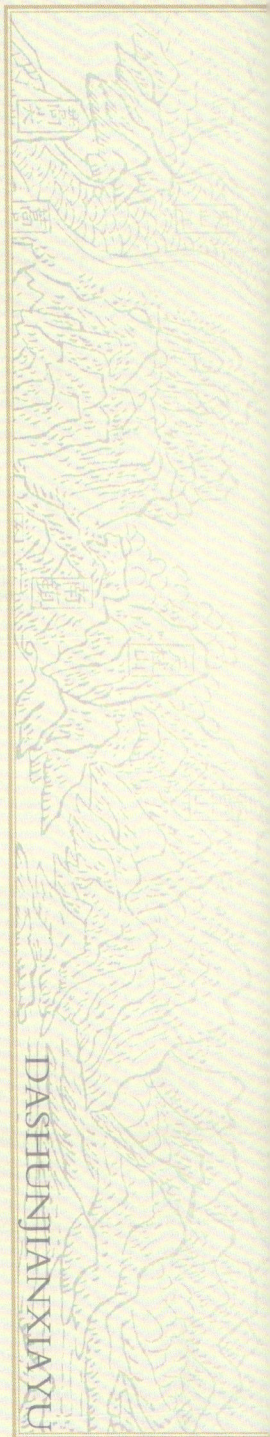

舜举大禹

大禹治水成功，东临大海，西至沙漠，从北方到南方，天子的声威教化达到了四方荒远的边陲。于是舜帝为表彰禹治水有功而赐给他一块代表水色的黑色圭玉，向天下宣告治水成功。

禹回到都城后，按照舜帝的召见，来到朝堂之上。舜帝主持了一场有名的"朝堂议政"。这是舜帝执政时期一次重要的"朝会"，司马迁记叙得很详细。这次议事，舜帝对司空大禹的功绩作了一个总体评价，表现出了舜帝对大禹的赏识和提携。通过这个会，大禹就像一颗政治新星冉冉升起。参加这次朝堂议事的还有伯夷、皋陶。

伯夷，朝廷礼仪官，谦逊有礼，在议政朝堂上自始至终未发一言，充当了一位听众。

皋陶主管刑狱，他断案公平，口碑很好，是舜帝的重臣。

皋陶出生地一般传为山东曲阜。皋陶是上古时期的政治家、思想家、教育家,被史学界和司法界公认为中国司法鼻祖。皋陶是与尧、舜、大禹齐名的"上古四圣"之一,葬之于六,禹据其功德,封皋陶后裔于皋城(今安徽六安地区),故亦被尊为六安国始祖。

皋陶是一位贤臣,传说中生于尧帝统治的时候,曾经被舜任命为掌管刑法的"士",以正直闻名天下。

皋陶的主要功绩有制定刑法和教育,帮助尧和舜推行"五刑""五教"。用独角兽獬豸治狱,坚持公正;刑教兼施,要求父义、母慈、兄友、弟恭、子孝,使社会和谐,天下大治。皋陶"明于五刑,以弼五教",主张五刑处于辅助地位,对于有过激行为或者犯有罪行的人要先晓之以理,不听教化,再绳之以法。"五教"

绍兴大禹陵大门

上虞大舜殿（刘育平／摄）

是父义、母慈、兄友、弟恭、子孝，意在教育人们懂得并恪守最基本的几种关系，使人们彼此亲睦，互相谦让，知道什么该做，什么不该做，以实现一个没有犯罪行为的和谐社会，达到长治久安的目的。所以，舜盛赞皋陶："汝作士，明于五刑，以弼五教，期于予治。刑期于五刑，民协于中，时乃功，懋哉！"

皋陶法律思想具有如下几个特点：一是德法结合，即道德与法律结合、德治与法治结合，"明于五刑，以弼五教"就说明了这个道理；二是民本思想，即强调重民、爱民、惠民，关注民生，听取民意，"安民则惠，黎民怀之""天聪明，自我民聪明"等即说明此理；三是司法公正，公平公正是皋陶司法的终极目标，獬豸断狱的故事实质上是神化了皋陶铁面无私、秉公执法、断案如神的司法活动；四是天人合一，皋陶所言"天秩有礼""天命有德""天讨有罪"等是告诫人们要遵循天道、自然之理。

"朝堂议政"就是在舜、皋陶和禹三人之间进行的。先是皋陶表达了他的政治理论,全面阐述了他以德理政、辅以刑罚的为政理念。他认为从天子到诸侯,从诸侯到卿大夫,一级要比一级做得好。特别强调天子要成为全社会的道德楷模,为百官做表率。这些理念虽然带有理想主义的天真色彩,但就是舜帝在努力践行的那套治国理念。

这次论政似乎是对大禹执政的一次面试。舜帝对禹说:"你也说说你的好意见吧。"大禹回京都后当然有思想准备,这次有必要对治水工作进行一次详细汇报,让舜帝和群臣都有个全面了解。舜帝点名让他发言,于是大禹就作了简要的"述职报告"。禹谦恭地行了拜礼,说:"哦,我说什么呢?我只想每天勤恳努力地办事。"皋陶追问道:"怎样才叫勤恳努力?"禹说:"洪水滔天,浩浩荡荡,包围了高山,漫上了丘陵,下民都遭受着洪水的威胁。我在陆地上行走乘车,在水中行走乘船,在泥沼中行走乘木橇,在山路上行走就穿上带铁齿的鞋,翻山越岭,竖立木桩,在山上作了标志。我和益一块,给黎民百姓稻粮和新鲜的肉食。疏导九条河道引入大海,又疏浚田间沟渠引入河道。和稷一起赈济吃粮困难的民众。粮食匮乏时,从粮食较多的地区调剂给粮食欠缺的地区,或者叫百姓迁到有粮食的地区居住。民众安定下来了,各诸侯国也都治理好了。"

大禹的治水实绩确实光彩,并且都是看得见摸得着的。大禹的述职报告也没有夸大其词。所以他的报告受到了以皋陶为代表的朝臣的由衷称赞。

君臣恳切交谈,推心置腹,情感交流,真是君圣臣贤,一派和谐光明。此时舜帝在赞誉大禹的同时,不忘提醒道:"毋若丹朱傲,维慢游是好,毋水行舟,朋淫于家,用绝其世。予不能顺是。"

舜帝说:"你们不要学丹朱那样桀骜骄横,只喜欢怠惰放荡,在无水的陆地上行船,聚众在家里干淫乱之事,以致不能继承帝位。对这种人我决不听之任之。"舜帝话中提到的坏典型丹朱,是尧帝的儿子。

对于舜帝要大家不要"傲",不学丹朱的教育,大禹觉得还要表述一下自己是怎么对待生活问题的,是怎样坚持在实践中进行道德修养的。

禹说:"我娶涂山氏的女儿时,新婚第四天就离家赴职,生下启我也未曾抚育过,因引才能使平治水土的工作取得成功。我帮助帝王设置了五服,范围达到五千里,每州用了三万劳力,一直开辟到四方荒远的边境,在每五个诸侯国中设立一个首领,他们恪尽职守,都有功绩,只有三苗凶顽,没有功绩,希望帝王您记着这件事。"大禹全面系统的工作汇报,使舜帝对治水的艰辛有了更全面的了解。舜帝听到禹最后诚恳而谦恭的话语,感到十分高兴,并由衷地说:"推行我的德,是依靠你的努力工作逐步取得的!"

"道吾德,乃女功序之也。"这是舜帝对禹的一个极高的评价。他对大禹治水没有从技术层面说,没有从个人品德角度讲,而是从执政治国这个根本上谈。舜帝高屋建瓴,从部落联盟统领天下推行政治理念角度肯定了禹多年来的工作,指出实现他的德政理念是禹坚持不懈的目标,德治社会的建设是禹长期奋斗的结果。由此看来,舜不是从做具体事情的能力来考察大禹,而是从德政的大局上来鉴定大禹是否及格。对考察结果,舜帝十分满意,皋陶也十分佩服,"皋陶于是敬禹之德,令民皆则禹。不如言,刑从之。舜德大明。"皋陶此时敬重禹的功德,命令天下都学习禹。对于不听从命令的,就施以刑法。因此,舜的德教得到了发扬。

这场谈话到最后,舜帝提出了实质性的问题。帝曰:"格汝禹! 朕宅帝位三十有三载,耄期倦于勤。汝惟不怠,总朕师。"

舜接着说:"大禹你过来,现在我居帝位已经三十三年了,如今已到耄耋之年无力再执政的状态,我感到十分劳累。你是一个勤勤恳恳干事的人,来接替我的位置管理天下吧。"

禹拒不接受,他把这个位置推让给皋陶,皋陶也不接受,仍谦让于禹。

舜对禹说:"天将降大任在你的肩上了,你一定要接受这个职务。人心易私而难公,道心难明而易迷。唯有细心观察体验,专心致志地研究,才能有一条正确的路线。对无稽之谈不要听,对没有用的主意不要用。真正可爱的不是君王而是民众,真正可畏的不是民众而是君主失德。民众没有明君,又去爱戴谁呢?明君没有民众,谁去守国土呢?所以啊,要认真对待自己的地位,修养好的德行去完成自己的重任。如果天下老百姓都穷得苦不堪言,你这个君主和皇宫的俸禄也就没有了,人的这个口是最爱惹是生非的,所以讲话一定要慎重,我就对你讲这些,再不讲了。"

附:

《尚书·大禹谟》

皋陶矢厥谟,禹成厥功,帝舜申之。作《大禹》《皋陶谟》《益稷》。

曰若稽古,大禹曰文命,敷于四海,祗承于帝。曰:"后克艰厥后,臣克艰厥臣,政乃乂,黎民敏德。"

帝曰:"俞!允若兹,嘉言罔攸伏,野无遗贤,万邦咸宁。稽于众,舍己从人,不虐无告,不废困穷,惟帝时克。"

益曰:"都!帝德广运,乃圣乃神,乃武乃文。皇天眷命,奄有四海为天下君。"

禹曰:"惠迪吉,从逆凶,惟影响。"

益曰:"吁!戒哉!儆戒无虞,罔失法度。罔游于逸,罔淫于乐。任贤勿贰,去邪勿疑。疑谋勿成,百志惟熙。罔违道以干百姓之誉,罔咈百姓以从己之欲。无怠无荒,四夷来王。"

禹曰："於！帝念哉！德惟善政，政在养民。水、火、金、木、土、谷，惟修；正德、利用、厚生、惟和。九功惟叙，九叙惟歌。戒之用休，董之用威，劝之以九歌俾勿坏。"

帝曰："俞！地平天成，六府三事允治，万世永赖，时乃功。"

帝曰："格汝禹！朕宅帝位三十有三载，耄期倦于勤。汝惟不怠，总朕师。"

禹曰："朕德罔克，民不依。皋陶迈种德，德乃降，黎民怀之。帝念哉！念兹在兹，释兹在兹，名言兹在兹，允出兹在兹，惟帝念功。"

帝曰："皋陶，惟兹臣庶，罔或干予正。汝作士，明于五刑，以弼五教。期于予治，刑期于无刑，民协于中，时乃功，懋哉。"

皋陶曰："帝德罔愆，临下以简，御众以宽；罚弗及嗣，赏延于世。宥过无大，刑故无小；罪疑惟轻，功疑惟重；与其杀不辜，宁失不经；好生之德，洽于民心，兹用不犯于有司。"

帝曰："俾予从欲以治，四方风动，惟乃之休。"

帝曰："来，禹！降水儆予，成允成功，惟汝贤。克勤于邦，克俭于家，不自满假，惟汝贤。汝惟不矜，天下莫与汝争能。汝惟不伐，天下莫与汝争功。予懋乃德，嘉乃丕绩，天之历数在汝躬，汝终陟元后。人心惟危，道心惟微，惟精惟一，允执厥中。无稽之言勿听，弗询之谋勿庸。可爱非君？可畏非民？众非元后，何戴？后非众，罔与守邦？钦哉！慎乃有位，敬修其可愿，四海穷困，天禄永终。惟口出好兴戎，朕言不再。"

禹曰："枚卜功臣，惟吉之从。"

帝曰："禹！官占惟先蔽志，昆命于元龟。朕志先定，询谋佥同，鬼神其依，龟筮协从，卜不习吉。"

禹拜稽首，固辞。

帝曰:"毋! 惟汝谐。"

正月朔旦,受命于神宗,率百官若帝之初。

帝曰:"咨,禹! 惟时有苗弗率,汝徂征。"

禹乃会群后,誓于师曰:"济济有众,咸听朕命。蠢兹有苗,昏迷不恭,侮慢自贤,反道败德,君子在野,小人在位,民弃不保,天降之咎,肆予以尔众士,奉辞伐罪。尔尚一乃心力,其克有勋。"

三旬,苗民逆命。益赞于禹曰:"惟德动天,无远弗届。满招损,谦受益,时乃天道。帝初于历山,往于田,日号泣于旻天,于父母,负罪引慝。祗载见瞽叟,夔夔斋栗,瞽亦允若。至诚感神,矧兹有苗。"

禹拜昌言曰:"俞!"

班师振旅。帝乃诞敷文德,舞干羽于两阶,七旬有苗格。

舜禹禅让

朝廷议政结束后,舜帝心中高兴,大禹治水十三年,水患根治、民众拥戴、社会太平、边陲和平,出现了太平盛世。这一切当然是舜帝领导的正确,主要是他的德政思想的推行,也包括任用禹这样的贤能的结果。舜帝准备庆祝一番这来之不易的政绩。

庆祝大会以文艺表现的形式展开。准备工作是从寻访社会底层的音乐人才开始,并在朝廷里设置主管音乐的官员,把音乐文化作为治国理政的重要手段。舜帝任命的主管音乐的官员名字叫作"夔",职务是"典乐"。对于这位音乐家,舜帝十分器重,舜曾说"夔一足矣",意思是,像夔这样的音乐家有一个就足够了。

夔确实是个音乐奇才,来自民间。他能按照宫、商、角、徵、羽五声音阶创作乐曲,按十二律吕的音律使歌声协调,能够指挥八类乐器：金（钟）、石（磬）、丝（琴、瑟）、竹（箫）、匏（笙、竽）、土（埙）、革（鼓）、木（柷、敔），进行和谐演奏，有极高的音乐天赋。

夔接受任务以后，开始创排节目，夔想，庆典演出中当然要有治水方面的节目，于是要求大禹创作这方面的乐曲。大禹没有推辞，愉快地接受了任务。大禹创作的乐曲是《箫韶》，又名《九招》，即《九韶》。大禹还编了舞蹈，那就是以治水为背景的"禹步舞"。

禹步，谓跛行。相传大禹治水积劳成疾，身病偏枯，行走艰难，故称。"步不相过，人曰禹步"。

舜帝择定吉日举办音乐庆典大会。那天，广场的东边供奉着祖先的灵牌，舜帝在主席台上面南而坐，诸侯宾客分列两边，主席台下是一支乐队，广场上有无数将士和部落代表。礼仪官致辞后宣布音乐庆典开始。夔是演出的总指挥，一组音乐过去以后，禹编的《箫韶》登场。

《史记·夏本纪》载：

于是夔行乐，祖考至，群后相让，鸟兽翔舞，箫韶九成，凤皇来仪，百兽率舞，百官信谐。帝用此作歌曰："陟天之命，维时维几。"乃歌曰："股肱喜哉，元首起哉，百工熙哉！"皋陶拜手稽首扬言曰："念哉，率为兴事，慎乃宪，敬哉！"乃更为歌曰："元首明哉，股肱良哉，庶事康哉！"（舜）又歌曰："元首丛脞哉，股肱惰哉，万事堕哉！"帝拜曰："然，往钦哉！"于是天下皆宗禹之明度数声乐，为山川神主。

在《箫韶》音乐响起，扮演各种吉祥动物禽鸟的演员一批批进场。如凤凰领舞，白鸟翔集，鸟鸣婉转，彩翼盘旋。盘龙起伏，狮虎腾跃，百兽起舞。《箫韶》奏完九通，凤凰被召来了，群兽都舞起来，场内百官将士一次次欢呼鼓掌。

大禹亲自上场了，他领跳着禹步舞，众人一起齐跳起治水之舞，复原了大禹

舜帝祭天
（范明良／作）

带领大家艰辛治水的生动场面。观众席上掌声雷动。舜帝也被感动了，他站起来，高声歌唱道："奉行天命，施行德政，顺应天时，谨言慎行。"舜帝唱了两遍，下面的掌声和欢呼声停不下来，舜帝又作歌唱："股肱大臣喜尽忠啊，天子治国要有功啊，百官事业也兴盛啊！"

皋陶走上前来，对舜帝行跪拜礼，先低头至手，又叩头至地，然后高声说道："您可记住啊，要带头努力尽职，谨慎对待您的法度，认真办好各种事务！"于是也接着唱道："天子英明有方啊，股肱大臣都贤良啊，天下万事都兴旺啊！"唱完一段，皋陶

大舜传

心中突然有所冲动,像喝高了酒一样,唱出了内心的郁积:"天子胸中无大略啊,股肱大臣就懈怠啊,天下万事都败坏啊!"皋陶显然是唱给舜帝听的。舜帝缓缓走到场地当中,泱泱大度地拜谢道:"对! 以后我们都要努力办好各自的事务!"这时礼仪官伯夷进场,伯夷主持庆典的最后一个议程,大声宣告:禹治水成功,创立了各种制度,造福天下,赢得无数赞美之声,天下一致举荐,并且代表舜帝,郑重宣布:册封禹为"山川神主"。这是一个荣誉称号,意思就是能代山川之神施行号令的帝王。

大禹被尊为"山川神主"后,又开始了新的使命。舜帝命大禹领统州伯,巡视十二州。《吴越春秋》记载:"遂巡行四渎,与益、夔共谋,行到名山大泽,召其神而问之山川脉理、金玉所有、鸟兽昆虫之类,及八方之民俗、殊国异域、土地里数,使益疏而记之,故名之曰《山海经》。"《山海经》载:"禹曰:天下名山,经五千三百七十山,六万四千五十六里,居地也,言其五藏,益其余小山众多,不足记云。土地之东西二万八千里,南北二万六千里,出水之山者八千里,受水者八千里,出铜之山四百六十七,出铁之山三千六百九十。此土地之所分壤树谷也,戈矛之所发也,刀铩之所起也,能者有余,拙者不足。封于太山,禅于梁父,七十二家,得失之数皆在此内,是为国用。"

大禹代表舜帝巡视十二州,意义非常重大。一方面是对各州牧、诸侯国、各部落首领进行考察,另一方面也使大禹了解了各地的政治、经济、风土人情和资源禀赋状况。大禹巡视十二州,共用时六年。

大禹被封为"山川神主",并巡视十二州,其实都是舜帝选择接班人的一个步骤。舜帝主政以后,到治水成功,已经70多岁了,身体衰老得很快,选择接班人成了当务之急。舜帝坚持禅让制,要选择德才兼备的人来接替自己。舜帝原来选的接班人是皋陶,皋陶当然很优秀,但皋陶的年纪与舜帝差不多,身体也不怎么好。自从大禹治水成功以后,舜帝倾向于年轻的大禹,而且大禹在百官和人民中的信誉越来越好。治水庆典以后,舜帝还是在进一步考察大禹,舜帝一直以来重视对朝廷大臣的使用、训导和考核检查。舜帝主政后的第一件事,就是对尧帝时使用而没有任职的高官全部任命,以明确职责。在正式委任分工明确以后,舜帝说:"嗟!女二十有二人敬哉,惟时相天事。"(《史记·五帝本纪》)即告诫那二十二人,谨守职责,认真做事,一心一意辅佐我做好上天交给的治理天下的大事。为了便于考核检查、奖优罚劣,舜帝还作了三年一考核,三次考核定奖惩的具体规定,"三岁一考功,三考绌陟,远近众功咸兴。"(《史记·五帝本纪》)这个制度大大地调动了大臣们的积极性,增强了责任感,促进了各项事业的发展。

舜61岁登上帝位,到70岁时正好九年,对大臣们已经考核三次,舜帝还对几个主要的大臣个人负责的工作进行了评价。

皋陶任大法官,断案公平,人们都佩服他能依据事实判决;伯夷主持礼仪,上上下下都能够谦让;垂主管工匠,工匠们都干得很好;益主管山泽,山林湖泽都得到开发利用;弃主管农事,各种庄稼都长得很茂盛;契主管教化,百官都团结和睦;龙负责接待宾客,远方的诸侯都来朝贡;原来设置的十二州的长官也都能尽力办事,新划定的九州,民众没有谁敢违抗。尤其是禹的功劳

舜禹禅位(范明良／作)

最伟大,治水成功以后各地按规定缴纳贡赋,社会管理的各项制度政策也都显示出良好的效果,东南西北四方归顺安定,四海之内都赞颂舜帝的功德。

经过再次严密的考察,舜帝觉得接班人的事已经成熟了。又是一个好日子,在都城祭祀土地的祭场,摆好了一应祭品,舜帝亲自主持祭礼,诸侯百官参加,各种礼数完毕后,舜帝把禹作为继承者推荐给上天,并向参加祭祀的诸侯百官郑重宣布:禹为嗣。

这一决定,得到群臣拥戴,出现了《竹书纪年·帝舜有虞氏》所记载的情景:众人合唱《卿云歌》,"于是和气普应,庆云兴焉,若烟非烟,若云非云,郁郁纷纷,萧索轮困,百官相和而歌卿云,帝乃倡之曰:'卿云烂兮,纠缦缦兮。日月光华,旦复旦兮。'群臣咸进顿道曰:'明明上天,灿然星辰。日月光华,弘于一人。'帝乃再歌曰:'日月有常,星辰有行。四时经,万姓允诚。与予论乐,配天之灵。迁于贤善,莫不咸听。鼚乎鼓之,轩乎舞之。精华已竭,褰裳去之。'于是八风循通,庆云丛聚,蟠龙奋迅于其藏,蛟鱼踊跃于其渊,龟鳖咸出其穴。"

《卿云歌》其实是君臣共作。前半部是百官对帝舜的赞誉,后半部是帝舜的感慨和期待。一曲《卿云歌》,洋溢着君臣团结、政治清明、国泰民安、歌舞升平的欣慰。在舜帝禅位于大禹的时候,天空出现的彩云和那灿烂的日月,象征着国家事业如日中天,人才相与为继。

附:

郭店楚墓竹简《唐虞之道》

唐虞之道,禅而不传。尧舜之王,利天下而弗利己。禅而不传,圣之盛也。利天下而弗利己,仁之至也。故昔贤仁圣者如此。身穷不贪,殁而弗利,躬仁矣。必正其身,然后正世,圣道备矣。故唐虞之道至也。

夫圣人上事天,教民有尊也;下事地,教民有亲也;时事山川,教民有敬也;亲事祖庙,教民孝也;太学之中,天子亲齿,教民弟也;先圣与后圣,考后而甄先,教民大顺之道也。

尧舜之行,爱亲尊贤。爱亲故孝,尊贤故禅。孝之施,爱天下之民。

禅之传，世无隐德。孝，仁之冕也。禅，义之至也。六帝兴于古，皆由此也。爱亲忘贤，仁而未义也。尊贤遗亲，义而未仁也。古者虞舜笃事瞽叟，乃弋其孝；忠事帝尧，乃弋其臣。爱亲尊贤，虞舜其人也。禹治水，益治火，后稷治土，足民养生。（夫唯）顺乎脂肤血气之情，养性命之政，安命而弗天，养生而弗伤，知仁义之政者，能以天下禅矣。

古者尧之与舜也：闻舜孝，知其能养天下之老也；闻舜弟，知其能事天下之长也；闻舜慈乎弟，知其能□□□为民主也。故，其为瞽叟子也，甚孝；及其为尧臣也，甚忠。尧禅天下而授之，南面而王天下，而甚君。故尧之禅乎舜也，如此也。古者圣人二十而冠，三十而有家，五十而治天下，七十而致政，四肢倦惰，耳目聪明衰，禅天下而授贤，退而养其生。此以知其弗利己也。

《虞诗》曰："大明不出，万物皆菅。圣者不在上，天下必坏。"治之至，养不肖。乱之至，灭贤。仁者为此进，（明）礼、畏守、乐逊，民教也。皋陶入用五刑，出弋兵革，罪轻法（也。虞）用威，夏用戈，征不服也。爱而征之，虞夏之始也。禅而不传义恒（绝，夏）始也。

古者尧生为天子而有天下，圣以遇命，仁以逢时，未尝遇（贤。虽）秉于大时，神明将从，天地佑之，纵仁圣可举，时弗可及矣。夫古者舜处于草茅之中而不忧，登为天子而不骄。处草茅之中而不忧，知命也。登为天子而不骄，不专也。求乎大人之兴，美也。今之弋于德者，微年不弋，君民而不骄，卒王天下而不疑。方在下位，不以匹夫为轻；及其有天下也，不以天下为重。有天下弗能益，无天下弗能损。极仁之至，利天下而弗利己也。禅也者，上德授贤之谓也。上德则天下有君而世明，授贤，则民举效而化乎道。不禅而能化民者，自生民未之有也，如此也。

第五章

大舜南巡狩

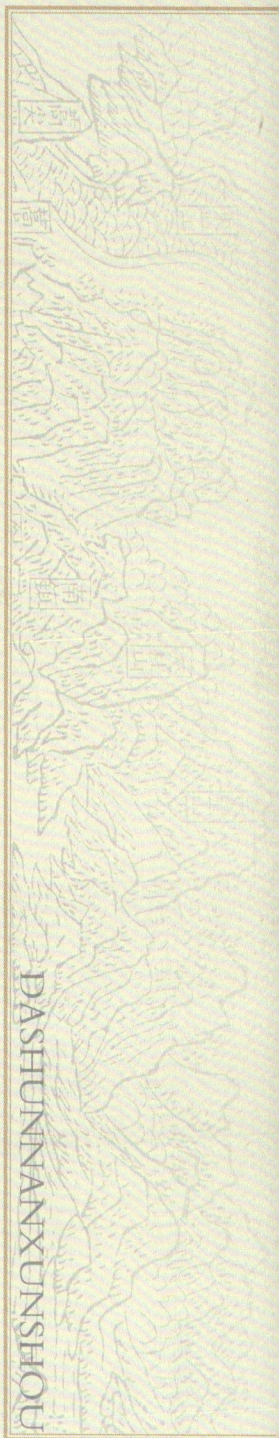

舜帝南巡

《史记·五帝本纪》载："舜年二十以孝闻,年三十尧举之,年五十摄行天子事,年五十八尧崩,年六十一代尧践帝位。践帝位三十九年,南巡狩,崩于苍梧之野。葬于江南九疑[①],是为零陵。"

《方舆胜览》云九嶷山"亦名苍梧山,其山有朱明、石城、石楼、娥皇、季源、女英、箫韶、桂林、杞林九峰,又有舜峰,不列九峰之内。"

还有许多文献记载和民间传说,且从夏代以来就不断祭祀舜陵(亦称永陵),古今学者也多认为帝舜葬于九嶷山。史籍对于舜帝崩葬九嶷山的记载以《山海经》为最早。《山海经》总共18篇,其中就有3篇定论舜葬苍梧九嶷山。卷十《海内经》

大舜传

① "九疑"与"九嶷"、"九疑山"与"九嶷山"在历史文献中均有使用,本书引述相关文字时,为尊重文献原貌,未作统一。

舜帝访故（铜雕）

记载："苍梧之野，帝舜葬于阳，帝丹朱葬于阴。"卷十五《大荒南经》载："赤水之东，有苍梧之野，舜与叔均之所葬也。"卷十八《海内经》载："南方苍梧之丘，苍梧之渊，其中有九嶷山，舜之所葬，在长沙零陵界中。"

《古文尚书》载："舜三十征，庸三十，在位五十，陟方乃死。"《今文尚书》载："舜三十征，庸二十，在位五十，陟方乃死。"古、今文尚书都说舜30岁时被尧召用，为帝尧效劳30年或20年。在帝位50年，南巡视察，登上了九嶷山，并在那里去世。

《竹书纪年·帝舜有虞氏》载："三十二年，帝命夏后总师，遂陟方岳。"是说舜帝从61岁登临帝位，经过了32年，也就是93岁的时候，命令夏禹做摄政帝，自己就到南方巡狩。

与舜帝南巡有关的地名,在湖南、广东、广西都有。比如湖南境内的君山、德山、韶山、崀山、舜皇山、九嶷山,与湖南交界的广西桂林的虞山、广东的韶关等。据考证,仅在湖南境内就有上百处。每一个地名,都联系着一个与舜帝南巡有关的故事。

陕西历史博物馆研究员杨东晨在《帝舜家族史迹考辨》一文中认为舜帝南巡路线是:"从蒲坂出发,经安邑(山西夏县)南行过黄河,过鸣条(河南封丘东),过宛(今南阳),渡淮河、汉江南行,再经夷陵(今武汉)过江入巴陵(今湖南岳阳),沿湘江南下,至南岳衡山(今湖南衡阳)。之后,南行至零陵。帝舜又从零陵

舜帝南巡(范明良/作)

到各地去巡视。"

舜帝把朝政交给大禹以后,带着娥皇、女英及一干官员,开始往南巡狩。一方面察看治水效果,慰问各方诸侯、部族;另一方面也了解民情,做些调查研究,以改进社会治理。他唱着《南风歌》一路南巡各地。

舜帝是上古时期一位仁德如天的"圣君",他通过内存仁,外施德,实现了天下大治。司马迁说:"德者,性之端也;乐者,德之华也;金石丝竹,乐之器也;诗,言其志也;歌,咏其声也;……夫《南风》之诗者,生长之音也。舜乐好之,乐与天地同意,得万国之欢心,故天下治。"虞舜不畏年事已高,不畏路远江隔毅然南巡,最终"崩于苍梧之野,葬于江南九疑",使得泽被南国,德服苗蛮,实现了南北一体,各族一统的天下大治。因此,舜帝在南国民众心目中,享有无限崇高的地位,以至于楚国爱国诗人屈原在楚辞中称颂舜帝:"济沅湘以南征兮,就重华而陈词。"

舜帝在南国行德化民,恰如《南风歌》所期盼的:"解吾民之愠""阜吾民之财"。

《史记·乐书》记载:"故舜弹五弦之琴,歌《南风》之诗而天下治;纣为朝歌北鄙之音,身死国亡。舜之道何弘也? 纣之道何隘也? 夫《南风》之诗者,生长之音也,舜乐好之,乐与天地同意,得万国之驩心,故天下治也。夫朝歌者不时也;北者败也,鄙者陋也,纣乐好之,与万国殊心,诸侯不附,百姓不亲,无下畔之,故身死国亡。"

《南风歌》抒写了南国每当南风徐徐而起时节而产生的欢悦之情。舜帝南巡到了南国,感到南方赤日似火,酷暑易旱,百姓疾苦。每每南风乍起,薰风时雨,顿解万民之焦渴,除浑身之燥热。舜帝看到南国民众在温暖和煦的南风中那种欢快惬意,思潮澎湃,感慨良多,于是,忧国忧民之情怀催生了《南风歌》。

他捧出心爱的五弦琴,手拨琴弦,抬头望月,放声吟唱:

舜帝访贤（范明良／作）

天舜传

南风之薰兮，可以解吾民之愠兮。南风之时兮，可以阜吾民之财兮。

舜帝忧国忧民的情怀溢于言表,他吟唱着在心底沉淀日久的《南风歌》,咏叹着:南方吹来的清凉湿润的风啊,可以消除我的臣民的忧愁和烦恼;南方吹来及时惬意的风啊,可以增长我的臣民的财富。舜帝为自己的臣民祈祷上苍,切切思虑着拯救万民于水火,思虑着富国富民的方略。

舜崩苍梧

　　舜帝离开都城几个月后,来到湖南南部宁远县苍梧之野,没想到竟然在路途中突然去世,跟随的大臣只好把舜的遗体安葬在附近的九嶷山上。娥皇、女英在湘江边活动,没有与舜帝在一起,噩耗传来,二妃悲恸欲绝,泪洒岸边青竹,随后投身湘江,追随夫君而去,从而为后人留下了"湘妃竹"和"湘江女神"的优美传说。

　　由于舜南巡病逝而葬于苍梧,所以湘地便有了不少舜妃们的传说故事和遗迹。《尚书·舜典》云:"二十有八载,帝(舜)乃殂落,百姓如丧考妣。"《博物志·史补》云:"尧之二女,舜之二妃,曰湘夫人,帝崩,二妃啼,以泪挥竹,竹尽斑。"《群芳谱》云:"斑竹即吴地称湘妃竹者。"

　　《水经注·湘水》云:"大舜之陟方也,二妃从征,溺于湘江,神游洞庭之渊,出入潇湘之浦。"《楚辞·九歌》云:"帝子

元代张渥《九歌图·湘夫人》
（吉林省博物院藏）

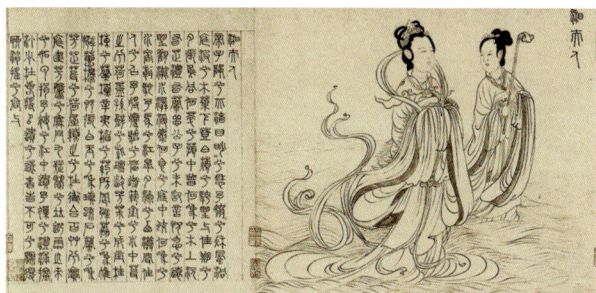

元代张渥《九歌图·湘君》
（吉林省博物院藏）

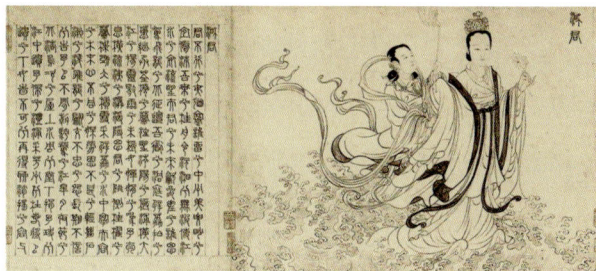

降兮北渚，目眇眇兮愁予，袅袅兮秋风，洞庭波兮木叶下。"

《史记·五帝本纪》记载："舜子商均亦不肖，舜乃预荐禹于天。十七年而崩。"

《史记·夏本纪》载："帝舜荐禹于天，为嗣。十七年而帝舜崩。"

舜帝崩于苍梧之野的九嶷山时100岁，可知荐禹于天时83岁。禹这时已69岁。

《竹书纪年·帝舜有虞氏》载："三十二年，帝命夏后总师，遂陟方岳。"因为舜年50岁时做摄政帝，年61岁践帝位，帝舜32岁时已经93岁。93岁的帝舜让夏侯总师——做摄政帝，自己遂陟方岳——南巡。舜83岁时只是"荐禹于天"，即确定禹为帝位继承人。

舜帝南巡的故事很多，大多集中在湖南境内，以九嶷山为最多。关于舜帝南巡与舜葬九嶷山的传说，流传了数千年，在九嶷山可以说是家喻户晓，老幼皆知，如《舜帝降九龙》《访何封侯》《教民制茶》《腰斩孽龙》《悲风鸣条》《二妃哭竹》《玉带围陵》《荆竹扫墓》等。以《二妃哭竹》为例，说舜帝沿黄河，漂长江，入洞庭，溯潇湘，到了山高水远的南方九嶷山。二妃久不得舜帝音讯，思念心切，于是循着舜帝足迹，不远万里也到了苍梧之野的九嶷山。在九嶷山，二妃听说了舜帝勤民而死后，二人哭成了一团，眼泪湿透了裙裾，湿透了大地。后来，从眼眶里流出的泪水，成了一滴一滴的血。一把一把血泪，挥洒在路边竹丛上，从此，九嶷山就有了天下独一无二的斑竹。

舜帝在洞庭湖中的一个小山洲教制茶，小山洲就叫了君山；舜帝在常德一座小山讲修身齐家治天

九嶷山舜帝陵

下，小山就叫了德山；舜帝在湘江边一个山冲演奏韶乐，山冲就叫了韶山冲；舜帝夸苍梧山里新宁县一风景绝妙的山说"山之良也！"这山就叫了崀山；舜帝南巡路经苍梧山中的桂林和东安县，于是就有了桂林的虞山和东安的舜皇山；舜帝崩葬于苍梧之野，二妃寻夫，由于山峰林立，"九峰相似，望而疑之"，难辨帝冢在何处，苍梧山就又叫了九疑山，亦即九嶷山。

《山海经》云："南方苍梧之丘，苍梧之渊，其中有九嶷山，舜之所葬，在长沙零陵界中。"《书》注释云："九疑一名苍梧。"应劭云："舜葬苍梧，九疑是也。"惟文颖云："九疑半在苍梧半在零陵。"明确了苍梧山与九嶷山的关系。

附：

1.《尚书·舜典》

虞舜侧微，尧闻之聪明，将使嗣位，历试诸难，作《舜典》。

曰若稽古帝舜，曰重华协于帝。浚咨文明，温恭允塞，玄德升闻，乃命以位。慎徽五典，五典克从；纳于百揆，百揆时叙；宾于四门，四门穆穆；纳于大麓，烈风雷雨弗迷。

帝曰："格！汝舜。询事考言，乃言底可绩，三载。汝陟帝位。"

舜让于德，弗嗣。

正月上日，受终于文祖。在璇玑玉衡，以齐七政。肆类于上帝，禋于六宗，望于山川，遍于群神。辑五瑞。既月乃日，觐四岳群牧，班瑞于群后。

岁二月，东巡守，至于岱宗，柴。望秩于山川，肆觐东后。协时月正日，同律度量衡。修五礼、五玉、三帛、二生、一死贽。如五器，卒乃复。五月南巡守，至于南岳，如岱礼。八月西巡守，至于西岳，如初。十有一月朔巡守，至于北岳，如西礼。归，格于艺祖，用特。

五载一巡守，群后四朝。敷奏以言，明试以功，车服以庸。

肇十有二州，封十有二山，浚川。

象以典刑，流宥五刑，鞭作官刑，扑作教刑，金作赎刑。眚灾肆赦，怙终贼刑。钦哉，钦哉，惟刑之恤哉！

流共工于幽州，放驩兜于崇山，窜三苗于三危，殛鲧于羽山，四罪而天下咸服。

二十有八载，帝乃殂落。百姓如丧考妣，三载，四海遏密八音。

月正元日，舜格于文祖，询于四岳，辟四门，明四目，达四聪。

"咨,十有二牧!"曰:"食哉惟时! 柔远能迩,惇德允元,而难任人,蛮夷率服。"

舜曰:"咨,四岳! 有能奋庸熙帝之载,使宅百揆亮采,惠畴?"

佥曰:"伯禹作司空。"

帝曰:"俞,咨! 禹,汝平水土,惟时懋哉!"

禹拜稽首,让于稷、契暨皋陶。

帝曰:"俞,汝往哉!"

帝曰:"弃,黎民阻饥,汝后稷,播时百谷。"

帝曰:"契,百姓不亲,五品不逊。汝作司徒,敬敷五教,在宽。"

帝曰:"皋陶,蛮夷猾夏,寇贼奸宄。汝作士,五刑有服,五服三就。五流有宅,五宅三居。惟明克允!"

帝曰:"畴若予工?"

佥曰:"垂哉!"

帝曰:"俞,咨! 垂,汝共工。"

垂拜稽首,让于殳斨暨伯与。

帝曰:"俞,往哉! 汝谐。"

帝曰:"畴若予上下草木鸟兽?"

佥曰:"益哉!"

帝曰:"俞,咨! 益,汝作朕虞。"

益拜稽首,让于朱虎、熊罴。

帝曰:"俞,往哉! 汝谐。"

帝曰:"咨! 四岳,有能典朕三礼?"

佥曰:"伯夷!"

帝曰:"俞,咨! 伯,汝作秩宗。夙夜惟寅,直哉惟清。"

伯拜稽首，让于夔、龙。

帝曰："俞，往，钦哉！"

帝曰："夔！命汝典乐，教胄子，直而温，宽而栗，刚而无虐，简而无傲。诗言志，歌永言，声依永，律和声。八音克谐，无相夺伦，神人以和。"

夔曰："于！予击石拊石，百兽率舞。"

帝曰："龙，朕堲谗说殄行，震惊朕师。命汝作纳言，夙夜出纳朕命，惟允！"

帝曰："咨！汝二十有二人，钦哉！惟时亮天功。"

三载考绩，三考，黜陟幽明，庶绩咸熙。分北三苗。

舜生三十征，庸三十，在位五十载，陟方乃死。

2.《史记·五帝本纪·虞舜者传》

虞舜者，名曰重华。重华父曰瞽叟，瞽叟父曰桥牛，桥牛父曰句望，句望父曰敬康，敬康父曰穷蝉，穷蝉父曰帝颛顼，颛顼父曰昌意：以至舜七世矣。自从穷蝉以至帝舜，皆微为庶人。

舜父瞽叟盲，而舜母死，瞽叟更娶妻而生象，象傲。瞽叟爱后妻子，常欲杀舜，舜避逃；及有小过，则受罪。顺事父及后母与弟，日以笃谨，匪有解。

舜，冀州之人也。舜耕历山，渔雷泽，陶河滨，作什器於寿丘，就时於负夏。舜父瞽叟顽，母嚚，弟象傲，皆欲杀舜。舜顺适不失子道，兄弟孝慈。欲杀，不可得；即求，尝在侧。

舜年二十以孝闻。三十而帝尧问可用者，四岳咸荐虞舜，曰可。於是尧乃以二女妻舜以观其内，使九男与处以观其外。舜居妫汭，内行弥谨。尧二女不敢以贵骄事舜亲戚，甚有妇道。尧九男皆益笃。舜耕历山，历山之人皆让畔;渔雷泽,雷泽上人皆让居;陶河滨,河滨器皆不苦窳。一年而所居成聚,二年成邑,三年成都。尧乃赐舜絺衣,与琴,为筑仓廪,予牛羊。瞽叟尚复欲杀之,使舜上涂廪,瞽叟从下纵火焚廪。舜乃以两笠自扞而下,去,得不死。后瞽叟又使舜穿井,舜穿井为匿空旁出。舜既入深,瞽叟与象共下土实井,舜从匿空出,去。瞽叟、象喜,以舜为已死。象曰:“本谋者象。”象与其父母分,于是曰:“舜妻尧二女,与琴,象取之。牛羊仓廪予父母。”象乃止舜宫居,鼓其琴。舜往见之。象鄂不怿,曰:“我思舜正郁陶!”舜曰:“然,尔其庶矣!”舜复事瞽叟爱弟弥谨。于是尧乃试舜五典百官,皆治。

昔高阳氏有才子八人,世得其利,谓之“八恺”。高辛氏有才子八人,世谓之“八元”。此十六族者,世济其美,不陨其名。至於尧,尧未能举。舜举八恺,使主后土,以揆百事,莫不时序。举八元,使布五教于四方,父义,母慈,兄友,弟恭,子孝,内平外成。

昔帝鸿氏有不才子,掩义隐贼,好行凶慝,天下谓之浑沌。少暤氏有不才子,毁信恶忠,崇饰恶言,天下谓之穷奇。颛顼氏有不才子,不可教训,不知话言,天下谓之梼杌。此三族世忧之。至于尧,尧未能去。缙云氏有不才子,贪于饮食,冒于货贿,天下谓之饕餮。天下恶之,比之三凶。舜宾於四门,乃流四凶族,迁于四裔,以御螭魅,於是四门辟,言毋凶人也。

舜入于大麓,烈风雷雨不迷,尧乃知舜之足授天下。尧老,使舜摄行天子政,巡狩。舜得举用事二十年,而尧使摄政。摄政八年而尧崩。三年丧毕,让丹硃,天下归舜。而禹、皋陶、契、后稷、伯夷、夔、龙、倕、益、彭祖自尧时而皆举用,未有分职。於是舜乃至於文祖,谋于四岳,辟四门,明通四方耳目,命十二牧论帝德,行厚德,远佞人,则蛮夷率服舜谓四岳曰:"有能奋庸美尧之事者,使居官相事?"皆曰:"伯禹为司空,可美帝功。"舜曰:"嗟,然!禹,汝平水土,维是勉哉。"禹拜稽首,让於稷、契与皋陶。舜曰:"然,往矣。"舜曰:"弃,黎民始饥,汝后稷播时百穀。"舜曰:"契,百姓不亲,五品不驯,汝为司徒,而敬敷五教,在宽。"舜曰:"皋陶,蛮夷猾夏,寇贼奸轨,汝作士,五刑有服,五服三就;五流有度,五度三居:维明能信。"舜曰:"谁能驯予工?"皆曰垂可。於是以垂为共工。舜曰:"谁能驯予上下草木鸟兽?"皆曰益可。於是以益为朕虞。益拜稽首,让于诸臣硃虎、熊罴。舜曰:"往矣,汝谐。"遂以硃虎、熊罴为佐。舜曰:"嗟!四岳,有能典朕三礼?"皆曰伯夷可。舜曰:"嗟!伯夷,以汝为秩宗,夙夜维敬,直哉维静絜。"伯夷让夔、龙。舜曰:"然。以夔为典乐,教稚子,直而温,宽而栗,刚而毋虐,简而毋傲;诗言意,歌长言,声依永,律和声,八音能谐,毋相夺伦,神人以和。"夔曰:"於!予击石拊石,百兽率舞。"舜曰:"龙,朕畏忌谗说殄伪,振惊朕众,命汝为纳言,夙夜出入朕命,惟信。"舜曰:"嗟!女二十有二人,敬哉,惟时相天事。"三岁一考功,三考绌陟,远近众功咸兴。分北三苗。

此二十二人咸成厥功:皋陶为大理,平,民各伏得其实;伯夷主礼,上下咸让;垂主工师,百工致功;益主虞,山泽辟;弃主稷,百穀时茂;契主司徒,百姓亲和;龙主宾客,远人至;十二牧行而九州莫敢辟违;唯禹之功为大,披九山,通九泽,决九河,定九州,各以其职来贡,不失厥宜。方五千里,至于荒服。南抚交阯、北发,西戎、析枝、渠廋、氐、羌,北山戎、发、息慎,东长、鸟夷,四海之内咸戴帝舜之功。於是禹乃兴九招之乐,致异物,凤皇来翔。天下明德皆自虞帝始。

舜年二十以孝闻,年三十尧举之,年五十摄行天子事,年五十八尧崩,年六十一代尧践帝位。践帝位三十九年,南巡狩,崩于苍梧之野。

葬于江南九疑,是为零陵。舜之践帝位,载天子旗,往朝父瞽叟,夔夔唯谨,如子道。封弟象为诸侯。舜子商均亦不肖,舜乃豫荐禹於天。十七年而崩。三年丧毕,禹亦乃让舜子,如舜让尧子。诸侯归之,然后禹践天子位。尧子丹朱,舜子商均,皆有疆土,以奉先祀。服其服,礼乐如之。以客见天子,天子弗臣,示不敢专也。

3.［清］萧智湖《舜陵考》

舜陵何考乎?详于经,核于史,杂见于诸说传记,抑辨其疑经史诸说传记者,而后知《书》之言确可据。

《书》曰"五十载陟方乃死",左氏《国语》《礼·祭法》曰"舜勤政而野死",古文《家语》"孔子曰'舜陟方岳,死于苍梧之野而葬焉'",《礼·檀弓》曰"舜葬于苍梧之野",《离骚》特及苍梧九疑曰"就重华而陈词",朱子注亦曰"九疑,舜所葬也",《史鉴纲目》"秦始皇巡行云梦,望祀舜于九疑",古志"三代祀舜于大阳溪"。秦汉建祀于玉琯岩前,大阳距九疑三十里,庙今为白鹤观。玉琯岩在舜源峰左,龟趺文础现存载。

考《山海经》《史记》《风俗》《淮南子》《皇览》《世纪》《舆地考》《寰宇记》《元和郡县志》《十三经》古注、《国语》《汉书》《汉纪》各注,称舜葬苍梧九疑无异词。自唐元结有"无死于空山""来而不归"之惑,韩昌黎并欲改"陟方"句读,且因郑康成注有"升道南方"之语,谓"南方不应言陟方",后儒颇题之。

窃谓昌黎举可称辨者《诗》《书》之文无自作解释语。既如《竹书》云"帝王之崩曰陟",则"陟"如"殂落"之文已尔,"方"乃"死"字,不亦赘乎?颜师古云"古谓'坑'为'方'",舜坐没之时,先定其圹而后乃死,若舜急为寿藏风水之说者,说难通。《商书》"若陟遐必自迩",《周书》

曰"陟禹之迹,方行天下","陟"亦不尽训"升"也。然则以经释经,"陟方"即"陟遐"之谓,则乃"殂落"之文耳。且昌黎既据秦博士之论,谓湘君、夫人为二妃,二妃何独系于湘而湘人百世祀之?然则以谋语舜,脱舜之厄,犹属乌有之言,以舜南巡崩葬,并祀二妃,所固然欤?而后儒之疑议不释者,特以《孟子》"卒于鸣条"语。又疑苍梧与南岳隔远,更不应授禹后复南巡,即南巡,崩无不返葬之理。又见九疑封树无考,《周礼》"天子曰崩,诸侯曰薨,大夫曰卒",孔子《春秋》咸遵之,《孟子》历叙"尧崩""舜崩""禹崩""文王百年而后崩",于滕定公书"薨",凡皆准《春秋》,正名分,万不应此章舜文特贬"崩""卒"也。盖凡六经《语》《孟》之文,除"大夫曰卒一语"外,无有以"卒"没者。"卒于鸣条"与"卒为善士""卒之东郭"语意正类。"卒"本训"终",生迁卒叙,居地之始中终也;且章意正验其得志行事,自不及其没葬。又舜文无异词,毕西邑,郢荆州,以文卒迁于丰而分陕,卒运江汉,故两及之。如谓"崩""卒"通文,将以"郢"为赘文欤?抑谓文崩两地欤?且谓以大夫而书"崩",其亦可欤?鸣条,一在河南,一在安邑,有云在东夷,有云在南服者,固应以舜都隶安邑者为确。《舆地考》云"今安邑鸣条,未闻有所谓舜陵者",意颇疑《孟子》之误,固未绎《孟子》"鸣条"之言,初未云"崩"云"葬"也。况诸书"野死"与《虞书》合,"苍梧九疑"诸家之言尽合,诸书颇多出在《孟子》前,史公尧、舜《纪》亦多采用,《孟子》著者又多北人,讵舍其近之信而有征者,特于数千里外凿此不根之论,汉初白虎、石渠诸巨儒,无一核而正之者,而俟唐宋之纷纷疑议哉?

苍梧本山名,去衡不数百里。今道州有庳亭,或云象所封地。因谓舜念弟,过有庳,即崩葬其地,诚未免臆断。《竹书》曰"舜南征不返",《淮南子》曰"舜南征三苗而遂死苍梧",《世纪》云"舜使禹摄政,时三苗叛,舜南征而崩,葬于苍梧"。康成旧注多主之。按其说绎《禹谟》有可信者,禹虽受终摄位,而有苗命征仍舜为政。曰"诞敷文德"者,讵虞廷之文德今乃诞敷?又何垂裳五十载未化者,今七旬而格之?南北风雷且不相应,舜帝阶之干羽,格数千里外之逆民,一似迂儒不解事之说者。讲家谓振羽以后,苗民自格,则命征舞干,均属多事。玩益言"至诚感神",特援见瞽叟为证,因谓苗民见舜,当如瞽叟之允若,故"振旅"以下接"帝乃"云者,是帝乃南征也。以远行敷德曰"诞敷",所过者化故可舞干羽而格之。大化不记时日,前三旬以师行,后七旬以帝行,故次第纪之。今九嶷瑶歌有"槃王子孙在山好"之语,知犹三苗种也。舜于时适百有十岁而老焉,"陟方""勤事"之说,不互证乎! 舜视弃天下犹弃敝屣也,既四海为家,没即于其地而葬焉,又岂可以后世返葬首丘之说泥者? 神农葬茶陵,禹葬会稽,人咸无议,胡独于舜疑之?

冢人,周制也。孔子曰"古者墓而不坟",魏文帝亦谓封树之制非上古,特援尧、禹之葬为证。《山海经》纪舜葬凡数见,皆指苍梧九疑。又云帝喾、帝尧葬岳山者,岳,本山之总名,合言以取文贝离俞云云耳。郭璞因谓应当时殊方绝域之人,各自起土为冢,是尧、舜之冢当遍天下,亦未审当时无起冢事。凡夏、殷以前,所谓有冢可证,皆诬也。夫南人信古而质,不敢妄有增益,惟舜德在奕世,今犹识其葬处,至考封树,则当年本无云载。

考舆地沿革,汉武帝始析长沙置零陵郡,是以舜陵得名,遂以苍梧名郡,属南粤,于零陵置营浦、营道、泠道等县。营道即今道州,泠道隋曾并入营道,今为永州府属之宁远县,以九嶷在其域内,故汉名春陵,新莽直以为零陵县。今永属之永明,汉营浦谢沐县,江华,汉冯乘县,时皆隶苍梧郡。如淳云"舜葬苍梧冯乘县",《皇览》云"舜葬苍梧营浦县",

今九嶷接壤两境，或当年偶隶更易。要古无郡县名，惟以名山大川表封域，尔时九嶷正所谓"苍梧之野"也。《山海经》云"苍梧之丘中，有九嶷山，舜所葬也"，《书》注释云"九嶷，亦名苍梧山"，语最明了。文颖云"九嶷半在苍梧，半在零陵"，及《史记》"崩于苍梧，葬江南九嶷"语，特主汉时郡县言。祝氏穆泥此，谓苍梧、九嶷当是两处，犹未确考。

舜陵实在九嶷之舜源峰，今祠庙在其麓，云葬女英峰下者亦误。《墨子》"舜道死南己之市"，其书或斥为后人伪作。《吕览》"纪邑""九嶷""海州"、"苍梧"云云，更为附会，可无论也。

九嶷距今宁远南郭六十里，尝周览其域，脉起三分石，峥嵘凳天半，为楚、粤三省分圻处，即古所谓苍梧山者。迤逦近四十里，起舜源峰万壑之中，后顿前朝皆平壤里许，峰顶更迭，三峰垂石，脉山半成，形家所谓太极晕者二，大小相涵，宛如壁月，诚天造地设以妥帝灵者。祠戟门内，古楷二支，柸皆数抱，诚数千年物。明周恭子所记古杉，今颇存。记云宁远以修孔庙伐其一，时昏黑风雷，工师奔仆，为嘉靖乙巳周恭子目击事。夫以一树之故，且天帝百灵呵护，为孔庙所不能取，其他敢亵越视之乎！则舜陵在此山尤确有可信者。至九"嶷"之易为"疑"，自晋郭璞始。诸峰皆面舜陵，主从异势，惟皆平地拔起，如《诗》所谓"岐嶷"者。舜陵千峰拱峙，宁第于九？按古以九为盈数，九当如九山、九川、九江、九河、九野、九围、九合，以众数言。今考郭璞所名九峰，相距或数十里，从舜源峰望之，有不尽见者，以云相似难辨，诚未免为好事者之说欤？按汉魏以前，书之最古者，字皆从"嶷"。

引自《湖南文征》（清罗汝怀编纂）

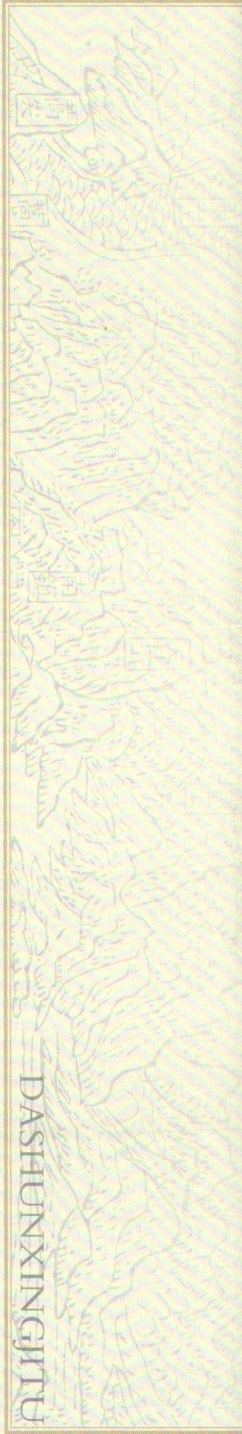

大舜行迹图

浙江舜迹

上虞舜江

曹娥江在上虞境内也称舜江。《大清一统志·绍兴府水》：曹娥江"北入上虞县界，经龙山下，亦曰舜江"。万历《绍兴府志》："其源自剡溪来，东折而北，至曹娥庙前又北。《上虞志》云，至龙山下名舜江，又西北折入于海。"

上虞握登圣母山（姚墟）

握登山在上浦镇东山村甲杖自然村，又作握簦山。一说握登为舜母名。《太平御览》引《诗纬·含神雾》："握登见大虹，意感生帝舜。"嘉泰《会稽志》卷六《祠庙·上虞县》："握登圣母庙，在县西南四十里。握登山之巅，旧传舜母名握登生舜于姚墟，因姓姚氏。"又卷九《山·上虞县》："握登山，在县西南四十里。山有握登圣母庙。"又传舜的母亲在这里上

小舜江航拍图(金小军/摄)

山时突然遇雨,又值即将临产,只好撑着簦(竹制的雨具)生舜。舜出生时有彩虹荡漾于野。至今这山下面还有一个自然村名为虹漾。

原山上有圣母祠、祥虹阁,毁于1956年特大台风,迄今没有重建。

上虞姚丘(桃邱)

《史记·五帝本纪》正义引《会稽旧记》:"舜,上虞人,去虞三十里有姚丘,即舜所生也。"又引《风土记》:"舜东夷之人,生姚丘。"嘉泰《会稽志》卷十八《拾遗》:"姚丘,在上虞县西四十里,一名桃丘,俗传舜所生处,傍有虞滨妫石。《风土记》云:舜生于姚丘,妫水之内,指石之东。后人附会,其说非也。"宝庆《会稽续志》卷八《越问·舜禹》:"帝舜生于姚丘兮,地近夷而居东;母握登感天瑞兮,漾祥光于大虹;历山其所耕稼兮,陶渔皆有遗迹;二女降于妫汭兮,百官备而景从。"

上虞虹漾

在上浦镇东山村甲杖自然村圣母山东北。相传为舜出生地。嘉泰《会稽志》卷十八《拾遗》:"虹漾村,在上虞县西南载初乡,有握登圣母祠,东西各有二赤岸。"

上虞指石山

在上虞东山。其西对江口即为小舜江出口。嘉泰《会稽志》卷九《山·上虞县》:"指石山,在县西南四十五里。《旧经》云:上虞县有立石,所谓指石者,俗呼为公崭,言舜登此山。"

上虞小舜江

为舜江中游一支流。其源有二:南溪源于嵊县竹溪乡,北溪源地柯桥区稽东镇,两溪至王坛舜王庙处合流,故旧时称此地为双江溪或两溪乡。再流往汤浦水库,至上浦与剡溪汇合。万历《绍兴府志》:"会稽东小江,在府城东南九十里,亦名小舜江,西为会稽,东为上虞。其源出浦阳江,东北流经阳浦,入曹娥江。"

上虞小舜江水库

即汤浦水库,地处小舜江流域,集雨面积 460 平方公里,库容 2.35 亿立方

米,目前水位已达 28 米,水面面积近 15 平方公里,是绍兴、柯桥、上虞等地的饮用水源。

上虞象田山

嘉泰《会稽志》卷九《山·上虞县》:"象田山,在县西南四十里,周四十余里。山平衍,俗呼小天台。南有舜井。"

百官舜桥(百官桥)

夏侯曾先《会稽地志》:"舜桥,舜避丹朱于此,百官候之,故亦名百官桥。"

《水经注》:"(渐)江水东经上虞县南,至王莽之会稽也,本司盐都尉治也,地名虞宾。晋《太康地记》曰,舜避丹朱于此,故以名县,百官从之,故县北有百官桥。"

嘉泰《会稽志》卷十一《桥梁·上虞县》:"百官桥,在县西北三十五里。《寰宇记》云:越州余姚舜桥,避丹朱于此,百官候之,故亦名百官桥。晋《太康地记》

南溪北溪汇流小舜江图(金小军/摄)

小舜江江景(金小军 / 摄)

云:舜避丹朱于此,故名县。百官从之,故县北有桥繇此。

百官舜井

　　嘉泰《会稽志》卷十一《舜井》:"舜井,在县西北三十五里兴教寺,傍有象田。"《越中杂识》:"舜井,在上虞县西北三十五里百官市虞帝庙北,东西各一。钱武肃王浚之,得谶记宝物。"

　　唐氏朱庆馀有《舜井》诗:"碧甃磷磷不记年,青萝锁在小山巅。向来下视千寻水,疑若苍梧万里天。"

　　宝正三年(928)闰八月,吴越王钱镠曾遣吏浚舜井,得谶记宝物一百二十余件。钱镠《浚舜井记》言:"世传秦始皇封塞作两墩,各高一丈,相去三十余丈。""唐永徽四年(653)于此造塔镇井。""有重华石一片,阔三尺,厚九寸左右,有索痕,深二寸。"

　　1990 年版《上虞县志·名胜》:"县城百官镇三大著名胜迹之一(余为舜庙,百官桥,皆毁),年久湮没,1984 年易地重修位于百官镇龙山的西麓、上虞宾馆南侧,引百官名泉龙王塘水入井,泉水甘澄。书法家费新我题写井碑。"

上浦渔浦湖

即白马湖,在驿亭镇。嘉泰《会稽志》卷十八《拾遗》:"蜂扶里,《旧经》云:上虞县北有渔浦湖,传是舜渔处,村民绕湖乱居,故名其地为蜂扶里。"

传说晋时周鹏举出任雁门,因思念渔浦湖,又千里迢迢骑白马返虞,径入湖中不出,故名。

上虞仇亭

《越绝书·吴内传》:"仇者,舜后母也。"《晋书·地理志》:"上虞,有仇亭,舜避丹朱于此地。"

中华孝德园大舜庙(金小军／摄)

民国谷旸在《重建仇亭名》云："仇亭在百官江滨。百官又为古会稽商旅往来之通衢，若无亭以为憩息之所，必有感行路之难者。会稽在越王勾践时有犬亭；在汉有柯亭；在晋有兰亭，然皆在仇亭之后。仇亭当汉时必犹有存者，故《班史》载之，以垂后世。"

上虞大舜庙

嘉泰《会稽志》卷六《祠庙·上虞县》："舜帝庙，在县西三十五里。"唐时建庙，乡民崇奉，岁时设供。清乾隆年间，上虞知县与当地乡绅共同谋划，经八年集资，于1765年修复。陈瑞枝作于清乾隆三十年的《修舜庙碑》记："庙之祀何资？则以临江有坝（即百官坝）。一日之内，商贾如云。凡货物之担运曰落河；负载之承送曰短肩，舟楫之接济曰岸渡，合是三者，以其力之所入给以值，而存其羡余归之公。"

1843年，殿宇又遭大火。1935年，乡绅谷阳再次发起修葺，修葺后的大舜庙首殿祀舜帝，中殿祀后稷，后殿祀四岳与其妹妹和妹夫的塑像，据传，舜的妹夫是嫁接桑树的，人称"桑王"，其

大舜传

舜帝岭

舜源探源工程位置（金小军／摄）

绍兴上虞中华孝德园大舜庙

妹妹"婐",人称"蚕花娘娘"。

"以前的大舜庙有'三宝',即重华石、舜井和戏台。大舜庙先在抗日战争时期遭日机轰炸,解放后又被拆除。"现在易址在曹娥景区内重建。

大舜庙整个建筑是典型的两汉风格,全部用石材装修,充分体现当时社会环境蛮荒原始的状况,给人以大气、粗犷、庄重和顶天立地之感,极具雕塑效果。大舜殿大舜塑像由中国美院潘锡柔教授主持设计,青铜打造,像高9.5米,引寓舜帝九五之尊之意。大舜像艺术造型介于人、神之间,神态端庄、威严,一手擎天,一手护膝,目光炯炯有神,一派中正祥和、深谋远虑之气魄,展现的正是"舜会百官"的壮景。而大殿地面当中,一幅用青石精雕细琢而成的"九州图"把大舜时期的疆域完完整整地展现在游客面前。

大舜庙最大的特点是它的三雕：地雕、铜雕、木雕。

地雕，山门广场上五块古朴、精美的青石地雕，依次是岩画、彩陶、青铜器、玉器、漆器，五幅地雕看似简单，却展现了人类从蛮荒走向文明的历程和每一次进步的坚实基础。

铜雕，抬头看大舜庙屋脊，一些青铜角兽呈现出鸟类的样子，这些鸟的头部都朝向屋顶的脊兽，寓意百鸟朝凤。

木雕，采用国内及进口花梨木等高档优质木材，所用材质之一流，集聚行家之上乘，都是国内其他寺庙所无法相比的。

大殿后是祭祀广场。拾级而上是虞舜宗祠，《哭竹出笋》《弃官寻母》《为亲负米》等百孝故事通过雕刻艺术再现在虞舜宗祠木雕中，是孝德文化的极好解读。

南宋上虞籍诗人赵汝普《题舜帝庙》诗有云："苍梧云断帝升遐，奇石江边自古夸。莫道薰弦无逸响，鸡鸣寸念亦重华。"重华石究竟为何物？令人疑窦丛生。除民间传说外涉及它的资料仅为上述文献里提及的寥寥数语，从对其描述来看，重华石成片状，阔三尺（90 厘米左右）厚九寸（27 厘米左右），左右有悬垂的索挂痕迹，深二寸（6 厘米左右）。据明万历《上虞县志》载："原在百官舜帝庙

中华孝德园（刘育平／摄）　　　　　　　舜井（刘育平／摄）

前,击之有声。"可见重华石后来被放置于舜帝庙前。

上虞中华孝德园

在曹娥街道曹娥景区内。2001年增添了《舜耕》组雕,整个组雕占地25亩,由10头大象和舜组成。艺术大师韩美林创作的舜耕群雕、象队群雕,高27米,总重量1600余吨,气势恢宏、体量之大堪称中国之最。

上虞象庙

在崧厦镇吕家埠村,也叫栎林庙。祀舜之弟象。

"桑九侯王"信仰传说

上虞、余姚都有"桑九侯王"信仰。桑九侯王其神的身份有多种说法,其中之一传说他是舜的妹夫,也是嫁接桑树的始祖,因此桑王和蚕花娘娘夫妻塑像在大舜庙后殿。

上虞祀桑九侯王的有百官下庙、崧厦双枫庙、谢桥镇和丰惠镇之石窟庙等。

上虞传说,桑九侯王系崧厦人,而百官桃园是他的外婆家。

百官下庙曾有二进一庙台,整座建筑飞檐挑阁,雕梁画柱,造艺精湛。但却一直塑不好桑九侯王像。一连数十次,每塑必是哭相。无奈,百官方暗暗计议,遂将崧厦双枫庙侯王塑像偷迎到下庙。崧厦方获悉后,赶去交涉,认为桑九侯王是崧厦人,理当供奉于双枫庙。而百官方则认为,侯王是百官的外孙,供于下庙,也未尝不可,顺理成章。双方各执己见,争论不休,后终因百官人多势众,崧厦方只好让步,但提出了一个条件,要求桑九侯王每年回崧厦双枫庙两次。经商议,定于农历五月十六(俗称"老十六")和十月各回双枫庙一次。自此,百官下庙与崧厦双枫庙每年都举行规模盛大而又双向互动的特别庙会,年复一年,相沿成俗。

在迎桑王期间,家家都做方糕和茧果,现在五月里仍有方糕面市,茧果除农村养蚕户外很少见到了。所谓"茧果",是用麦粉做成,形似哑铃状,蚕茧般大小,油煎。大家互相分赠,以示春茧丰收。

立秋后十天迎会一天,迎草梢菩萨又名桑九侯王(临山寺前湖青山庙)巡至临山、上虞。

余姚祀桑九侯王的则有马渚镇斗门九功寺,云楼下坝"大家庙",临山寺前湖小青山庙(又尊为草稍菩萨),余姚传说桑九侯王为今马渚斗门桑家人,事迹是为民除虎,故得后人纪念。

丰惠石窟庙

在丰惠镇夹塘。春、秋两次巡会迎桑九老相公至余姚云楼、斗门。

丰惠镇夹塘村

夹塘村位于上虞区丰惠镇东北隅,地处杭甬运河,距离世人瞩目

2021年舜王庙会(金小军/摄)

舜王庙大殿走廊细部　　　　　　　　　　舜王庙戏台

的杭州湾跨海大桥仅五分钟路程,交通便捷。

　　据载,宋仁宗年间,舜姚第 96 世姚世荣来到夹塘定居。如今夹塘村 2600 余人口中,姚姓达 1700 余人。据《姚氏宗谱》记载,传至舜姚第 135 代了。千百年来,虞舜文化的影响着夹塘这片古老而灵动的土地。今还有保存完好的姚氏宗祠堂,号耕山堂。祠内有古戏台(曾于 20 世纪 50 年代修缮),祠堂正厅摆放了三块牌位,其中一位供奉的是舜帝。另一位供奉的是始迁祖姚世荣。

　　姚家祠堂"耕山堂"坐落于夹塘村湖塘角,坐南朝北,门前 10 余米即为大查湖。正门上方悬挂着姚氏后裔姚阳潮题写的黑底金字横匾一块,上书"奕世宗虞"四个大字。正厅两边墙上画着"象耕历山""克楷以孝""尧赐双女""任禹治洪"等八幅炭描线条图画,分别展示了虞舜的主要事迹。屋顶中间先后悬挂着"耕山堂"和"姚氏宗祠"两块硕大厚重的匾额。

　　廊柱上有一副对联为"虞舜风范,事亲至孝,感天动地,世传华夏为楷模;舜帝德泽,勤政辅仁,泰国安民,永标青史照后人"等。

　　姚氏宗祠中堂柱联为"渣湖萦环,溪泉涓集连姚邑,滋润八方黎民,礼义惇厚续祖训;萝岩青屏,峰峦荟萃朝舜祠,造就历代英杰,傲骨清风谱春秋"。

嵊州舜皇山

在今清风大桥附近的剡江西岸。宋《剡录》载:嵊州"北曰舜王山,山最崇蠡,岗岭复深,有舜井焉","井中有蛇生角。今为沙土所翳"。万历《绍兴府志》载:"舜皇山在县北四十里,山最崇蠡,岗岭盘复,中有舜井,深无底","今为沙土所淤"。今舜井遗址尚存,村中至今存有舜庙石柱残联,句云:"龙伏内潭两圣井;舜坐嵍山朝四明。"

嵊州舜皇山村

在仙岩镇。嵍大山东麓。村附近有舜皇庙。

嵊州历山

西晋·周处《风土记》:舜"耕历山。而始宁、剡二县界上,舜所耕田于山下,多柞树。吴越之间,名柞为栎,故曰历山"。

嵊州谷来

嘉泰《会稽志》卷九《山·会稽县》:"谷来岭。《十道志》云:舜耕于此,天降嘉谷。之处岭以此名。"

谷来镇有田良村(谷来三村)吴山舜王庙、水河湾舜王庙、白洋湖舜王庙、举头坑龙舜庙、马溪村紫岩寺、水见湾舜庙,还有举坑太尉庙、下显潭太祖庙、上显潭胡公庙、岭头山庙、岭头山风车庙、岩潭太祖庙、岩潭老佛庙、漠东严朱庙、高岩头老公庙、外莫岙大仙庙、里莫岙三仙庙、来山庙、护国岭太祖庙、九里前乡主庙、城后山土地庙、城后龙山土地庙、稽坑太尉庙、横路坑天鹰庙

舜王庙俯瞰图（金小军／摄）

等祀舜帝,另山墩村永兴庙祀舜帝之娘舅。

王坛舜王庙

绍兴王坛"大舜庙"。该庙坐落在距绍兴城区东南86里、嵊州城关镇北70余里,位于小舜江之滨、舜王山之巅,地处柯桥、上虞、嵊州交界处。据南朝梁任昉《述异记》载"会稽山有虞舜巡视台,下有望陵祠",证明早在梁代,会稽山已出现有关舜的陵祠,其方位与今双江溪大舜庙基本符合。据庙内石碑记载,清咸丰年间曾有一次重建,同治元年又有修建,现存舜王庙是1986年起历时三年修建而成的。

舜王庙主体建筑由山门、戏楼、大殿、后殿组成,两旁为东西看楼,后为配殿。东西看楼外侧有夹弄,其外依据地形各置楼房六间,作为庙内辅助用房。整座建筑集木雕、石雕、砖雕与建筑技艺于一体,具有典型的清代中晚期风格,对研究民俗学、建筑科学及雕刻艺术都有重要价值。

稽东望陵祠

在稽东镇车头村陈后山,今废。嘉泰《会稽志》卷六《祠庙·会稽县》:"舜庙在县东南一百里。《述异记》云:会稽山有虞舜巡狩台,下有望陵祠。"又卷十八《拾遗》:"望陵祠,苏鹗《演义》引《述异记》云:会稽山有虞舜巡狩台,下有望陵祠。"

稽东舜王山

也作圣华山,在稽东镇泄头岭上。

平水舜山(舜哥山)

在平水镇王化片区。嘉泰《会稽志》卷十九《杂纪》:"老叶道人,龙舒人。

不食五味，年八十七八，平生未尝有疾。居会稽舜山……"张元忭《云门志略》卷一："舜山，在云门南十里，一名笔架山，俗称舜哥山。自平地至巅可十里。上有水田可获，故缁黄之流往往茨其上。"康熙《会稽县志》卷三："舜哥山，在县东南四十里，铜牛山西，一名笔架山，俗传大舜游憩于此，故名。山高可十里余，上有水田，可稻。"

舜哥山上原有舜驾寺。据《平水镇志》载，1942年被烧毁。按，舜哥系舜驾之误。

萧山舜湖

在浦阳镇舜湖村。现村中的舜湖已被填埋，不过祠堂还在，该祠堂原名"俞家祠堂"，门匾镌有"舜耕湖上永名世"七个字。2007年祠重修，改名为"舜湖祠堂"。

萧山渔浦

在义桥镇渔浦街前。

余姚地名的来历

余姚的县名与舜有关，南朝梁·刘昭《续汉志》注：《山海经》句余之山（四明山），余姚、句章二县因以为名，旧志谓余姚为帝舜所生之地，故江曰姚江，南有句余山，合山水之名为余姚。"

唐《元和郡县志》卷二十上引《风土记》："舜支庶所封之地，舜姓姚，故曰余姚。"

张守节《史记正义》引《括地志》："越州余姚县，顾野王云，舜后支庶所封之地,舜姓姚,故云余姚。"

宋嘉泰《会稽志》卷十二《八县·望余姚县》:"周处《风土记》云:舜后支庶所封。舜姓姚,故曰余姚。在府东北一百四十七里。东西六十里,南北二百六十里。"

黄宗羲《孟子师说》:"今余姚、上虞两县,皆以舜得名……其土中耕者往往得古陶器。舜之古迹在此两县为最多。"

《姚江文化史·舜禹的传说与史实》:"舜姓姚,号有虞氏,名重华,也称虞舜,是我国原始社会末期继唐尧之后的部落联盟的领袖,成为上古五帝之一。尽管上古文献缺乏,神话和史实混杂,但我们还是有充分理由认为,舜是人而不是神。"

余姚姚江

古称姚水,又称舜江或舜水,即因虞舜而得名。

余姚姚丘

宋《元丰九域志》亦载:"余姚有姚丘山、罗壁山、余姚江。"

宋嘉泰《会稽志》卷九《山·余姚县》:"姚丘山,在县西北六十里,《旧经》云:舜母握登感虹生舜之地。又引周处《风土记》以为证。《三朝国史》云:余姚县有姚丘山。"

余姚历山

在低塘镇历山村。

晋代周处《风土记》:"舜东夷之人,生于姚丘,耕于历山,而始宁、剡二县界上,舜所耕田于山下,多柞树,吴越之间,名柞为枥,故曰历山。"

宋嘉泰《会稽志》卷九《山·余姚县》:"历山,在县西北八十里。"《旧经》云:在会稽县东南,昔舜耕所也。又云:越有历山、舜井、象田者,以舜之余族所封。

舜,姚姓,故曰余姚。盖其子孙思舜故乡,取像于此,亦犹汉新丰之义。盖此山虽非舜之耕所,亦因舜而得名也。

原有舜帝庙、舜井、象田等,如宋嘉泰《会稽志》卷六《祠庙·余姚县》:"历山舜帝庙,在云柯乡。"唐张守节《史记·五帝本纪》正义引《括地志》:"越州余姚县有历山、舜井。"《余姚六仓志·山川》:"历山麓大古塘……有象田、舜井、石床诸迹。"现有纪念馆,无庙。清乾隆《余姚志》:"历山方广仅数亩,高寻丈许,磊磊皆石,循东麓而上有圆石出土,叩之有声。山阴石壁镌'耕隐'二字,有石嵌空,横覆如床,可坐数百人,相传为帝舜耕时避雨处。折而西有石,圆如盆盎,盛水一泓,亢旱不竭,即舜井也。"

今历山村文化礼堂有省级非遗传承基地虞舜纪念馆和农耕文化展示馆,已获省五星级的荣誉,整个礼堂空间由原来的村公园改造,将左近的文化宫也纳入范围。

余姚冯村

在兰江街道。冯村古名诸冯,相传舜帝出生于此地。今有上冯村、下冯村、西翔岙、乌丹山、外桃花岭五个自然村,无冯姓。宋宝庆《会稽续志》卷一《风俗》:"王铚《学记》云:余姚有诸冯之地,舜所生也。会稽之地,禹所没也。舜、禹功被万世,而有见于风俗。"又王安石有《历山赋》,盖亦思舜而作也。则习俗之美,兼有舜之遗风矣。

湖州舜田

在水口乡顾渚村。传说舜当年在太湖和合溪、乌溪、箬溪之滨制陶,在尧市山下耕田,故有地名"舜田"。

金华蜀山庙

在长山乡雅溪村下溪自然村,清代建筑。坐东南朝西北,前后二进。第一进门厅、第二进大殿均三开间,明间四柱七檩,五架抬梁前后单步;次间用中柱。一进前檐明间开设八字大门。一、二进间设台阶11级。二进各柱均用方形石柱,并有楹联题刻,后檐明间供奉禹、舜王像。

永康舜帝庙

在前仓镇历山村历山庙自然村,民国建筑。坐西北朝东南,砖木结构,单层建筑,硬山顶。该建筑为单体结构,面阔三开间,前为一大天井。明间梁架结构为五架梁带,前后单步用四柱,次间山面梁架结构为分心,前后双步梁带,前后单步用五柱。明、次间前檐均用牛腿承托挑檐檩。庙供奉舜帝及其夫人。牛腿上雕有人物、动物等。雀替上雕有花草等。

缙云舜帝公庙

在新建镇凝碧村,清代建筑。二层重檐,面阔一间,进深二柱三檩,东西两侧设有五花山墙。一层用四石柱,下设石刻莲花柱础,四柱柱头用花卉纹牛腿、琴枋、宝瓶等雕花构件,南北向月梁两端刻有卷草纹,梁下用花卉纹雕花构件。东西向穿枋上各用两根木矮柱,直通二层屋檐,承托二层梁架。二层用四柱梁架装饰与一层相同,间内正中供奉舜帝;西侧供奉舜帝两个夫人;东侧供奉土地爷。当地在干旱时期,为解旱情,会将庙内众神,抬出祭拜祈求雨水。

岱山大舜庙

在岱东镇北二村。建于明末,清康熙年间改称大舜庙。

湖南舜迹

湖南宁远舜帝陵

湖南宁远舜帝陵位于九嶷山,占地面积5万平方米,分为两个自然院落,九个单体建筑,分景区和陵庙区两部分。陵庙为仿清式,两重院落,四进建筑,由神道、午门、拜殿、正殿、寝殿和陵山(舜源峰)组成。

蓝山县舜庙

蓝山县舜庙位于所城镇良村,而该村位于一片宽阔的田畴之中,古时的挑盐大道正好经过这里,在现代化公路修通之前,这里应该是湘南地区通向广东的必经之处。舜庙前有一块宽大而平展的青石板。传说当年舜帝南巡,在这块石板上卧宿了一夜。由于帝王的一夜御寝,这块石板即升格成了"龙床",当地人传说,多年来,这块石板一直干干净净,蚊虫

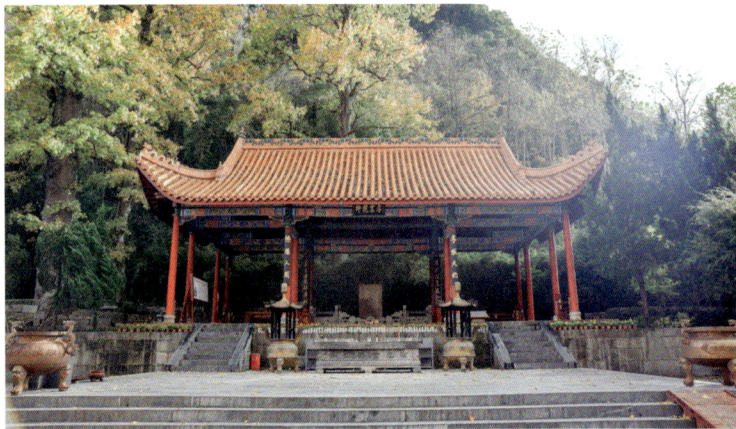

舜帝陵寝殿（金小军／摄）

不侵，即使普通人坐上去，也没有蚊子叮咬他。现存的舜帝庙建
于清代乾隆二十八年(1763)，坐东朝西，面向九嶷。庙规模不大，
总面积不过80余平方米，分上下两殿，上殿供舜帝及娥皇女英
像，殿门上书有"舜帝殿"三个大字。庙虽不大，但从门窗、门框
及地面条石来看，整个建筑还是很别致的。

零陵潇湘二妃庙

潇湘二妃庙，简称潇湘庙，是舜帝两个妃子娥皇、女英的祠
庙。永州市潇湘二水汇合处的东岸至今残存有潇湘庙，今零陵
区潇湘门粮食仓库所在地(古称县北画锦坊内)在"文化大革
命"前还保留有潇湘庙。我国最早的二妃庙当是建在九嶷山
南麓的蓝山县境，第二个二妃庙当是建在湘江边湘阴县的黄陵
庙，第三个二妃庙就是建在永州零陵的潇湘庙。

大舜传

九嶷山舜帝陵(金小军/摄)

岳阳君山湘妃祠近景

岳阳君山湘妃祠

湘妃祠,又名湘山祠,位于君山东侧,为湖南最早的祠堂建筑之一。《史记·秦始皇本纪》记载:"始皇二十八年,……浮江至湘山祠。"唐代巴陵县令李密思《湘君庙纪略》载:"昔人有立湘君祠于此山,复谓之君山,其庙宇为秦王毁废后,亦久无构置。"可见秦代以前就已有湘妃祠,祠里供奉湘妃——虞舜的两个妃子娥皇、女英。

湘妃祠整体结构为三进制。一进为四柱、三间、三殿牌楼式,金黄色的玻璃瓦,深红色的墙面雕着各式各样的浮雕,两侧采用双弹弓垛的骑马墙,两层小青瓦重叠为 90 度,形如古代的弓一般,再在前后两头堆雕龙头龙尾,形如青龙卧在上面,栩栩如生。

① 舜帝陵航拍　② 万山朝舜　③ 舜帝庙遗址航拍(金小军／摄)

　　进门的正面是湘妃祠的主要装饰之一,红粉墙,金黄色的琉璃瓦,白色花岗岩的石鼓拱门,前面一对汉白玉的石狮,给湘妃祠增加了十分神秘的色彩。

　　湘妃祠大门的墙上方由两条龙捧着"湘妃祠"的三个金色大字,东边是五只羊在草地上看日出,这图案叫"五羊看日",西面是"犀牛望月",岳阳地方称为"日月同辉图"。

　　羊是祥字的古体,又与阳同声同音;犀牛指晚上的西边,羊与牛是祖先最早驯养的,称为吉祥图。

　　南面的红墙上,为九嶷山图,北面是烟波水浮的君山。一进门,正面悬有清朝湖广总督张之洞撰写的长联,全联共400字,号称"天下第一联"。

　　此联一气呵成,把君山的风光名胜描写得淋漓尽致。二进为前殿,屋檐下高悬着"有求必应"巨匾,中悬中国书法家协会副主席李铎书写的李白诗"洞庭西望楚江分,水尽南天不见云;日落长沙秋色远,不知何处吊湘君?"殿内有武将镇守,两边是厢房,金字垛的骑马墙,上雕有蝙蝠寿桃,蝠是福的同声,为福寿的意思。

三进的殿台上堆雕着如意兽的浮雕,它似龙非龙、似虎非虎,栏杆上雕刻着八仙所用的工具,每件工具代表一个,民间称为暗八仙。

正殿上方,悬挂有一块黑底金字匾,上书渊德侯。

因为相传娥皇女英殁水后,被天帝封神为渊德后,后张之洞修复湘妃庙时,尊湘妃二神为渊德侯,故有此匾。

走进正殿,香雾缭绕,大殿内台上供奉有二妃塑像,四尊侍女塑像伫立两旁。据祠里的人讲,二妃塑像刚供上去时是面带笑容,可是,供了几年后,二妃皆由笑容转变为凄凄含泪的神情。

宁远舜帝庙遗址

湖南宁远县九嶷山的玉琯岩前发现了唐、宋两朝祭祀舜帝的陵庙遗址,这是已知时代最早的舜帝陵庙。

从发掘出来的遗址来看,宋代舜帝陵庙规模十分宏大,建筑面积达 32000 多平方米,已经发掘了 5014 平方米。在宋代舜帝陵庙的建筑基址之下,还发现了唐代舜帝陵庙建筑遗址、建筑构件和大量的唐代文物,印证了历史文献关于唐代舜帝陵庙的记载。

舜帝庙遗址博物馆建筑面积 2420 平方米,展览厅 580 平方米,是以舜帝、舜帝庙、祭舜为主要内容的主题博物馆。以大容量的历史信息和舜帝庙遗址出土的大量文物为依据,证实"舜葬九嶷"的历史事实,是了解宋代及宋代以前祭祀舜帝的规

永州宁远九嶷山舜帝陵竖立的毛泽东《七律·答友人》诗石碑

制和规格最直观的讲坛,也是参透舜帝和舜文化最便捷的途径。

遗址区是舜帝庙考古遗址公园的核心区,它由宋代舜帝庙遗址和玉琯岩两部分组成。遗址 2000 年被发现,2002 年进行试掘,2004 年至 2005 年进行正式发掘,揭露面积 5000 平方米,2006 年 5 月被公布为全国重点文物保护单位。舜帝庙遗址是宋代及宋代以前祭祀舜帝的主要场所。从秦汉至明洪武四年(1371)在此延续了 1600 多年。遗址内出土了大量高规格的建筑陶瓷和祭祀陶瓷。我国著名历史学家李学勤,著名考古学家黄景略、张忠培等专家一致认为,舜帝庙遗址是迄今为止国内唯一有传世文献、存世碑刻、地下出土文献(1974 年长沙马王堆汉墓出土的绘于公元前 168 年的长沙国南部地形图)与丰富考古学实证相互印证的古帝王祠祀遗址,是研究古帝王陵庙建筑格局及相关祭祀规制的不可多得的实物资料,具有很高的历史价值和科学价值。

济南历山院舜祠

舜祠是历山院内的主体建筑,也是千佛山上最高的一座庙宇,建于周代。门口对联为当代书画家范曾所题:"古帝谐深情记得潇湘斑竹泪,娥皇钟隽秀长怀历下千山泉。"祠堂中央供奉的便是我国上古时期的帝王——舜,左右两边是他的两位妻子——娥皇和女英。

菏泽鄄城历山虞帝庙

鄄城舜王庙位于历山之上,在今山东省鄄城县东南四十里闫什镇历山庙村附近。清孙星衍《岱南阁集·历山虞帝庙碑铭》载:"山高平地止二丈许,或言石为土掩,上有虞帝庙。"《大清一统志》"曹州府历山篇"载:"在濮州东南七十里,接菏泽县界。"清末叶圭绥《续山东考古录·山考》将濮州历山

菏泽鄄城历山虞帝庙

列入"古有今无之山",称"是元时兹山尚在。今其地名历山庙,莽平无拳石,而雷泽即涸无勺水。陵谷变迁,于兹为信"。

自汉以后,历代官吏为其修庙朝拜。南朝宋颜延之有《祭虞帝文》,北魏温子昇有《虞帝庙碑铭》。元张须著《舜祠记》并刻碑立于舜庙,碑文曰:"须来游于鄄,知帝庙在雷泽之北,瓠河所经是为姚墟,亟往拜焉。"今舜耕历山遗址位置与历代史籍的记载完全相符。

1980年9月,省地县文物考查人员对历山遗址进行了考察,经探铲分析,地表下2米,为灰褐土,为汉至商周文化层,2米至4.7米为灰黑土,为龙山文化层,并采集和探铲得到312件遗物。今舜祠得以重建。元张须《舜祠记》碑复立于舜祠。北京大学原副校长季羡林题"历山虞帝庙"匾额悬于山门,国家图书馆原馆长任继愈的题词"舜耕历山古遗址"也已立石。

潍坊诸城舜庙

潍坊诸城舜庙

传说舜庙最早建于大禹时代,舜南巡崩葬后,诸冯人特建舜庙作纪念。关于此处舜庙最早的建庙记载,是 2004 年出土于舜庙遗址的残碑。据此碑云,500 年前,诸城北乡徐家河岔、庄家河岔、丁家庄等村民出工、出物、出钱,重修诸冯大舜庙。此舜庙毁于 1973 年的水灾,现在的舜庙是 2004 年在舜庙原址上恢复重建的。

舜庙门前有一座石牌坊,当地老百姓尊称为"舜德坊"。牌坊匾额"德泽普施"是诸城德高望重的老书家惠利群所书。

舜庙的东南角和西南角,分别设有钟楼和鼓楼;东北角和西北角,分别有大舜德化碑碑亭和大舜孝行碑碑亭。正殿为至德殿,供奉舜帝。

东配殿睿妃殿供奉娥皇、女英两位夫人,西配殿启贤殿供奉治水功臣大禹。

山西舜迹

运城盐湖区舜帝陵

山西运城舜帝陵位于山西省运城市的鸣条岗西端，2006 年 5 月被国务院公布为全国重点文物保护单位，分为舜帝大道、舜帝广场、舜帝公园、舜帝陵庙四大部分。陵冢启于禹时，陵庙始建于唐开元二十六年(738)，舜帝陵占地 1778 亩，分为景区和陵区。古柏广场以北为陵区。陵区坐北向南，分为外城、陵园、皇城三部分。

临汾洪洞舜庙

舜王庙，又称神立庙，位于洪洞县万安镇东圈头村南历山。

已建成舜王殿、娥皇女英殿、尧王庙、王母娘娘庙、子孙娘娘庙、玉皇庙、关帝庙、老君庙、风神庙、东岳庙、祖师庙、龙王庙、三光庙、将军庙等殿阁，另外还有神象亭、百鸟楼、望都

山西平遥帝尧庙正殿广运殿

台、望亲台、舜井亭、戏台、献亭、梳妆楼等附属建筑。重新建成
的舜王殿,仿宋建筑,重檐歇山顶,琉璃瓦脊,面宽6间,进深5
间,殿高17米,四周有32米围廊,廊下支撑有22根立柱,总面
积600平方米。

殿内雕梁画栋,五彩缤纷,内塑神像,形态各异。庙貌如故,

大舜传

进香参观者络绎不绝。特别是每年农历三月三日(娥皇、女英回娘家日),四月二十八日(返回婆家日),五月五日(舜诞辰日)、六月十八日(娥皇生日),九月九日(女英生日)的舜王庙会,人流簇拥,锣鼓喧天,汽车、摩托绵延数里,参观进香者络绎不绝。

2004年,在后山门外200米处建石雕牌坊一座,双面单式结构,四柱三门九檐,宽12米,高10米有奇;建五母娘娘殿一座,面宽五楹,悬山法式,配以前廊。

运城永济蒲州古城

蒲州古城遗址位于山西省永济市境西南约17公里处黄河东岸,传说中的舜都蒲坂即在此。该城始建于周时,以后屡有重建扩修,历为州治府治,中唐几为中都建制,为中国北方历史重镇。城周长约10公里,金元之交战争破坏严重,明清修葺颇多。1959年因三门峡水库建设,城内居民全部迁出,城砖剥揭几尽,

山西运城盐湖区舜帝陵"新石器时期文物展"展区

但城垣土胎轮廓几乎完整保存,城内鼓楼及南、西、北门遗构清晰可见。1989年又从古城西门外出土唐代开元时所铸铁牛、铁人各四尊。

舜庙、舜宅及二妃坛。《宋永初山川记》云:"蒲坂城中有舜庙,城外有舜宅及二妃坛。"《括地志》卷二载,蒲州"河东县南二里故蒲坂城,舜所都也。城中有舜庙,城外有舜井及二妃坛"。《元和郡县图志》卷十二也有内容相同的记载。

陶城。《水经·河水注》云:"陶城在蒲坂城北,城即舜所都也。"《元和郡县图志》卷十二载:"故陶城,在县北四十里。《尚书大传》曰:'舜陶河滨。'"陶城,在永济市区西北的张营乡,今名陶城村。陶城村有二,即南陶城村与北陶城村。所谓"陶城",系指南陶城村。村东南约5公里有舜帝村,村中有一高五六米的石碑,上书"大孝有虞舜帝故里"。村东头有"舜帝庙",只有正殿一座,内置舜帝像,系清代建筑。

河南舜迹

平　阳

史乘所载,虞舜的都城,除蒲坂外,尚有平阳。《帝王世纪》云:"舜所都也,或言蒲坂,或言平阳及潘者也。"《水经·汾水注》谓:"汾水南,平阳县故城东……应劭曰:县在平河之阳,尧、舜并都之也。"《元和郡县图志》卷十二载:"晋州,《禹贡》冀州之域,即尧、舜、禹所都平阳也。"平阳本为唐尧之都,《汉书·地理志》河东郡平阳条下应劭注曰:"尧都也,在平河之阳。"《帝王世纪》云:"尧初封唐,在中山唐县,后徙晋阳,及为天子,居平阳。"《晋书·载记·刘元海》载:"平阳有紫气,陶唐旧都。"《史记·外戚世家·正义》引《括地志》云:"平阳故城即晋州城西面,今平阳故城东面也。《城记》云:尧筑也。"平阳地处黄河之东汾河流域中下游的临汾盆地,春秋时为晋羊舌氏邑,战国时为韩邑,秦置县,治所在今山西省

濮阳县帝舜宫德政殿

临汾市西南 8.5 公里的金殿村。

濮阳市濮阳县瑕邱古迹

濮阳县地处河南省东北部黄河之滨、豫鲁两省交界处,夏朝时称昆吾国,战国时因在濮水之阳,始名濮阳。秦嬴政七年置濮阳县,之后曾沿用"澶渊""澶水""澶州""开州"等名称,民国三年复称濮阳。据史料记载,上古五帝中的颛顼、虞舜及其部族曾在此繁衍生息,春秋卫国在此建都长达 388 年,孔子 10 年居卫,促成礼仪之邦。因此,濮阳素有"颛顼遗都""帝舜故里""中华帝都"之称。

大舜传

江苏舜迹

　　相传 4200 多年前,虞舜携妻子娥皇、女英及其部下,南巡来到江南,选择长江岸边一座小山南麓,安营扎寨,开荒造田,盖房掘井。舜又在此开掘了一条长约十里的河道,并在此地留下了"德为先、重教化"的舜文化。

　　后人为了纪念虞舜的恩德,将这座小山称为"舜山",将舜开掘的河称为"舜河"。唐朝以前,这里便建有"舜庙",山上有"舜井",山下有"舜田",一直延续至今。

　　舜山位于江苏省常州市东北部,隶属常州市天宁区郑陆镇,地处常州、无锡、江阴三市交界区域。

　　舜山四周,山峦起伏。春天,桃花、梨花绽放,山上花团锦簇。那些错落有致的坡地上,花海荡起层层涟漪,颇具立体图景的韵味,形成了一幅苏南最美乡村的风景线。

　　舜山地区的焦溪古集镇依山傍水,三山环抱。它北枕舜山,东倚鹤山,南望凤凰山。舜河之龙溪河穿镇而过,汇聚长江;古民居倚河而立,鳞次栉比;长街小巷四通八达,商贾繁荣。古镇村自然环境优美,地理位置优越,至今仍是常州保存较为完整的一座古集镇。

两广舜迹

太平府崇善县

太平府崇善县在今广西壮族自治区崇左市。崇山,即舜放驩兜处,曾有驩兜故宫。唐沈佺期有《从崇山向越裳》诗:"朝发崇山下,暮坐越裳阴。西从杉谷度,北上竹溪深。"按竹溪,古道;明水杉谷,古崇岑。《九真图》云:崇山至越裳四十里,杉谷起崇山,竹溪从道明国来,于崇山北二十五里。合水欹钦。藤竹明媚,有三十峰,夹水直上千余仞,诸仙窟宅焉。杨用修以为当在交广之域,似必当地也。(《名胜志》)

广西桂林虞帝庙

在虞山公园内,叠彩区北极路东,漓江西岸,是桂林城北一座孤峰,海妃殉之。根据这个动人的古老传说,唐时在山下建虞帝庙,庙东宋人建南薰亭,把山叫作虞山或舜山。虞

桂林虞山公园虞帝庙全景　　　　　韶关韶音台

山西麓有南北对穿的南薰洞,又名韶音洞。曾是古老的地下河道。山崖上有唐韩云卿文,韩秀实书、李冰阳篆额的《舜庙碑》和宋朱熹作的《虞帝庙碑》等石刻。洞内有张式的《韶音洞记》,方信儒的《古相思曲》等。

　　唐建中元年(780),朝议郎守尚书礼部郎中上柱国韩云卿,朝议郎守梁州都督府长史武阳县开国男翰林待诏韩秀实,京兆尹人李阳冰,曾合璧《舜庙碑并序》于虞山,此为记述舜庙最早的一方石刻,南宋淳熙年间(1174—1189),宣教郎主管台州崇道观朱熹作,《舜帝庙碑》云:"虞帝祠在城东北五里,而近虞山之下,皇泽之湾,盖莫详其始所自立,而有唐石刻辞在焉。南宋淳熙二年(1175)春2月,今直秘阁张侯式始行府事,奉奠进谒,仰视栋宇倾垫弗支,图像错陈造已淫厉。"于是"命撤而新之"。这是有记载的第一次修葺。此后,修葺之事历代均有。今殿堂,僧舍已废,遗址尚存。

附录一 历代大舜颂

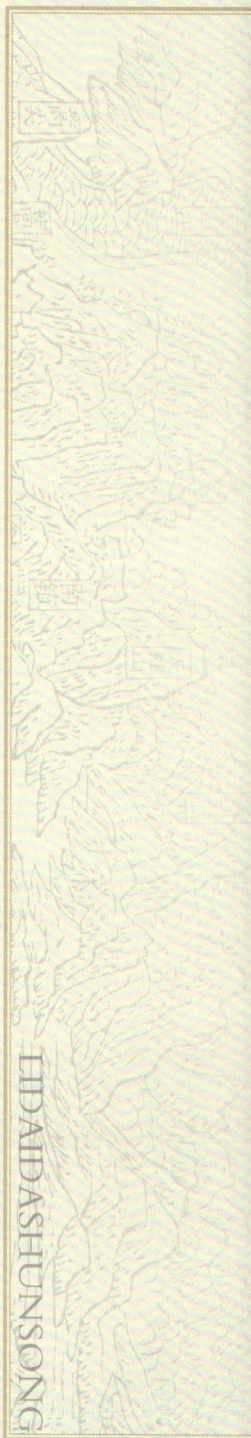

颂舜文选

孔子章句

中庸

子曰:舜其大知也与! 舜好问而好察迩言,隐恶而扬善,执其两端,用其中于民,其斯以为舜乎!

子曰:舜其大孝也与! 德为圣人,尊为天子,富有四海之内,宗庙飨之,子孙保之。故大德必得其位,必得其禄,必得其名,必得其寿。

《论语集解义疏》(魏何晏集解,梁皇侃义疏)

泰伯第八

子曰:巍巍乎! 舜、禹之有天下也,而不与焉。

舜有臣五人而天下治。

武王曰:予有乱臣十人。

孔子曰:才难,不其然乎? 唐、虞之际,于斯为盛。

颜渊第十二

樊迟问仁,子曰:爱人。问智,子曰:知人。樊迟未达,子曰:举直错诸枉,能使枉者直。

樊迟退,见子夏曰:向也,吾见于夫子而问智,子曰举直错诸枉,能使枉者直,何谓也? 子夏曰:富哉,是言乎!

舜有天下,选于众,举皋陶,不仁者远矣。汤有天下,选于众,举伊尹,不仁者远矣。

宪问第十四

子路问君子,子曰:修己以敬。曰:如斯而已乎? 曰:修己以安人。曰:如斯而已乎? 曰:修己以安百姓。修己以安百姓,尧、舜其犹病诸!

卫灵公第十五

子曰:无为而治者,其舜也与! 夫何为哉? 恭己正南面而已矣。

《孔子家语》(魏王肃撰)

好生

鲁哀公问于孔子曰:"昔者舜冠,何冠乎?" 孔子不对。公曰:"寡人有问于子而子无言,何也?" 对曰:"以君之问,不先其大者,故方思所以为对。"公曰:"其大何乎?" 孔子曰:"舜之为君也,其政好生而恶杀,其任授贤而替不肖,德若天地而静虚,化若四时而变物,是以四海承风,畅于异类,凤翔麟至,鸟兽驯德。无他也,好生故也,君舍此道而冠冕是问,是以缓对。"

六本

孔子曰:"汝不闻乎? 昔瞽瞍有子曰舜,舜之事瞽瞍,欲使之,未尝不在于侧,索而杀之,未尝可得,小棰则待过,大杖则逃走。故瞽瞍不犯不父之罪,而舜不失烝烝之孝。今参事父,委身以待暴怒,殪而不避,既身死而陷父于不义,其不孝孰大焉! 汝非天子之民也,杀天子之民其罪奚若?"曾参闻之,曰:"参罪大矣!"遂造孔子而谢过。

五帝德

宰我曰:"请问帝舜。"孔子曰:"乔牛之孙,瞽瞍之子也,曰有虞。舜孝友闻于四方,陶渔事亲。宽裕而温良,敦敏而知时,畏天而爱民,恤远而亲近。承受大命,依于二女,睿明智通为天下,帝命二十二臣,率尧旧职,恭己而已。天平地成,巡狩四海,五载一始。三十年在位,嗣帝五十载,陟方岳,死于苍梧之野而葬焉。"

孟子章句

离娄章句上

孟子曰:天下大悦而将归己,视天下悦而归己,犹草芥也,惟舜为然。

不得乎亲,不可以为人;不顺乎亲,不可以为子。舜尽事亲之道而瞽瞍底豫,瞽瞍底豫而天下化。瞽瞍底豫,而天下之为父子者定,此之谓大孝。

公孙丑章句上

孟子曰:"子路,人告之以有过,则喜。禹闻善言则拜。大舜有大焉,善与人同,舍己从人,乐取于人以为善。自耕稼、陶、渔以至为帝,无非取于人者。取诸人以为善,是与人为善者也。故君子莫大于与人为善。"

孟子说:"规矩,方圆之至也;圣人,人伦之至也。欲为君尽君道;欲为臣尽臣道。二者皆法尧舜而已矣。不以舜之所以事尧事君,不敬其君也;不以尧之所以治民治民,贼其民也。"

离娄章句下

孟子曰:人之所以异于禽兽者,几希。庶民去之,君子存之。舜明于庶物,察于人伦,由仁义行,非行仁义也。

是故君子有终身之忧,无一朝之患也。乃若所忧则有之:舜,人也;我,亦人也。舜为法于天下,可传于后世,我由未免为乡人也,是则可忧也。忧之如何? 如舜而已矣。

若夫君子所患则亡矣,非仁无为也,非礼无行也。如有一朝之患,则君子不患矣。

尽心章句上

孟子曰:"鸡鸣而起,孳孳为善者,舜之徒也。鸡鸣而起,孳孳为利者,跖之徒也。欲知舜与跖之分,无他,利与善之间也。"

孟子曰:"尧、舜,性之也。汤、武,身之也。五霸,假之也。久假而不归,恶知其非有也?"

桃应问曰:"舜为天子,皋陶为士,瞽瞍杀人,则如之何?"

孟子曰:"执之而已矣。"

"然则舜不禁与?"

曰:"夫舜恶得而禁之? 夫有所受之也。"

"然则舜如之何?"

曰:"舜视弃天下犹弃敝蹝也。窃负而逃,遵海滨而处,终身诉然,乐而忘天下。"

孟子曰:"知者无不知也,当务之为急。仁者不爱也,急亲贤之为务。尧、舜之知而不遍物,急先务也。尧、舜之仁不遍爱人,急亲贤也。不能三年之丧,而缌、小功之察;放饭流歠,而问无齿决:是之谓不知务。"

《孟子注疏》(汉赵岐注,宋孙奭音义并疏)

诸子章句

《墨子》一书中,涉及舜的有多处。在《尚贤·上》中说:"故古者尧举舜于服泽之阳,授之政,天下平。"在《尚贤·中》中说:"古者舜耕历山,陶河滨,渔雷泽。尧得之服泽之阳,举以为天子,与接天下之政,治天下之民。"在《节葬·下》中说:"舜西教乎七戎,道死葬南己之市,衣衾三领,谷木之棺,葛以缄之。"在《天志·中》中说:"尧舜禹汤文武,焉所从事? 曰:从事兼,不从事别。兼者,处大国不攻小国,处大家不乱小家,强不劫弱,众不暴寡。"

《庄子》一书中,在《德充符》中说:"受命于天,唯舜独也正,幸能正生,以正众生。"在《田子方》中说:"有虞氏生死不入于心,故足以动人。"在《天道》中说:"夫虚静恬淡,寂寞无为者,万物之本也。明此以南向,尧之为君也;明此以北向,舜之为臣也。""昔者舜问于尧曰:'天王之用心何如?'尧曰:'吾不敖无告,不废穷民,苦死者,嘉孺子而哀妇人。此吾之所以用心已。'……舜曰:'天德而出宁,日月照而四时行,若昼夜之有经,云行而雨施矣。'尧曰:'胶胶扰扰乎! 子,天之合也;我,人之合也。'"

《韩非子·难一》说:"历山之农者皆侵畔,舜往耕焉,期年甽亩正;河滨之渔者争坻,舜往渔焉,期年而让长;东夷之陶者器苦窳,舜往陶焉,期年而器牢。仲尼叹曰:'耕、渔与陶,非舜官也,而舜往为之者,所以救败也。舜其信仁乎!乃躬耕处苦而民从之,故曰:'圣人之德化乎!'"《韩非子·五蠹》说:"当舜之时,有苗不服。禹将攻之,舜曰:'不可!上德不厚而行武,非道也。'乃修教三年,执干戚舞,有苗乃服。"

纵横家则常以舜帝事迹来阐述自己的观点。例如《赵策》说:"舜无咫尺之地,以有天下……诚得其道也。"杂家与诸子应和,引用舜帝事迹很多。例如《吕氏春秋》《淮南子》等。

策问(选段)

问:世之语治者,必曰尧、舜二帝之事业,备见于《典》《谟》,粲若日星,千载之所同仰也。然后世有断简出于枯冢,异论起于弄笔,生诬盛德而惑信书,庸可以不辩?尧授舜,舜授禹,逊位传贤,最为帝王之美事,而《琐语》有舜放尧之说,大戾于孔氏之书。论者遂援囚尧之地,疑重华之不臣;因苍梧之巡,疑文命之异志。果如其言,则将逊于位,逊德弗嗣,稽首固辞,皆当时之饰伪乎?帝王之圣,莫大于知人,尧、舜俱以聪明称者,盖在于此。然左氏载季文子之言,谓尧有元、恺不能举,有四凶不能去;语称舜举皋陶不仁者远,说者遂谓君子小人比肩同列于尧世,皋陶未举之前而不仁者甚多,果如其言,则克明俊德与夫明目达聪,又皆虚语乎?不特此也。夫子尝称尧、舜垂衣裳而天下治,及其序《书》,则不见其无为之迹,于《尧典》,则载其亲九族、和万邦于其始,命羲和、授人时于其中,咨四岳、治洪水于其终;于《舜典》又载其齐七政、类上帝、命九官、五载一巡守于受命之后,尧、舜之时亦多事矣。垂衣而治,果如是乎?《书》经圣人之手,而言

宁远舜帝陵

迹犹不同,况责后世之异论乎? 以尧、舜之圣,断无可疑之实如《汲书》之诬、唐人之疑者,然不可无说以破之。至如《系辞》之称与《书》矛盾,必有深辞奥旨,又不可以不究也。

问:昔虞舜之时,有苗弗率,禹奉帝命,誓将士以征之,而苗民逆命,帝乃诞敷文德,舞干羽于两阶,七旬有苗格。夫禹能治滔天之洪水,而不能服逆命之三苗,济济之众反不如两阶之舞,信乎服外国之道,在文而不在武也。我国家靖康之初,运厄百六,荡摇边疆,以阴干阳。主上体达孝之资,痛父兄之难,固尝亲御鞍马,兴汉文发愤之师,遣将命帅,效宣王六月之伐矣。然卒未能得边庭之安靖,以快天地神人之心。迩者用事大臣知中外厌兵,思欲休息,力排群议,屈志讲和,遂收诸将之权,罢沿边之戍;凡所以自治之道,一切以文从事,于是兴太学以养多士,行乡饮以明人伦,学士大夫又倡道德性命之说,以风后进,至前古治乱兴亡之迹,与夫当今要务兵机武略,则置而不谈。意者朝廷之上,欲远慕虞舜服有苗,谓是可以靖烽烟之扰,服强梁之习,岂徒修文具事虚谈而已耶? 然所未知者,今贤关既兴矣,乡饮且行矣,道德性命之说几满天下矣,是果可使远人慕义而来,屈膝请命,变鼓鼙为好音,慕王化如饥渴否耶? 虞舜之事,不可诬矣,然后世说者,又谓干戚之舞不可解平城之围,不识文德既可用于古,胡为不可用于今? 愿与诸君讲明其事,亦亩畝爱君忧国之心。幸详言之,毋隐。

《梅溪前集》卷十四(宋王十朋撰)

[宋]余靖《韶亭记》

贤人君子,乐夫佳山秀水者,盖将寓闲旷之目,托高远之思,涤荡烦继,开纳和粹,故远则攀萝拂云以跻乎杳冥,近则筑土饬材以寄乎观望。惟韶山,去州治八十里,自元精胚胎阳结阴流,不知炉锤者谁独秀? 兹境在昔,虞舜南狩苍梧,《九韶》之乐奏于石上,山之得名起于是矣。国家丕冒海隅,择材绥远,殿省丞潘君伯恭特膺诏选,来守岭厄,锄强构弱,有意于古。下车期年,人用休息,乃曰山为州镇,厥名尤著。自秦开五岭,迄今千载,凭轼之使,泛舟之滨,大麓之下,往还如织,不知观瞩之地以为山荣,岂守土者详近而略远哉? 遂按郡谍而相之,背山东渡五里而近,得地曰灵溪,即道左建亭,而山之奇秀,森然在目矣。伻来以图授之矩画,先是赐紫僧法崇者,推诚导慕,众所钦信,尝于康衢构榭,以壮州邦,既勤基缔,将贲髹髹。太守曰:吾以敦朴化人,无事于侈,可去华就实,移其用于兹亭。崇曰:明使君之言,非

唯集事,兼存为政之体。繇是舍饰画之浮费,市楩梓之美材,持
畚筑运斧斤者,子来而乐成矣。越再朏魄而亭就,则兹山具美,
纤芥无隐。屹者如阙,环者如庚,平者如台,呀者如谷,向者如
斗,背者如逃,人立鸟跂,霞明雾暗,碧玉千仞,青螺万叠,殊形诡
制,纷不可名,驱鬼投物,巧不能备,信尘外之绝区也。既而请名
太守,曰:亭以山构而能尽山之美,其名"韶"云。岁月日记。

[宋]孔文仲《舜论》

孔子曰:无为而治者,其舜也与! 由斯语以观之,则舜之为
舜,宜其沉默不言乎明堂之上,天下之事未尝挂于耳目入于念
虑,然后谓之无为可也。及考之于《书》,则曰舜在位七十载耄
期倦于勤,夫劳心庶政之间,以至于倦于勤,岂所谓无为者哉?
曰:古之所谓无为者,非废弛万事而无所用心于其间也,谓乎不
为事之首耳。盖天下之理,有经始之时,有守成之际。方其经
始之时,修礼乐之废亡,革政刑之僭滥,全可用之器,复久旷之
官,风俗已败者持之使成纲纪,已疏者辑之使密,方是之时,虽
欲无为,不可得已;若夫守成之际则异于此,礼乐有定制,政刑
有定法,器有常用,官有常守,风俗已善,纲纪已修,加之累黍
不足以为烦,杀之铢两不足以阙事,方是之时,虽欲有为不可得
也。舜之所治者尧之天下也,尧以圣人之德享位长久也,其风
化法度行于天下可谓备矣,舜虽圣人欲增尧之所为不可也,欲
省尧之所为又不可也,则不过承其已备之法讲明开布之而已,
则舜之为天下,未尝为事之首也,此所谓无为矣,而其渠渠于天
下之务者未尝已也,故五载一巡守以考诸侯之治,自仲春以至

大舜传

仲冬，由东岳以至北岳，犯冒寒暑，涉履山川，是舜未尝安处于京师，以忽天下之事而不为也。苗民者南州之小国，而征苗者又舜之末年也，而舜之行师之事亲命于禹，及其不克也，则又舞干羽于两阶以悦来之。苗之区区，而舜犹未尝藐然于心，况其太者邪？是舜未尝宴安于深宫，以忽宗庙社稷之计而不为也。然则所谓无为者，不为事之首而已。不惟舜而已，古之为政者皆若是也。故尧之为君，洪水平之后，后稷富民而契教之，则天下固已无事矣，此尧无为之时也，及考之《孟子》，则其劳之、来之、匡之、直之、辅之、翼之者，未尝废焉。成王之时，承文、武之业，守积治之余，管、蔡已诛，商、奄既殄，则天下已无事矣，此成王无为之时也，而周公授之以典礼三百，其视朝告朔，事天地交百神，亲诸侯抚夷狄者，未尝废焉。故曰：王省惟岁。夫岁功不息，则王者之事亦未尝止也。由此观之，则舜无为之意可知也已。而后世中才之君，如汉之孝文、唐之明皇，惑于无为之说而不考其实，遂欲以清净寂寞治天下，或终于无功，或至于衰乱，呜呼！彼岂知舜无为之意哉？

［宋］朱熹《舜典》注

"曰若稽古帝舜，曰重华协于帝。浚哲文明，温恭允塞，玄德升闻，乃命以位。"华，光华也；协，合也；帝，谓尧也；浚，深也；哲，智也；温，和粹也；塞，实也；玄，幽潜也；升，上也。言尧既有光华，而舜又有光华可合于尧，因言其目则深沉而有智，文理而光明，和粹而恭敬，信实而充塞，有此四者，幽潜之德上闻于尧，尧乃命之以官职之位也。今按孔《疏》，梅颐奏上古文《尚书》孔《传》之时，已失《舜典》一篇，又自此以上二十八字，世所不传，故多用王范之《注》补之，而以下文"慎徽五典"以下为《舜典》之初。至齐萧鸾建武四年，姚方兴于大航头而献之，议者以为孔安国之所注也，直方兴有罪，事亦随寝。至隋开皇二年，购募遗典，乃得其篇焉。盖伏生以《舜典》合于《尧典》，故其所传无此二十八字。

梅颐既失孔《传》，故亦不知有此二十八字，而"慎徽五典"以下则固其于伏生之书，故传者用王范之《注》以补之，至姚方兴乃得古文本经，而并及孔《传》，于是始知有此二十八字，但未知其余文字同异又如何耳？或者由此乃谓古文《舜典》一篇皆尽亡失，至是方全得之，遂疑其伪，盖过论也。

"慎徽五典，五典克从；纳于百揆，百揆时叙；宾于四门，四门穆穆；纳于大麓，烈风雷雨弗迷。"徽，美也；五典，五常也。父子有亲，君臣有义，夫妇有别，长幼有序，朋友有信是也。从，顺也，左氏所谓无违教也，此盖使为司徒之官也。揆，度也；百揆者，揆度庶政之官，惟唐、虞有之，犹周之冢宰也。时，序，以时而叙，左氏所谓无废事也。四门，四方之门。古者以宾礼亲，邦国诸侯各以方至，而使主焉，故曰宾。穆穆，和之至也，左氏所谓无凶人也，此盖又兼四岳之官也。麓，山足也；烈，迅；迷，错也。《史记》曰尧使舜入山林川泽，暴风雷雨，舜行不迷。苏氏曰洪水为患，尧使舜入山林，相视原隰，雷雨大至，众惧失常而舜不迷，其度量有绝人者，而天地鬼神抑或有以相之欤？

"帝曰：格！汝舜。询事考言，乃言底可绩，三载。汝陟帝位。舜让于德，弗嗣。"格，来；询，谋；乃，汝；底，致；陟，升也。尧言询舜所行之事，而考其言，则见汝之言致可有功，于今三年矣，汝宜升帝位也。让于德，让于有德之人也。或曰谦逊，自以其德不足为嗣也。

"正月上日，受终于文祖。"上日，朔日也。叶氏曰上旬之日，曾氏曰如上戊上丁之类，未详孰是。受终者，尧于是终帝位之事而舜受之也。文祖者，尧始祖之庙，未详所指为何人也。

"在璇玑玉衡，以齐七政。"在，察也。美珠谓之璇。玑，机也。以璇饰玑，所以象天体之运转也。衡，横也，谓衡箫也。以玉为管，横而设之，所以窥玑而察七政之运行，犹今之浑天仪也。齐，犹审也。七政，日月五星也，七者运行于天，有迟有速，有顺有逆，犹人君之有政事也。言舜初摄位，乃察玑衡以审七政之所在,以起浑天仪。《晋·天文志》云天言体者有三家,一曰周髀,二曰宣夜,三曰浑天。宣夜绝无师说,不知其状如何?周髀之术,以为天似覆盆,盖以斗极为中,中高而四边下,日月旁行绕之,日近而见之为昼,月远而不见为夜。蔡邕以为考验天象,多所违失。浑天说曰天之形状似鸟卵,地居其中,天包地外,犹卵之裹黄,圆如弹丸,故曰浑天,言其形体浑浑然也。其术以为天半覆地上,半在地下,其天居地上见有一百八十二度半强,地下亦然,北极去地上三十六度,南极入地亦三十六度,而嵩高正当天之中极,南五十五度当嵩高之上,又其南十二度为夏至之日道,又其南二十四度为春秋分之日道,又其南二十四度为冬至之日道,南下去地三十一度而已,是夏至日北去极六十七度,春秋分去极九十一度,冬至去极一百一十五度,此其大率也。其南北极持其两端,其天与日月星宿科而回转。此必古有其法,遭秦而灭,

运城市舜帝像

至汉武帝时洛下闳始经营之，解于妄人，又量度之，至宣帝时，耿寿昌始铸铜而为之象。衡长八尺，孔径一寸，玑径八尺，圆周二丈五尺，强转而望之，以知日月星辰之所在，即此璇玑玉衡之遗法。蔡邕以为近得天体之实者也。沈括曰：旧法规环一面刻周天度，一面加银丁，盖以夜候之，天晦不可目察，则以手切之也。古人以璇饰玑，疑亦为此。今按此以汉法逆推古制，然历代以来，其法渐密，本朝因之，为仪三重。其在外者，曰六合仪。平置单环，上刻十二辰八十四偶在地之位，以准地而面定四方；侧立黑双环，具刻去极度数，以中分天脊，直跨地平，使其半出地上半入地下，而结于其子午，以为天经；斜倚赤单环，具刻赤道度数，以平分天腹，横绕天经，亦使半出地上半入地下，而结于其卯酉，以为天纬。二环表里相结不动，其天经之环则南北二极皆为圆轴，虚中而内向，以挈三辰四游之环。以其上下四方于是可考，故曰六合。次其内，曰三辰仪。侧立黑双环，亦刻去极度数，外贯天经之轴，内挈黄、赤二道，其赤道则为赤单环，外依天纬，亦刻宿度，而结于黑双环之卯酉；其黄道则为黄双环，亦刻宿度，而又斜倚于赤道之腹，以交结于卯酉，而半入其内，以为春分，后之日轨半出其外，以为秋分。后之日轨又为白单环，以承其交，使不倾垫，下设机轮，以水激之，使其日夜随天东西运转，以为象天行。以其日月星辰，于是可考，故曰三辰。其最在内者，曰四游仪。亦为黑双环如三辰仪之制，以贯天经之轴，其环之内则两面当中，各施直距，外跲损两轴而当其要，中之内又为小窾，以受玉衡要，中之小轴使衡既得随环东而运转，又可随处南北低昂，以待占候者之仰窥焉。以其东西南北无不周遍，故曰四游。此其法之大略也。历家之说，又以北斗魁四星为机，杓三星为衡。今详经文简质，不应北斗二字，乃用寓名，恐未必然。姑存其说，以广异闻。

"肆类于上帝，禋于六宗，望于山川，遍于群神。"肆，遂也。类、禋、望，皆祭名。《周礼·肆师》"类造上帝"，注云郊祀者，祭昊天之常祭，非常祀而祭告于天，其礼依郊祀为之，故曰类。如《泰誓》武王伐商，《王制》言天子将出，皆云类于上帝，是也。上帝，天也。禋，精意以享之谓。六宗，宗尊也。所尊祭者，其祀有六。《祭法》曰：埋少牢于泰昭，祭时也；相近于坎坛，祭寒暑也；王宫，祭日也；夜明，祭月也；幽宗，祭星也；雩宗，祭水旱也。山川，名山大川，五岳、四渎之属。望而祭之，故曰望。遍，周遍也。群神，谓丘陵坟衍。古昔圣贤之类，言受终观象之后，即祭祀上下神祇，以摄位告也。

"辑五瑞。既月乃日，觐四岳群牧，班瑞于群后。"辑，敛；瑞，信也。公执桓圭，侯执信圭，伯执躬圭，子执谷璧，男执蒲璧，五等诸侯执之，以合符于天子，而验其信否也。《周礼》"天子执冒以朝诸侯"，郑氏注云名玉以冒，以德覆冒天下也，诸侯始受命，天子锡以圭，圭头斜锐，其冒下斜刻，小大长短广狭如之，诸侯来朝，天子以刻处冒其圭头，有不同者即辨其伪也。既，尽；觐，见；四岳，四岳之诸侯；群牧，九州之牧伯也。程氏曰辑五瑞，征五等诸侯也。此以上皆正月事，至尽此月，则四方诸侯有至者矣。远近不同，来有先后，故日月见之；不如他朝，会之同期于一日也。盖欲以少接之，则得尽其询察礼意也。班、颁同。群后，即侯、牧也。既见之后，审知非伪，则又颁还其瑞，以与天下正始也。

"岁二月，东巡守，至于岱宗，柴望秩于山川，肆觐东后。协时月正日，同律度量衡。修五礼、五玉、三帛、二生、一死贽。如五器，卒乃复。五月南巡守，至于南岳，如岱礼。八月西巡守，至于西岳，如初。十有一月朔巡守，至于北岳，如西礼。归，格于艺祖，用特。"孟子曰：天子适诸侯曰巡守。巡守，巡所守也。岁二月，当巡守之年二月也。岱宗，泰山也。柴望，燔柴以祀天，而遂望祭东方之山川，又各以其秩次而就祭之也。秩者，其牲币祝号之次第，如五岳视三公，四渎视诸侯，其余视伯、子、男者也。东后，东方之诸侯也。时谓四时，月谓月之大小，日谓日之甲乙，其法略见上篇。诸侯之国，其有不同者，则协而合之也，同审而一之也。律，谓十二律也。六律为阳，黄钟、大蔟、姑洗、蕤宾、夷则、无射；六吕为阴，大吕、夹钟、仲吕、林钟、南吕、应钟。凡十二管，皆径三分有奇，空围九分，而黄钟之长九寸，大吕以下，律吕相间，以次而短，至应钟而极焉。以之制乐而节音声，则长者声下，短者声高，下者则重浊而舒迟，上者则轻清而剽疾；以之审度长短，则九十分黄钟之长，一为一分，而十分为寸，十寸为尺，十尺为丈，十丈为引；以之审量而量多少，则黄钟之管，其容子谷秬黍中者一千二百以为龠，而十龠为合，十合为升，十升为斗，十斗为斛；以之平衡而权轻重，则黄钟之龠所容千二百黍，其重十二铢，两龠则二十四铢而为两，十六两为斤，三十斤为钧，四钧为石。此黄钟所以为万事根本，诸侯之国所用有不同者，则审而一之也。时月之差，由积日而成，其法则先粗而后精，度量衡受法于律，其法则先本而后末，故言正日在协时月之后，同律在度量衡之先，立言之叙盖如此也。五礼，吉、凶、军、宾、嘉也，修之所以同天下之风俗也。五玉，五等诸侯脇所执者，即五瑞也。三帛，诸侯世子执纁，公之孤执玄，附庸之君执黄。二生，卿执羔，大夫执雁。一死，士执雉。五玉、三帛、二生、一死，所以为贽而见者，此九字，当在"肆觐东后"之下，"协时月正日"之上，误脱在此。言东后之觐，皆执此贽也。如五器，刘侍讲曰如同也，五器即五礼之器也。《周礼》曰：王之所以抚邦国诸侯者，七岁，属象胥，谕言语协辞命；九岁，属瞽史，喻书名听声音；十有一岁，达瑞节，同度量，成牢礼，同数器，修法则；十有二岁，王巡守殷国。大略亦类此。盖因虞、夏之礼而损益之，故其先后详略有不同耳。卒乃复者，举祀礼，觐诸侯，一正朔，同制度，修五礼，如五器数事皆毕，则不复东行，而遂西向，且转而南行也。南岳，衡山；西岳，华山；北岳，恒山。二月东，五月南，八月西，十一月北，各以其时也。格，至也,至于其庙而祭告也。艺祖,疑即文祖,或曰文祖艺祖之所自出,不知何据,今未有考也。特,特牲也,谓一牛也。古者,君将出,必告于祖祢,归又至其庙而告之。孝子不忍死其亲,出告反面之义也。《王制》曰"归格于祖祢",郑注曰:祖下及祢皆一牛。程氏以为但言艺祖者,举尊耳,实皆告也,但止就祖庙共同一牛,不如时祭各设主于其庙也。二说未知孰是,今两存之。

"五载一巡守,群后四朝。敷奏以言,明试以功,车服以庸。"五载之内,天子巡守者一,诸侯来朝者四。盖巡守之明年,则东方诸侯来朝于天子之国;又明年,则南方之诸侯来朝;又明年,则西方之诸侯来朝;又明年,则北方之诸侯来朝;又明年,则天子复巡守。是则天子诸侯,虽有尊卑,而一往一来,礼无不答,是以上下交通而远近洽和也。敷,陈;奏,进也。《周礼》曰民功曰庸。程氏曰:敷奏以言者,使各陈其为治之说,言之善则明考其功,有功则赐车服以旌其功也;其言不善,则亦有以告饬之也。林氏曰:天子巡守,则有协时月以下等事;诸侯来朝,则有敷奏以言以下等事。

"肇十有二州,封十有二山,浚川。"肇,始也。十二州,冀、兖、青、徐、扬、荆、豫、梁、雍、幽、并、营也。古者,中国之地但为九州,曰冀、兖、青、徐、扬、荆、豫、梁、雍。禹治水作贡,亦因其旧,大河以内为冀州,而帝都在焉。及舜即位,以冀、青地太广,始分冀东恒山之地为并州,又分东北医无闾之地为幽州,又分青之东北辽东等处为营州,而冀州止有河内之地,今河东一路是也。封,表也。封十二山者,每州封表一山,以为一州之镇,如《职方氏》言"扬州其山镇曰会稽"之类。浚川,浚导十二州之川也。然舜既分十有二州,而至商时又但言九围九有,《周礼·职方氏》亦止辨九州之域,有扬、荆、豫、青、兖、幽、冀、并,而无徐、梁、营,则是为十二州,盖不甚久,不知其自何时复合为九也。

"象以典刑,流宥五刑,鞭作官刑,扑作教刑,金作赎刑。眚灾肆赦,怙终贼刑。钦哉,钦哉,惟刑之恤哉!"象,如天之垂象示人也。典,常也。示人以常刑,所谓墨、劓、剕、宫、大辟,五刑之正也,所以待夫元恶大憝、杀人伤人、穿逾淫邪,凡罪之不可宥者也。流,流遣之使远去,如下文流放窜殛之类也。宥,宽也,所以待夫罪之稍轻,虽入于五刑而情可矜,法可疑,与夫亲贵勋劳而不可加以刑者,则以此而宽之也。鞭,木末垂革。官刑,官府之刑也。扑作教刑者,夏楚二物,学校之刑也。皆以待夫罪之轻者也。金,罚其金也;赎,赎其罪也。所以待夫罪之极轻,虽入于鞭扑之刑,而情法犹有可议者,则罚其金以赎罪也。此五句者,宽猛轻重各有条理,法之正也。眚,谓过误;灾,谓不幸,若人有如此而入于刑,则又不待流宥金赎而直赦之也。怙,谓再犯,若人有如此而入于刑,则虽当宥当赎,亦不许其宥,不听其赎,而必刑之也。此二句者,或由重而即轻,或由轻而即重,犹今之律有名例,又用法之权衡,所谓法外意也。圣人立法制刑之本,此七言者,大略尽之矣。刑有轻重取舍阳舒阴惨之不同,然钦哉钦哉,惟刑之恤之意,则未始不行乎其间也。盖其轻重毫厘之间,各有攸当者,乃天罚不易之定理,而钦恤之意行乎其间,则可以见圣人好生之本心也。据此经文,五刑有流宥而无金赎,《周礼·秋官》亦无其文,至《吕刑》乃有五等之罚,疑穆王始制之,非法之正也。盖当刑而赎则失之轻,疑赦而赎则失之重,且使富者幸免而贫者受刑,既非所以为平,而又有利之之心焉。圣人之法,必不然矣。

"流共工于幽州,放驩兜于崇山,窜三苗于三危,殛鲧于羽山,四罪而天下咸服。"流,遣之远去,如水之流也。放,置之于此,不得他适也。窜,则驱逐禁锢之。殛,则拘囚困苦之。随其罪之轻重,而异其法也。共工、驩兜、鲧,事见上篇。三苗,国名,在大江之南,彭蠡之西,洞庭之东,恃险作乱者也。幽州,北裔,水中可居曰洲。崇山,南裔之山,或云在今澧州。三危,西裔之地,即雍州之所谓三危既宅者。羽山,东裔之山,即徐之蒙羽其艺者。服者,天下皆服其用刑之当罪也。《春秋传》所记四凶之名与此不同,说者以穷奇为共工,浑敦为驩兜,饕餮为三苗,梼杌为鲧,不知其果然否也。

"二十有八载,帝乃殂落。百姓如丧考妣,三载,四海遏密八音。"殂落,死也。死者魂气归于天,故曰殂;体魄归于地,故曰落。丧,为之服也。遏,绝;密,静也。八音,金、石、丝、竹、匏、土、革、木也,皆乐器也。古者谓畿内之民与列国诸侯为天子服斩衰三年,海内之民则不为服。惟尧圣德广大,恩泽隆厚,又能让舜,为天下得人,故海内之民思慕之深,至于如此也。按尧十六即位,在位七十载,又试舜三载,老不听政二十八载乃崩,在位通计一百单一年。《仪礼》:圻内之民为天子齐衰三月,圻外之民无服。今应服三月者如丧考妣,应无服者遏密八音。

"月正元日,舜格于文祖。"月正,即正月也;元日,朔日也。月正,犹月朔谓之朔月,月吉谓之吉月也。孔氏曰舜服丧三年毕,将即政,故复至文祖庙告。受终告摄,此告即位也。按《春秋》,国君皆以遭丧之明年正月,即位于庙而改元,此云丧毕之明年,不知何所据也。

"询于四岳,辟四门,明四目,达四聪。"询,谋;辟,开也。舜既告庙即位,乃谋政治于四岳之官,开四方之门以受天下之朝贡,广四方之视听,以决天下之壅蔽也。

"咨,十有二牧!曰:食哉惟时! 柔远能迩,惇德允元,而难任人,蛮夷率服。"牧,养民之官,十二牧,十二州之牧也。王政以食为首,农事以时为先,舜言足食之道,惟在于不违农时也。柔者宽而抚之,能者扰而习之,远近之势如此,先务其略而后致其详也。惇,厚;允,信;德,有德之人也;元,仁厚之人也;难,拒绝也。任,古文作壬,包藏凶恶之人也。言当厚信有德仁人,而拒绝奸恶也。凡此五者处之各得其宜,则不特中国顺治,虽蛮夷之国,亦当相率而服从矣。

"舜曰:咨,四岳! 有能奋庸熙帝之载,使宅百揆亮采,惠畴? 佥曰:伯禹作司空。帝曰:俞,咨! 禹,汝平水土,惟时懋哉! 禹拜稽首,让于稷、契暨皋陶。帝曰:俞,汝往哉! "奋,起;熙,广,载,事;亮,明;惠,顺;畴,类也。一说,亮,相也。舜言有能奋起事功以广帝尧之事者,使居百揆之位,以时亮庶事而顺成庶类者乎? 佥,众也,四岳所领四方诸侯时有在朝者也。禹,崇伯鲧之子,四岳及诸侯言伯禹见作司空,可宅百揆也。时,是;懋,勉也。平水土者,司空之职,是则指此百揆之事而言也。帝然其举而咨禹,使仍作司空而兼行百揆之事,录其旧绩而勉其新功也。以司空兼百揆,如周以六卿兼三公,后世以他官平章事知政事之比。稽首,首至地。暨,及也。稷、契二臣,皆帝喾之子,稷名弃,姓姬氏,封于邰;契姓子氏,封于商。皋陶,亦臣名也。俞者,然其举;汝往哉者,不听其让也。此时称舜曰以见,自此以上称帝者皆尧也,自此以下称帝者乃舜也,则尧老之时,舜未尝称帝,亦可见矣。

"帝曰:弃,黎民阻饥,汝后稷,播时百谷。"阻,厄也;后,君也,谓有邰之君也。如所谓三后、后夔皆有爵土之称也。稷,田正官;播,布也。谷非一种,故曰百谷。此因禹之让而申命之,使仍旧职以终其事也。

"帝曰:契,百姓不亲,五品不逊。汝作司徒,敬敷五教,在宽。"亲,相亲睦也。五品,父子君臣夫妇长幼朋友五者之名位等级也。逊,顺也。司徒,掌教之官。敷,布也。五教,父子有亲,君臣有义,夫妇有别,长幼有序,朋友有信,以五者当然之理而为教令也。敬,敬其事也。圣贤之于事,无所不敬,而此又事之大者,故特以敬言之。宽者,宽裕以待之也。盖五者之理出于人心之本,然非有强而后能者,自其拘于气质之偏,溺于物欲之蔽,始有昧于其理,而不相亲爱不相逊顺者,于是因禹之让,又申命契仍为司徒,使之敬以敷教,而又宽裕以待之,欲其优柔浸渍以渐而入则其天性之真,自然呈露不能自已,而无迫切虚伪免而无耻之患矣。孟子所引尧言"劳来,匡直辅翼,使自得之,又从而德之",亦此意也。

"帝曰:皋陶,蛮夷猾夏,寇贼奸宄。汝作士,五刑有服,五服三就。五流有宅,五宅三居。惟明克允!"猾,乱;夏,明而大也。曾氏曰中国文明之地,故曰华夏,四时之夏,疑亦取此义也。劫人曰寇,杀人曰贼,在外曰奸,在内曰宄。士,理官也;服,服其罪也。《吕刑》所谓上服下服是也。三就,孔氏以为大罪于原野,大夫于朝,士于市,不知何据。窃恐惟大辟弃之于市,宫辟则下蚕室,余刑亦就屏处,盖非死刑不欲使风中其疮,误而至死,圣人之仁也。五流,五等象刑之当宥者也。五宅三居者,流虽有五,而宅之但为三等之居。如列爵惟五,而分土惟三也。孔氏以为大罪居于四裔,次则九州之外,次则千里之外,虽亦未见其所据,然大概当略近之。此亦因禹之让而申命之,又戒以必当致其明察,乃能使刑当其罪,而人无不服也。

"帝曰:畴若予工?佥曰:垂哉!帝曰:俞,咨!垂,汝共工。垂拜稽首,让于殳斨暨伯与。帝曰:俞,往哉!汝谐。"若,言顺其理而治之也。《曲礼》六工,有土工、金工、石工、木工、兽工、草工。《周礼》有攻木之工,攻金之工,攻皮之工,设色之工,刮摩之工,抟埴之工,皆是也。帝问谁能顺治予百工之事者,垂,臣名，有巧思。庄子曰"攠工垂之指"，即此也。共工，官名，共供也，言供其事也。殳、斫、伯与，三臣名也。往哉汝谐，言汝能和其职，不听其让也。

"帝曰：畴若予上下草木鸟兽？佥曰：益哉！帝曰：俞，咨！益，汝作朕虞。益拜稽首，让于朱虎、熊罴。帝曰：俞，往哉！汝谐。"上下，山林泽薮也。虞，掌山泽之官也。《周礼》分为虞衡，属于夏官。益，臣名也。高辛氏之子，有曰伯虎、仲熊。太史公曰朱虎、熊罴为伯益之佐，前殳、斫、伯与，当亦为垂之佐也。殳，以积竹为兵建于兵车者；斫，方銎斧也。古者多以其所能为名，二人岂能为二器者与？

"帝曰：咨！四岳，有能典朕三礼？佥曰：伯夷！帝曰：俞，咨！伯，汝作秩宗。夙夜惟寅，直哉惟清。伯拜稽首，让于夔、龙。帝曰：俞，往，钦哉！"典，主也。三礼，祀天神，享人鬼，祭地祇之礼也。伯夷，臣名，姜姓。秩，序也。宗，祖庙也。秩宗，盖序次百神之官，而专以秩宗名之者，盖以宗庙为主也。《周礼》亦谓之宗伯，而都家皆有宗人之官，以掌祭祀之事，亦此意也。夙，早；寅，敬畏也。直者，心无私曲之谓。人能敬以直内，不使少有私曲，则其心洁清而无物欲之污，可以交于

"四灵"之青龙

"四灵"之白虎

神明矣。夔、龙,二臣名。

　　"帝曰:夔! 命汝典乐,教胄子,直而温,宽而栗,刚而无虐,简而无傲。诗言志,歌永言,声依永,律和声。八音克谐,无相夺伦,神人以和。夔曰:於! 予击石拊石,百兽率舞。"胄,长也,自天子至卿大夫之嫡子也。栗,庄敬也。凡人直者必不足于温,故欲其温宽者必不足于栗,故欲其栗,皆所以因其德性之善而辅翼之也;刚者必至于虐,故欲其无虐;简者必至于傲,故欲其无傲,皆所以防其气禀之过而矫揉之也。所以教胄子者欲其如此,而所以教之之具则又专在于乐,如《周礼·大司乐》"掌成均之法以教国子弟",而孔子亦曰"兴于诗成于乐",盖所以荡涤邪秽,斟酌饱满,动荡血脉,流通精神,养其中和之德,而救其气质之偏者也。心之所之谓之志,心有所之必形于言,故曰诗言志;既形于言,则必有长短之节,故曰歌永言;既有长短,则必有高下清浊之殊,故曰声依永。声者,宫、商、角、徵、羽也,大抵歌声长而浊者为宫,以渐而清且短则为商,为角,为徵,为羽,所谓声依永也。既有长短清浊,则又必以十二律者和之,乃成文而不乱。假令黄钟为宫,则太簇为商,姑洗为角,林钟为徵,南吕为羽,盖以三分损益,隔八

"四灵"之朱雀　　　　　　　　　　"四灵"之玄武

相生而得之，余律皆然。即《礼运》所谓"五声六律十二管还相
为宫"。所谓律和声也，人声既和，乃以其声被之八音而为乐，则
无不谐协而不相侵乱失其伦次，可以奏之朝廷，荐之郊庙，而神
人以和矣。圣人作乐，以养情性，育人才，事神祗，和上下，其体
用功效广大深切如此。今皆不复见矣，可胜叹哉！夔曰以下，则
苏氏曰舜方命九官，济济相让，无缘夔于此独言其功，此《益稷》
之文也。简编脱误，复见于此。

　　"帝曰：龙，朕墍谗说殄行，震惊朕师。命汝作纳言，夙夜出
纳朕命，惟允！"墍，疾；殄，绝也。殄行者，谓伤绝善人之事也。
师，众也，谓其言之不正，而能变乱黑白，以骇众听也。纳言，官
名。命令政教必使审之，既允而后出，则谗说不得行，而矫伪无
所托矣。敷奏复逆，必使审之既允而后入，则邪辟无自进而功绪
有所稽矣。周之内史，汉之尚书，魏晋以来所谓中书门下者，皆
此职也。

　　"帝曰：咨！汝二十有二人，钦哉！惟时亮天功。"二十有二
人，四岳、九官、十二牧也。《周官》言内有百揆四岳，外有州牧
侯伯，盖百揆者所以统庶官，而四岳者所以统十二牧也。既分命
之，又总告之，使之各敬其职，以相天事也。曾氏曰舜命九官，新
命者六人，命伯禹，命伯夷，咨四岳而命之者也；命垂，命益，泛咨
而命者也；命夔，命龙，因人之让不咨而命者也。夫知道而后可
宅百揆，知礼而后可典三礼，知道知礼，非人人之所能也，故必咨
于四岳；若予工，若上下草木鸟兽，则非此之比，故泛咨而已。礼
乐命令，其体虽不若百揆之大，然其事理精微，亦非百工庶物之
可比，伯夷既以四岳之举而当秩宗之任，则其所让之人，必其中

于典乐纳言之选可知，故不咨而命之也。若稷、契、皋陶之不咨者，申命其旧职而已。又按此平水土，若百工各为一官，而周制同领于司空，此以士官兼兵、刑之事，而《周礼》分为夏、秋两官，盖帝王之法，随时制宜所谓损益，可知者如此。

"三载考绩，三考，黜陟幽明，庶绩咸熙。分北三苗。"考，核实也。三考，九载也，九载则人之贤否、事之得失可见。于是陟其明而黜其幽，赏信罚明，人人力于事功，此所以庶绩咸熙也。北，犹背也，其善者留，其不善者窜徙之，使分背而去也。此言舜命二十二人之后，立此考绩黜陟之法，以时举行，而卒言其效如此也。按三苗见于《经》者，如《典》《谟》《益稷》《禹贡》《吕刑》，详矣。盖其负固不服，乍臣乍叛，故治水之际三危已宅，而犹有不即工者，及禹摄位之后，帝命徂征而犹逆命，及禹班师而后来格，于是乃得考其善恶而分北之也。《吕刑》之言遏绝，则通其本末而言，不可以先后论也。

"舜生三十征庸，三十在位，五十载陟方乃死。"征，召也。陟方，犹言升遐也。韩子曰：《竹书纪年》帝王之没皆曰陟，陟，升也，谓升天也。《书》曰殷礼陟配天，言以道终，其德协天也。故《书》纪舜之没云陟，其下言方乃死者，所以释陟为死也。地之势，东南下，如言舜巡守南方而死，宜言下方，不得言陟方也。按此得之，但不当以陟字为句绝耳。方犹云"徂乎方"之方，陟方乃死，犹言殂落而死也。此言舜生而侧微，至三十年，尧乃召用之，历试三年，居摄二十八年，通三十一年，乃即帝位，又五十年而崩。盖于篇末，总叙其始终也。

[宋]朱熹《〈舜典〉象刑说》

圣人之心，未感于物，其体广大而虚明，绝无毫发偏倚，所谓天下之大本者也；及其感于物也，则喜怒哀乐之用，各随所感而应之，无一不中节者，所谓天下之达道也。盖自本体而言，如镜之未有所照，则虚而已矣；如衡之未有所加，则平而已矣。至语其用，则以其至虚而好丑无所遁其形，以其至平而轻重不能违其则。此所以致其中和，而天地位，万物育，虽以天下之大，而举不出乎吾心造化之中也。以此而论，则知圣人之于天下，其所以为庆赏威刑之具者，莫不各有所由，而《舜典》所论敷奏以言，明试以功，车服以庸，与夫制刑明辟之意，皆可得而言矣。虽然，喜而赏者，阳也，圣人之所欲也；怒而刑者，阴也，圣人之所恶也。是以圣人之心，虽曰至虚至平，无所偏倚，而于此二者之间，其所以处之者，亦不能无小不同者。故其言又曰，罪疑惟轻，功疑惟重，此则圣人之微意也。然其行之也，虽曰好赏而不能赏无功之士，虽曰恶刑而不敢纵有罪之人，而功罪之实，苟已晓然而无疑，则虽欲轻之重之，而不可得，是又未尝不虚不平，而大本之立、达道之行，固自若也。故其赏也，必察其言审其功，而后加以车服之赐；其刑也，必曰象以典刑画象，而示民以墨、劓、剕、宫、大辟五等肉刑之常法也。其曰流宥五刑者，放之于远，所以宽夫犯此肉刑而情轻之人也。其曰鞭作官刑扑作教刑者，官府学校之刑，所以驭夫罪之小而未丽于五刑者也。其曰金作赎刑，使之入金而免其罪，所以赎夫犯此鞭扑之刑，而情之又轻者也。此五者，刑之法也。其曰眚灾肆赦者，言不幸而触罪者，则肆而赦之。其曰怙终贼刑者，言有恃而不改者，则贼而刑之。此二者，法外之意，犹今律令之名例也。其曰钦哉钦哉，惟刑之恤哉者，此则圣人畏刑之心，闵夫死者之不可复生，刑者之不可复续，惟恐察之有不审，施之有不当，又虽已得其情，而犹必矜其不教无知，而抵冒至此也。呜呼！详此数言，则圣人制刑之意可见，而其于轻重浅深出入取舍之际，亦已审矣。虽其重者，或至于诛斩断割而不少贷，然本其所以至此，则其所以施于人者，亦必当有如是之酷矣。是以圣人不忍其被酷者之衔冤负痛，而为是以报之，虽若甚惨，而语其实则为适得其宜，虽以不忍之心，畏刑之甚，而不得赦也。惟其情之轻者，圣人于此，乃得以施其不忍畏刑之意，而有以宥之，然亦必投之远方以御魑魅，盖以此等所犯，非杀伤人则亦或淫或盗，其情虽轻而罪实重，若使既免于刑，而又得便还乡里复为平民，则彼之被其害者，寡妻孤子将何面目以见之？而此幸免之人，发肤肢体了无所伤，又将得以遂其前日之恶而不知悔，此所以必曰流以宥之，而又有五流有宅，五宅三居之文也。若夫鞭扑之刑，则虽刑之至小，而其情之轻者，亦必许其入金以赎，而不忍辄以真刑加之，是亦仁矣。然而流专以宥肉刑而不下及于鞭扑赎，专以待鞭扑而不上及于肉刑，则其轻重之间，又未尝不致详也。至于过误必赦，故犯必诛之法，则又权衡乎五者之内，钦哉钦哉惟刑之恤之旨，则常通贯乎七者之中。此圣人制刑明辟之意，所以虽或至于杀人，而其反复表里，至精至密之妙，一一皆从广大虚明心中流出，而非私智之所为也。而或者之，乃谓上古惟有肉刑，舜之为流为赎，为鞭为扑，乃不忍民之斩戮而始为轻刑者，则是自尧以上，虽犯鞭扑之刑者，亦必使从墨劓之坐，而舜之心乃独不忍于杀伤淫盗之凶贼，而反忍于见杀伤为所侵犯之良民也。圣人之心，其不如是之残贼偏倚而失其正，亦已明矣。又谓周之穆王，五刑皆赎，为能复舜之旧者，则固不察乎舜之赎，初不上及于五刑；又不察乎穆王之法，亦必疑而后赎也。且以汉宣之世，张敞以讨羌之役兵食不继，建为入谷赎罪之法，初亦未尝及夫杀人及盗之品也。而萧望之等犹以为，如此则富者得生，贫者独死，恐开利路以伤治化，曾谓三代之隆，而以是为得哉？呜呼！世衰学绝，士不闻道，是以虽有粹美之质，而不免一偏之弊，其于圣人公平正大之心有所不识，而徒知切切焉饰其偏见之私以为美谈，若此多矣，可胜辨哉？若夫穆王之事，以予料之，殆必由其巡游无度，财匮民劳，至其末年，无以为计，乃特为此一切权宜之术以自丰，而又托于轻刑之说，以违道而干誉耳。夫子存之，盖以示戒，而程子策试尝发问焉，其意亦可见矣。或者又谓,四凶之罪不轻于少正卯,舜乃不诛而流之,以为轻刑之验。殊不知共、兜朋党,鲧功不就,其罪本不至死;三苗拒命,虽若可诛,而蛮夷之国,圣人本以荒忽不常待之,虽有负犯不为畔臣,则姑窜之远方,亦正得其宜耳,非故为是以轻之也。若少正卯之事,则予尝窃疑之,盖《论语》所不载,子思、孟子所不言,虽以左氏《春秋》内、外传之诬且驳,而犹不道也,乃独荀况言之,是必齐、鲁陋儒,愤圣人之失职,故为此说,以夸其权耳。吾又安敢轻信其言,而遽稽以为决乎? 聊并记之,以俟来者。

[明]王阳明《象祠记》

灵博之山,有象祠焉。其下诸苗夷之居者,咸神而祠之。宣尉安君因诸苗夷之请,新其祠屋,而请记于予。予曰:"毁之乎,其新之也?"曰:"新之。""新之也,何居乎?"曰:"斯祠之肇也,盖莫知其原。然吾诸蛮夷之居是者,自吾父吾祖溯曾高而上,皆尊奉而禋祀焉,举而不敢废也。"予曰:"胡然乎? 有庳之祠,唐之人盖尝毁之。象之道,以为子则不孝,以为弟则傲。斥于唐而犹存于今;毁于有庳,而犹盛于兹土也。胡然乎? 我知之矣! 君子之爱若人也,推及其屋之乌,而况于圣人之弟乎哉? 然则祀者为舜,非为象也。意象之死,其在干羽既格之后乎? 不然,古之骜桀者岂少哉? 而象之祠独延于世。吾于是盖有以见舜德之至,入人之深,而流泽之远且久也。象之不仁,盖其始焉耳,又乌知其终不见化于舜也?《书》不云乎,'克谐以孝,烝烝乂,不格奸,瞽瞍亦允若',则已化而为慈父。象犹不弟,不可以为谐。进治于善，则不至于恶；不抵于奸，则必入于善。信乎，象盖已化于舜矣。《孟子》曰：'天子使吏治其国，象不得以有为也。'斯盖舜爱象之深而虑之详，所以扶持辅导之者之周也。不然，周公之圣，而管、蔡不免焉。斯可以见象之既化于舜，故能任贤使能而安于其位，泽加于其民，既死而人怀之也。诸侯之卿，命于天子，盖周官之制，其殆仿于舜之封象欤？吾于是盖有以信人性之善，天下无不可化之人也。然则唐人之毁之也，据象之始也；今之诸夷奉之也，承象之终也。斯义也，吾将以表于世，使知人之不善，虽若象焉，犹可以改。而君子之修德，及其至也，虽若象之不仁，而犹可以化之也。"

[明] 王阳明《传习录》（选段）

乡人有父子讼狱，请诉于先生，侍者欲阻之，先生听之，言不终辞，其父子相抱恸哭而去。柴鸣治入问曰：先生何言致伊感悔之速？先生曰：我言舜是世间大不孝的子，瞽叟是世间大慈的父。鸣治愕然，请问。先生曰：舜常自以为大不孝，所以能孝；瞽叟常自以为大慈，所以不能慈。瞽叟只记得舜是我提孩长的，今何不曾豫悦我，不知自心已为后妻所移了，尚谓自家能慈，所以愈不能慈；舜只思父提孩我时如何爱我，今日不爱，只是我不能尽孝，日思所以不能尽孝处，所以愈能孝，及至瞽叟底豫时，又不过复得此心原慈的本体。所以后世称舜是个古今大孝的子，瞽叟亦做成个慈父。

先生曰：烝烝乂，不格奸，本注说象已进进于乂，不至大为奸恶，舜征庸后象犹日以杀舜为事，何大奸恶如之？舜只是自进于乂，以乂熏烝不去正他奸恶。凡文过掩慝，此是恶人常态，若要指摘他是非反去激他恶性。舜初时致得象要杀己，亦是要象好的心太急，此就是舜之过处，经过来乃知功夫只在自己，不去责人所以致得克谐，此是动心忍性增益不能处。古人言语，俱是自家经历过来，所以说得亲切，遗之后世曲当人情，若非自家经过，如何得他许多苦心处。

颂舜诗歌

[战国]屈原《九歌·湘君》

君不行兮夷犹,蹇谁留兮中洲?

美要眇兮宜修,沛吾乘兮桂舟。

令沅湘兮无波,使江水兮安流。

望夫君兮未来,吹参差兮谁思?

驾飞龙兮北征,邅吾道兮洞庭。

薜荔柏兮蕙绸,荪桡兮兰旌。

望涔阳兮极浦,横大江兮扬灵。

扬灵兮未极,女婵媛兮为余太息。

横流涕兮潺湲,隐思君兮陫侧。

桂櫂兮兰枻,斲冰兮积雪。

采薜荔兮水中,搴芙蓉兮木末。

心不同兮媒劳,恩不甚兮轻绝。

石濑兮浅浅,飞龙兮翩翩。

［明］陈洪绶《九歌图·湘君》

交不忠兮怨长，期不信兮告余以不闲。

朝骋骛兮江皋，夕弭节兮北渚。

鸟次兮屋上，水周兮堂下。

捐余玦兮江中，遗余佩兮澧浦。

采芳洲兮杜若，将以遗兮下女。

时不可兮再得，聊逍遥兮容与。

［梁］萧统编，［唐］李善注《文选》卷三十二

[战国]屈原《九歌·湘夫人》

帝子降兮北渚，目眇眇兮愁予。

袅袅兮秋风，洞庭波兮木叶下。

登白薠兮骋望，与佳期兮夕张。

鸟何萃兮蘋中，罾何为兮木上？

沅有芷兮澧有兰，思公子兮未敢言。

荒忽兮远望，观流水兮潺湲。

麋何食兮庭中，蛟何为兮水裔？

朝驰余马兮江皋，夕济兮西澨。

闻佳人兮召予，将腾驾兮偕逝。

筑室兮水中，葺之兮荷盖。

荪壁兮紫坛，播芳椒兮成堂。

桂栋兮兰橑，辛夷楣兮药房。

罔薜荔兮为帷，擗蕙櫋兮既张。

[明]陈洪绶《九歌图·湘夫人》

白玉兮为镇,疏石兰兮为芳。

芷葺兮荷屋,缭之兮杜衡。

合百草兮实庭,建芳馨兮庑门。

九嶷缤兮并迎,灵之来兮如云。

捐余袂兮江中,遗余褋兮澧浦。

搴汀洲兮杜若,将以遗兮远者。

时不可兮骤得,聊逍遥兮容与!

［梁］萧统编,［唐］李善注《文选》卷三十二

［汉］春陵侯刘熊渠《舜庙怀古》

游湘有余怨,岂是圣人心。

竹路猿啼古,祠宫蔓草深。

素风传旧俗,异迹开荒林。

巡狩去不返,烟云愁至今。

九疑天一畔,山尽海沉深。

［明］万历《九疑山志》卷七《赋诗》

［汉］崔骃《南巡颂》

建初九年,秋谷始登,犹斯嘉时,举先王之大礼。假于章陵,遂南巡楚路,临江川以望衡山,顾九嶷叹虞舜之风。是时庶绩咸熙,罔可黜陟。

惟休烝之鸿德,允天覆而无遗。

壮云行之博惠,淑雨施于庶黎。

［明］张溥辑《汉魏六朝百三家集》卷十二《汉崔骃集》

[汉]蔡邕《九疑山铭》

岩岩九疑,峻极于天。触石肤合,兴播连云。

时风嘉雨,浸润下民。芒芒南土,实赖厥勋。

逮于虞舜,圣德光明。克谐顽傲,以孝烝烝。

师锡帝世,尧乃受征。受终文祖,璇玑是承。

泰阶以平,人以有终。遂葬九疑,解体而升。

登此崔嵬,托灵神仙。

《蔡中郎集》卷六

[魏]曹植《豫章行》二首之一

穷达难豫图,祸福信亦然。

虞舜不逢尧,耕耘处中田。

太公未遭文,渔钓终渭川。

不见鲁孔子,穷困陈蔡间。

周公下白屋,天下称其贤。

《曹子建集》卷六

[魏]曹植《帝舜赞》

颛顼之族,重瞳神圣。

克协顽嚚,应唐莅政。

除凶举俊,以齐七政。

应历受禅,显天之命。

《曹子建集》卷七

［魏］曹丕《清调曲》

尧任舜禹,当复何为。百兽率舞,凤凰来仪。

得人则安,失人则危。唯贤知贤,人不易知。

歌以咏言,诚不易移。鸣条之役,万举必全。

明德通灵,降福自天。

［宋］郭茂倩辑《乐府诗集》卷三十六

［魏］嵇康《惟上古尧舜》

二人功德齐均,不以天下私亲。

高尚简朴兹顺,宁济四海烝民。

［明］张溥编《汉魏六朝百三家集》卷三《魏嵇康集》

［魏］嵇康《唐虞世道治》

万国穆亲无事,贤愚各自得志。

晏然逸豫内忘,佳哉尔时可喜。

［明］张溥编《汉魏六朝百三家集》卷三《魏嵇康集》

［魏］阮籍《咏怀八十二首(其二)》

二妃游江滨,逍遥从风翔。

交甫解环佩,婉娈有芬芳。

猗靡情欢爱,千载不相忘。

倾城迷下蔡,容好结中肠。

感激生忧思,萱草树兰房。

膏沐为谁施,其雨怨朝阳。

如何金石交,一旦更离伤。

[明]张溥编《汉魏六朝百三家集》卷三十四《魏阮籍集》

[晋]司马炎《虞舜二妃赞》

妙矣二妃,体灵应符。

奉嫔于妫,光此有虞。

元湘示教,灵德永敷。

惟斯善美,谅无泯乎!

[明]梅鼎祚编《西晋文纪》卷四

[晋]庾阐《虞舜像赞并序》

夫至道玄妙,非器象所载;灵化潜融,非轨迹所传。故道资冲朴,则谓之三皇;德被群生,则号称舜禹。是以先王因其会通,制为准极,功格于天,则配于上帝,法施于民,则载在祀典,然后名教彰于至治,王道焕乎无穷。故兹堂之构也有自来矣!然树寝所以栖神,而寝非神之所期;立像所以表德,而像非德之所存。若乃废其轨景,洞其玄真,虽冥照之鉴独朗天下,恶乎注其耳目哉!遂乃显图灵像,廓其庙坛,俾天光焜于宇宙,南风散乎五弦,岂谓神道之妙可寄之于有涯哉!盖亦畅悠悠者之心也。其辞曰:

玄像焜耀,万物含灵。

飞龙在天,阳德文明。

神道虽寂,务由机生。

拥琴高咏,寄和五声。

玄风既畅,妙尽无名。

民鉴其朗,孰坝窈冥。

［唐］欧阳询撰《艺文类聚》卷十一《帝王部一》

［南朝齐］谢朓《新亭渚别范零陵云》

洞庭张乐地,潇湘帝子游。

云去苍梧野,水还江汉流。

停骖我怅望,辍棹子夷犹。

广平听方籍,茂陵将见求。

心事俱已矣,江上徒离忧。

［南朝］谢朓《谢宣城集》卷三

［南朝梁］庾信《舜舞干戚》

平风变律,击石来仪。

先齐七政,更服三危。

朱干独舞,玉戚空麾。

《南风》一曲,拱己无为。

［明］张溥辑《汉魏六朝百三家集》卷一一一中《庾信集》

［唐］宋之问《桂州黄潭舜祠》

虞世巡百越,相传葬九疑。

精灵游此地,祠树日光辉。

禋祭忽群望,丹青图二妃。

神来兽率舞,仙去凤还飞。

日暝山气落,江空潭霭微。

帝乡三万里,乘彼白云归。

［明］高棅编《唐诗品汇》卷二

［唐］宋之问《洞庭湖》

地尽天水合,朝及洞庭湖。

初日当中涌,莫辨东西隅。

晶耀因何在,滢荧心欲无。

灵光晏海若,游气耿天枢。

张乐轩皇至,征苗夏禹徂。

楚臣悲落叶,尧女泣苍梧。

野积九江润,山通五岳图。

风恬鱼自跃,云夕雁相呼。

独此临泛漾,浩将人代殊。

永言洗氛浊,卒岁为清娱。

要使功成退,徒劳越大夫。

［宋］李昉等编《文苑英华》卷一百六十三

［唐］李白《远别离》

远别离,古有皇英之二女。

乃在洞庭之南,潇湘之浦。

海水直下万里深,谁人不言此离苦?

日惨惨兮云冥冥,猩猩啼烟兮鬼啸雨,我纵言之将何补?

皇穹窃恐不照余之忠诚,雷凭凭兮欲吼怒。

尧舜当之亦禅禹。君失臣兮龙为鱼,权归臣兮鼠变虎。

或云尧幽囚,舜野死。

九疑联绵皆相似,重瞳孤坟竟何是?

帝子泣兮绿云间,随风波兮去无还。

恸哭兮远望,见苍梧之深山。

苍梧山崩湘水绝,竹上之泪乃可灭。

[宋]杨齐贤集注,[元]萧士赟补注《李太白集分类补注》卷三

[唐]李白《悲清秋赋》

登九疑兮望清川,见三湘之潺湲。

水流寒以归海,云横秋而蔽天。

余以鸟道计于故乡兮,不知去荆吴之几千。

于时西阳半规,映岛欲没。

澄湖练明,遥海上月。

念佳期之浩荡,渺怀燕而望月。

荷花落兮江色秋,风袅袅兮夜悠悠。

临穷溟以有羡,思钓鳌于沧洲。

无修竿以一举,抚洪波而增忧。

归去来兮人间不可以托些,吾将采药于蓬丘。

[清]王琦撰《李太白集注》卷一

[唐]杜甫《湘夫人祠》

肃肃湘妃庙,空墙碧水春。

虫书玉佩藓,燕舞翠帷尘。

晚泊登汀树,微馨借渚蘋。

苍梧恨不尽，染泪在丛筠。

［宋］郭知达编《九家集注杜诗》卷三十五

［唐］张谓《邵陵作》

尝闻虞帝苦忧人，只为苍生不为身。

已到一朝辞北阙，何须五月更南巡。

昔时文武皆销铄，今日精灵长寂寞。

斑竹年来笋自生，白苹春尽花空落。

遥望零陵见旧丘，苍梧云起至今愁。

唯余帝子千行泪，添作潇湘万里秋。

［宋］李昉等编《文苑英华》卷二百九十二

［唐］刘长卿《斑竹》

苍梧千载后，斑竹对湘沅。

欲识湘妃怨，枝枝满泪痕。

［唐］刘长卿编《刘随州集》卷一

［唐］刘长卿《湘妃庙》

荒祠古木暗，寂寂此江濆。

未作湘南雨，知为何处云。

苔痕断珠履，草色带罗裙。

莫唱迎仙曲，空山不可闻。

［唐］刘长卿编《刘随州集》卷六

[唐]刘长卿《斑竹岩》

苍梧在何处,斑竹白成林。

点点留残泪,枝枝寄此心。

寒山响易满,秋水影偏深。

欲觅樵人路,蒙胧不可寻。

[唐]刘长卿编《刘随州集》卷六

[唐]张濯《题舜庙》

上都遗庙出河汾,万代千秋仰圣君。

蒲坂城边长逝水,苍梧野外不归魂。

寥寥象设魂应在,寂寂虞篇德已闻。

向晓风吹庭下柏,犹疑琴曲韵南熏。

[宋]李昉等编《文苑英华》卷三百二十

[唐]孟郊《湘妃怨》

南巡竟不返,帝子怨逾积。

万里丧蛾眉,潇湘水空碧。

冥冥荒山下,古庙收贞魄。

乔木深青春,清光满瑶席。

搴芳徒有荐,灵意殊脉脉。

王佩不可亲,徘徊烟波夕。

[宋]郭茂倩辑《乐府诗集》卷五十七

[唐]李贺《湘妃》

筠竹千年老不死，长伴秦娥盖湘水。

蛮娘吟弄满寒空，九山静绿泪花红。

离鸾别凤烟梧中，巫云蜀雨遥相通。

幽愁秋气上青枫，凉夜波间吟古龙。

[宋]郭茂倩辑《乐府诗集》卷五十七

[唐]李贺《苦篁调啸引》

请说轩辕在时事，伶伦采竹二十四。

伶伦采之自昆丘，轩辕诏遣中分作十二。

伶伦以之正音律，轩辕以之调元气。

当时黄帝上天时，二十三管咸相随，唯留一管人间吹。

无德不能得此管，此管沉埋虞舜祠。

[唐]李贺撰《昌谷集》卷四

[唐]张正元《南风之熏赋》

昔者南风和醇，明德惟新。创五法而配夏，感万物之如春。不然者，夔何以得为典乐，舜何以尊为圣人者哉？其风乃周流遐裔，荡涤庶物。廓宇宙以澄清，屏腐余之伊郁。故表太平之至理，俾寰宇之无咈也。且顺而随时曰《巽》，气之相感曰《咸》。合之宁间于幽林旷野，散之何啻乎万壑千岩！当其南正司辰，朱明应节。我风在德，何以验乎枯桑；我风在仁，何必候于空穴。物既斯悦，熏不在乎器，人奚以钦，物莫能同。叶不在乎兰，人何以结。知执德不回，嘉祥有开。始斯人之解愠，倏仪凤以员来。有孚容若，至德休哉。足以成天下之务，畜天下之财。今国家以义为利，知风之自。实皇猷之穆穆，因王道之易易。竹帛之功

大舜传

斯在，丝桐之音不坠。夫如是，未有灵瑞之不臻，生成之不遂者也。宁与夫蓬振尘惊，飔飚凄清。或败物者有坠，或中人而丧精。未若我皇内协正德，外和厚生。在乎野而草自偃，人乎林而条不鸣。是则良哉元道，克洽九有。仰南熏兮何翕尔而纯和？幸得咏时康与俗阜。

［宋］李昉等编《文苑英华》卷十三

［唐］谢观《舜有膻行赋》

肉不爱蚁，蚁自来依；舜不求人，人自来归。尔则以膻生向慕，我则以思深恻微。祁祁子来，竟欢怀于德饱；侁侁类聚，各沾濡以家肥。是知取喻于彼，欲明于此。播熏风于酷烈，比黎庶于蝼蚁。温恭允寒，谅不阻于幽微；玄德升闻，固无问于遐迩。是故四海纷会，千门竞追。共仰来苏之日，诚非逐臭之时。以孔甘为味，以润下为脂。率从其旨，爰度乃私。应其欲而徇矣，思所利而啖之。各竭血诚，汝则如饥如渴；无劳肉视，吾乃龙章凤姿。载求而膻不在身，三嗅而膻不在服。在乎安长幼，资亭毒。行叶扬芳，言兰芬馥。以膏腴及万姓，万姓熙熙；以霈泽溥四门，四门穆穆。咸遂其性，各安其族。并饮其风顺雨调，岂止于觞酒豆肉。若乃望之如日，戴之如天。不销不歇，沛然霈然。如此乃闻膻者焉。如或失之于上，迷之于下。四罪之徒，三苗之野。如此乃闻膻者焉，喻既斯大，义岂凭虚。以心求芬芳者得，以鼻求芬芳者疏。自发德馨之惠，宁同乳臭之余。服媚媲之而孰可，芬香拟之而岂如。由是蒸黎子来，蛮夷蚁附。八方咸戴其煦育，九土共臻其道路。惠然若归，往也如慕。焕重瞳而日月清朗，齐七政而恩威布濩。至矣哉！巍巍堂堂，可谓承天有裕。

［宋］李昉等编《文苑英华》卷四十三

［唐］杨乃《舜歌南风赋》

巍巍舜德,于今人称。居北极而惟大,歌《南风》以敷宏。歌之伊何?制丝桐而合奏;风之至矣,信长育而有征。兹可谓无为而自理,天纵而多能。美夫诚,发深衷。物能应感,悯沃瘠之劳逸,均阴阳之舒惨。是用作则于世,利之孔多。风咏凯兮,美万物之蕃衍;乐操琴也,佳五声以同和。复而不厌,远而匪他。方将煦妪之为意,岂徒娱乐于斯歌! 观其发宫应徵,扬清激浊。自南习习,同诗人喻彼棘心;入夜泠泠,异贫士叩其牛角。则知圣人审音以知政,化俗而作乐者有矣! 夫懿其出乎幽谷,应以繁声;若云龙之潜召,同律吕之相生。万籁动,八音清,匪鸣条而扇物,方靡草而作程。是以人荷时康,功归帝力,四气以之而不挠,百谷从兹而蕃殖。节有度,守有则,始从迩以及远,终自南而徂北。尔乃匪徐匪疾,乍遏乍闻。飒飒清音,疑少女之初至;泠泠余韵,谓别鹤之求群。亦为父母之罔极,何必声变而成文。是以德冠百王,致成万物,正南面而恭己,懋功千载而不咈。

［宋］李昉等编《文苑英华》卷四十三

［唐］刘禹锡《潇湘神二首》

之一

湘水流,湘水流,九疑云物至今愁。

君问二妃何处所,零陵香草露中秋。

之二

斑竹枝,斑竹枝,泪痕点点寄相思。

楚客欲听瑶瑟怨,潇湘深夜月明时。

［唐］刘禹锡撰《刘宾客文集》卷二十七

虞舜塑像（刘育平／摄）

［唐］白居易《太平乐词》二首之二

　　湛露浮尧酒，薰风起舜歌。

　　愿同尧舜意，所乐在人和。

［唐］白居易《白氏长庆集》卷十八

［唐］李邰《舜庙古杉》

　　总负亿年质，高临千仞峰。

曹娥江（刘育平／摄）

贞心欺晚桂，劲节掩寒松。

任彼风飙折，挺然霜雪冲。

茎凌霄汉表，根蟠龙窟中。

仙客频栖舞，良工何渺逢。

枝头连理翠，拥护圣神宫。

[明]万历《九疑山志》卷七《赋诗》

[唐]朱庆余《题娥皇庙》

娥皇挥涕处，东望九疑天。

往事难重问，孤峰尚惨然。

夜深寒峒响，秋近碧萝鲜。

未省明君意，遗踪万古传。

[清]康熙《御定全唐诗》卷五百五十

大舜传

[唐]朱庆余《舜井》

碧甃磷磷不记年，青萝锁在小山颠。

向来下视千山水，疑是苍梧万里天。

[清]康熙《御定全唐诗》卷五百五十

[唐]杜荀鹤《题历山舜祠》

山有庙，呼为帝二子，多变妖异，为时所敬：

昔舜曾耕地，遗风日寂寥。

世人那肯祭，大圣不兴妖。

殿宇秋霖坏，杉松野火烧。

时讹竞淫祀，丝竹醉山魈。

[唐]杜荀鹤《唐风集》卷一

[唐]贯休《舜颂》

高高历山，有黍有粟。皇皇大舜，合尧玄德。

五典克从，四门伊穆。大道将行，天下为公。

临下有赫，选贤用能。吾皇则之，无斁无逸。

绥厥品汇，光光得一。千辐临顶，十在随跸。

大哉大同，为光为龙。吾皇则之，圣谋隆隆。

纳隍孜孜，考考切切。六宗是禋，五瑞斯列。

排麟环凤，披香立雪。四裔纳赆，九围有截。

昔救世师，降生竺干。寿春亦然，万年万年。

[唐]贯休、昙域《禅月集》卷五

［唐］周昙《虞舜》

进善惩奸立帝功,功成揖让益温恭。

满朝卿士多元凯,为黜兜苗与四凶。

［清］康熙《御定全唐诗》卷七百二十八

［唐］张吉辅《舜庙怀古》

大舜陟方地,疑名更不沉。

是非应未定,从古到于今。

玄德长垂范,熏风尚满林。

殿凉青嶂合,碑峭绿苔深。

帝子经湘浦,空余怨慕心。

［清］嘉庆《九疑山志》卷三《艺文上》

［唐］刘骘《虞帝庙》

诗人如不颂,谁识太平心。

石老碑文古,庭芳蚁穴深。

白云生绝壑,斑竹锁疏林。

行客自南北,青山无古今。

登游寻胜迹,望望日西沉。

［清］雍正《湖广通志》卷八十六《艺文志》

佚名《舜子至孝感天》

之一

瞽叟填井自目盲,舜子从来历山耕。

将米冀都逢父母,以舌舔眼再还明。

之二

孝顺父母咸(感)于天,舜子涛(淘)井得银钱。

父母抛石压舜子,感得穿井东家连。

《敦煌变文·舜子变》

[唐]张生《梦舜抚琴歌》

进士张生下第,游蒲关,宿于舜庙,梦舜抚琴。歌曰:

《南风》熏熏兮草芊芊,妙有之音兮归清弦。

荡荡之教兮由自然,熙熙之化兮吾道全,熏熏兮思何传。

[清]康熙《御定全唐诗》卷八百六十八

[宋]范仲淹《尧舜帅天下以仁赋》

穆穆虞舜,巍巍帝尧。伊二圣之化仁,致四海之富饶。协和万邦,盖安人而为理。肆觐群后,但复礼以居朝。当其如天者尧,继尧者舜。守位而时既相接,行仁而性亦相近。内睦九族,善邻之志咸和;外黜四凶,有勇之风遄振。聪明作圣,浚哲如神。一则命羲和而钦历象,一则举稷契而演丝纶。孰谓各行其道,但见同致于仁。谤木设时,恻隐之情旁达;熏弦奏处,生成之惠皆臻。民保淳和,政无谲诈。实博施而可大,亦无为而多暇。茅茨何耻,方不富以为心;璇玑有伦,惟罕言而自化。故得兆民就日,万国慕膻。诚同心而同德,又何后而何先。水涉久忧,曷三月而违也;朝纲历试,非一日而用焉。然则帝者民之宗焉,仁者教之大也。帝居大于域内,仁为表于天下。咨询四岳,何异乐山之情;统御八元,允谓长人之美。夫五帝之最,百王之宗。物无不遂,贤无不从。于以见昭德于文思,于以见播美于温恭。殊途同归,皆得其垂衣而治;上行下效,终闻乎比屋可封。大哉！光宅无私，文明由己。稽陶唐之道，法有虞之理。是则万汇熙熙，咸颂声而作矣。

［宋］范仲淹《范文正别集》卷二

［宋］曾巩《舜泉》

山麓旧耕迷故垄，井干余汲见飞泉。

清涵广陌能成雨，冷浸平湖别有天。

南狩一时成往事，重华千古似当年。

更应此水无休歇，余泽人间世世传。

［宋］曾巩《元丰类稿》卷七

［宋］刘攽《皋陶戒舜在知人赋》

惟舜德所以大圣，非自为，其与人而同者，盖择善而从之。执两端而用其中，志存乐取；见一行而莫之御，众岂遽遗。缅思古人，实惟虞氏。审万物之备我，体至人之无己。盖夫虑善以动，则自用者小焉；与人同功，而任事者贵矣。察言好问，但见其闻斯行之；明目达聪，孰有夫怨乎不以。若乃耕稼以力，陶渔是亲。试诸难而兴事，纳于麓以明。民然后讴歌之，所属历数之暨身。曷注措之天，若奚持循之日新。夫何为哉，徒正面而恭己；弗可及己，常稽众以从人。且夫群于人者，物莫能离；同于善者，德有常主。故我总万汇以兼载人，自一言而泛取。克协于帝，是以谓之重华；尚论其人，斯弗忘于稽古。譬夫山岳之高也，其积以细；江海之大也，其受以虚。盖与其足已，而弗及夫。孰若忘怀而有余，求福不回；顾明德之若此，乐告以道，靡寸长之失于。然则一心之所谋，其智也浅；一力之所济，其功也鲜。故道莫贵于因众以宁德，莫大乎与人为善。不然者，安得侧微在下，九男顺而服从；登庸受终，五臣与而丕显。大矣哉！不震不盈，不伐不矜，肆昊天之眷命,实亿姓之与能。是以姒氏承风,闻昌言而亟拜;子渊希德,聆介善而服膺。世之人行己也,专改过而吝,以出众兮为可任,以逊志兮为必信。然后知善与人同,巍巍乎其斯以为舜。

［宋］刘敛《彭城集》卷二

［宋］华镇《闻〈韶〉亭》

重华祠宇下,危构压山椒。

壁石因天设,茨茆得旧条。

云山排笋簴,风竹度笙箫。

想见来仪羽,飞飞下沆寥。

［宋］华镇《云溪居士集》卷七

［宋］鲜于侁《九诵·舜祠》

道历山兮逶蛇,思古人兮感叹。

并储胥兮肃止,仰曾云兮暗暧。

兽何鸣兮林中,鸟何悲兮山上。

木何为兮不剪,草何为兮茂畅。

帝之神兮在天,帝之德兮在人。

物具兮四海,心精兮一纯。

采秀实兮山间,摘其毛兮涧底。

玉醴湛兮琼茅,希修杂兮兰茝。

乐备兮九奏,凤舞兮仪《韶》。

人骏奔兮如在,君卒享兮神交。

［宋］吕祖谦编《宋文鉴》卷三十

［宋］苏轼《南风铭》

声歌《南风》舜作则,欲报父母天罔极。

［宋］苏轼《东坡全集》卷九十六

［宋］舒亶《舜琴歌〈南风〉赋》

帝意虽远,琴音可通。欲发扬于孝道,遂歌咏于《南风》。寓意五弦,写生成之至德;托言万物,荷长养之元功。粤其耕稼陶渔至为君,聪明睿智积诸已日深。致孝之念,躬尽事亲之理。以谓鞠养之德,欲言之不足;生育之爱,欲报之何以。缘情指物孰形孝子之思,流咏在琴且载《南风》之旨。时其比屋熙又岩廊靓深,包我万虑写于一琴。协天地以同趣,按丝桐而播音。作以叙情,适在无为之日;薰兮八奏,永言至孝之心。盖曰风之于物也,有化养之恩覃;亲之于己也,有劬劳之德博。眷物理之明甚,假琴声而远托。一弹而欢意悉写,再鼓而群心咸若。按弦而奏,声参《韶》乐之淳;寓象而言,义并《凯风》之作。议夫琴求以意而不求乎形器,帝乐在孝而升乐于弦歌。感民之义岂并于《北里》,思亲之志固深于《蓼莪》。藏韵于心非止解一时之愠,寄声于政又将陶万国之和。自是正音畅而化洽幽遐,协气流而时消沴滞。闺门听之则翕尔和顺,朝廷闻之则欢然感厉。风被乃俗,功归于帝。又得夔工之奏,同乐于民;不烦邹律之吹,阜财于世。兹盖渊默玩意,优游面南。歌孝风之远暨,托琴理以中含。惜乎道与世汩,乐非德参。操变而亡,徒起后人之叹;音调而理,空闻前史之谈。夫岂知音者,导乐理之淳淳,达孝思之进进。内将报德之罔极,外以格民之大顺。然则歌琴之意至矣哉! 莫如虞舜。

［宋］吕祖谦编《宋文鉴》卷十一

［宋］郭祥正《九嶷山图》

噫吁嚱! 九嶷山色何雄奇。

坡陁诘曲不足状,九峰万丈排天扉。

崭崭俨若九老坐,乾颠坤弱能扶持。

崖回时复见华尘,原本旋有山经题。

白云绵联芳草歇,拱木夭矫狂风吹。

上有源源不绝之寒泉,下有泩泩不断之深溪。

初疑青铜照碧落,忽见云汉飞虹霓。

丹青画出尚如此,而况高步穷岖崎。

或云重瞳一来不复返,二妃血泪斑竹枝。

惜哉不经孔子辨,后世谁能公是非?

尧非幽囚,舜不野死。

尧崩民如丧考妣,舜非游仙而幸此。

群猪耸耳听童子,游人击之变风雨。

见豕负涂圣所恶,仙人护之亦何补?

我知神仙术已卑,但爱此山雄而奇。

背图南望未能到,高吟尽日长吁嚱。

〔宋〕郭祥正《青山集》卷十四

〔宋〕李纲《晚泊苍梧有感》

常诵苍梧云正愁,岂知理棹此间游。

火山冰井旧传有,桂水藤江相合流。

念远心如嘶北马,逾年行遍峤南州。

重华一去不复返,怅望九疑空白头。

〔宋〕李纲《梁溪集》卷二十五

［宋］胡宏《谒虞帝祠》

有姚心妙赞乾坤，尧禹兴亡赖两存。

蒲坂旧都西望远，苍梧陈迹事难论。

九官效职群英聚，二女宜家圣德尊。

万代君王模范表，吁嗟一庙破荒村。

［宋］胡宏《五峰集》卷一

［宋］薛季宣《琴曲附哀挽》

《思亲操》

（舜耕历山，见鸠母子相哺，思念父母作。）

彼美鸠雏，归哺呜呜。

所哺伊何，曰父母且。

匪生何父，匪育何母。

历山之居，居庸可久。

念念思归，不归何俟。

《舜操》

（舜立为天子，思事亲之乐，谓巍巍之位不足保作。）

黄屋兮巍巍，人道兮委蛇。

念父母兮庭闱，三牲日馈兮夫岂不时也。

惽不如在野兮亲几履也，惟昔乐而劳今兮吾将已也。

《南风歌》

（舜治天下作）

怅彼夏日，熇熇其暑。

毒我下民,辟焉无所。

忾彼夏夜,郁蒸其雨。

民之愠结,莫安其处。

凯风自南,发于茂林。

实彼百谷,纾我愠心。

［宋］薛季宣《浪语集》卷十三

［宋］韩元吉《湘竹赋》

余怀古而不见兮,将吊舜于九疑。望湘江之沄沄兮,惮褰裳而涉其涯。款二女于丛祠兮,庭有翠筱而参差。睨枝干之斓斑兮,淡猩血之淋漓。手欲触而不敢兮,心欲置而复思。故老谂余以前兮,此皇英之泪痕。帝遄征而不复兮,泪潺湲于竹根。朝日暴而不灭兮,严霜洗而不昏。度凄风之萧瑟兮,如有余哀之远闻。彼圣人其亡欲兮,岂昵婘而惑私。虽嫠者其抱情兮,何一哀之至于斯。夜将寐而太息兮,梦恍惚其见之。委玉佩以弦琴兮,有美一人其颀靲。青蛾而启皓齿兮,肃予前而致辞。曰吾父之至仁兮,择吾嫔于有虞。惟虞之能继帝兮,功甚巍而不居。艺稷黍于艰难兮,派百川而东驶。制礼乐与法度兮,世盖跻于极治。忧勤终以损寿兮,南巡五月其未已。乘白云以逍遥兮,无复帝车之可还。悼予躬之至弱兮,抚予娣而长叹。考殂落而夫逝兮,予之息又不令。天下其将安归兮,生民又安取正息。既不任于养兮,嗟予死其孰瘥。天既高而莫升兮,地之厚其可人。塞念此以长号兮,涕交堕而弗知。滋草木以如雨兮,与江水之争流。惟此君其谅余兮,含余泪之莫收。历千祀而弗改兮,亦其节之素修。彼昧者其腾口兮,殆妃嫔之后先抑。予哭犹罔于夜兮,顾于此则岂然。嗟神言之谆谆兮,羌不知其梦也。且端拂以求诸神兮,虽龟莢其不贰也。退而告于君子兮,咸举以为信也。遂再拜而谢之兮,吾将敬而植此也。

［宋］韩元吉《南涧甲乙稿》卷一

［宋］朱熹《题尤溪宗室所藏二姬图》

湘夫人

潇湘木落时，玉佩秋风起。

日暮怅何之，寂寞寒江水。

湘君

夫君行不归，日夕空凝伫。

目断九嶷岑，回头泪如雨。

［宋］朱熹《晦庵集》卷十

［宋］马大同《过九疑谒舜祠》

帝德于今祀万年，如何遗像托疏橡。

凭谁为假丹青手，付与梅仙十万钱。

［清］厉鹗撰《宋诗纪事》卷五十一

［宋］周必大《舜五弦琴铭》

五弦琴，有虞氏所作也。昔舜既辟四门，明目达聪，放殛之罪得，元凯之相举，垂拱无为，坐视民阜，乃命后夔，大备庙堂之乐，戛击鸣球，搏拊琴瑟以咏。祖考既来格矣，犹以为未也，别制琴歌《南风》焉。琴具五弦，弦具五声，角触而商章，祉止而羽宇，合是四者，宫以总之。上以写事亲之心而念长养之恩，下以宣爱民之情而解暑雨之愠。呜呼！斯亦孝之至仁之尽矣。参诸《箫韶》，无惑乎凤凰之来仪也，又岂至志在山水而夸六马之仰秣哉！惟商盘夏鼎，为器轻眇，尚勒铭诗，震耀无穷。是琴也，兼述事亲爱民之志，乃徒见于《乐记》而杂出于史氏之书，兹非翰林主人子墨客卿过欤？谨追美舜德而为铭曰：

大舜传

大哉虞舜,重华帝尧。功去四凶,德格三苗。

曰元曰恺,服休于位。曰夷曰夔,乐作礼制。

八音既谐,神人既和。六府三事,时皆可歌。

帝心益谦,不有其美。思制雅琴,以寓厥旨。

乃命峄阳,输尔孤桐。乃命海岱,厜丝其供。

良材告备,大智以创。薄言鼓之,疏越憀亮。

帝在岩廊,拱手垂裳。乃奏斯琴,其音远扬。

叩商叩宫,小廉大浊。心和手敏,愉醳深撄。

孰匪制器,孰匪审音。事亲爱民,则惟斯琴。

事亲伊何,歌此《南风》。长养恩厚,如风之功。

爱民伊何,薰风是咏。既阜尔财,亦解其愠。

琴具五弦,弦具五声。五声之间,有孝有仁。

在昔庖犠,制琴之始。惟孝与仁,舜极其美。

厥后周文,足琴之弦。惟孝与仁,莫如舜先。

乐由心作,德以音著。勒铭昭之,万世无斁。

[宋]欧阳修《文忠集》卷九十二

[宋]辛弃疾《最高楼》

相思苦,君与我同心。鱼没雁沉沉。是梦松后追轩冕,是化鹤后去山林。对西风,且怅望,到如今。

待不饮,奈何君有恨。待痛饮,奈何吾又病。君起舞,试重斟。苍梧云外湘妃泪,鼻亭山下鹧鸪吟。早归来,流水外,有知音。

[宋]辛弃疾《稼轩词》卷二

［宋］陆游《对酒叹》

镜虽明,不能使丑者妍;酒虽美,不能使悲者乐。

男子之生,桑弧蓬矢射四方,古人所怀何磊落。

我欲北临黄河观禹功,尤羊腥膻尘漠漠。

又欲南适苍梧吊虞舜,九疑难寻眇联络。

惟有一片心,可受生死托。

千金轻掷重意气,百舍孤征赴然诺。

或携短剑隐红尘,亦入名山烧大药。

儿女何足顾,岁月不贷人。

黑貂十年弊,白发一朝新。

半酣耿耿不自得,清啸长歌裂金石。

曲终四座惨悲风,人人掩泪无人色。

［宋］陆游《剑南诗稿》卷五

［宋］张侃《舜庙在龙山右》

水来江尾难分燕,山到崖头合号龙。

见得人心尊万乘,片帆飞过亦朝东。

［宋］张侃《张氏拙轩集》卷四

［宋］林希逸《叫舜苍梧云》

叫舜嗟何处,梧江去路长。

天高心渺渺,云远地苍苍。

我欲排闾阖,谁能访帝乡。

泪沾潇水碧,梦入瘴烟黄。

莫唤湘娥问，空怜老杜狂。

重华何可就，骚笔更凄凉。

［宋］林希逸《竹溪鬳斋十一偏续集》卷十八

［宋］真德秀《西山心经赞》

舜禹授受，十有六言。　万世心学，此其渊源。

人心伊何，生于形气。　有好有乐，有忿有懥。

惟欲易流，是之谓危。　须臾或放，众慝从之。

道心伊何，根于性命。　曰义曰仁，曰中曰正。

惟理无形，是之谓微。　毫芒或失，其存几希。

二者之间，曾弗容隙。　察之必精，如辨白黑。

知及仁守，相为始终。　惟精故一，惟一故中。

圣贤迭兴，体姚法姒。　提纲挈维，昭示来世。

戒惧谨独，闲邪存诚。　曰忿曰欲，必窒必惩。

上帝实临，其敢或贰。　屋漏难隐，宁使有愧。

四非当克，如敌斯攻。　四端既发，皆扩而充。

意必之萌，云卷席撤。　子谅之生，春嘘物苗。

鸡犬之放，欲其知求。　牛羊之牧，濯濯是忧。

一指肩背，孰贵孰贱。　箪食万钟，辞受必辨。

克治存养，交致其功。　舜何人哉，期与之同。

惟此道心，万善之主。　天之予我，此其大者。

敛之方寸，太极在躬。　散之万事，其用弗穷。

若宝灵龟，若奉拱璧。　念兹在兹，其可弗力。

相古先民，历历相传。　操约施博，孰此为先。

我来作州,茅塞是惧。爰辑格言,以涤肺腑。

明窗棐几,清昼炉熏。开卷肃然,事我天君。

《心经》

[宋]释文珦《尧任舜禹行》

尧任舜禹,圣化日熙。二臣至德,惟尧克知。

明良胥会,征庸弗疑。佐命垂统,股肱纲维。

行尧之道,夙夜孳孳。上齐七政,大录万几。

与人为善,念兹在兹。举相去凶,咨牧授时。

执德于心,其化若驰。洪水滔天,浩浩无涯。

下民昏垫,荒度为宜。乃乘四载,奠决刊随。

栉风沐雨,手胝足胼。四海会同,九泽具陂。

诞敷文德,帝命是祇。翔泳咸若,凤皇来仪。

尧嘉厥功,翕受敷施。同声相应,百僚师师。

是知官人,安危之基。用贤则安,用佞则危。

惟彼陶唐,百工允厘。后世有述,先天弗违。

能赏能禅,缵承伏牺。为民之极,黄收纯衣。

明并日月,照临无私。不言而治,端拱无为。

民无能名,荡荡巍巍。惟天为大,惟尧则之。

先圣斯言,当深致思。或未之思,室是远而。

[宋]释文珦《潜山集》卷一

[宋]刘克庄《舜庙》

粤俗安知帝,遗祠亦至今。

青山人寂寂,朱户柏森森。

雨打荒碑缺,苔封古洞深。

曾闻张侍讲,来此想《韶》音。

［宋］刘克庄《后村集》卷五

［金］元好问《舜泉效远祖道州府君体》

重华初侧陋,尝耕历山田。

至今历下城,有此东西泉。

丧乱二十载,祠宇为灰烟。

两泉废不治,渐着瓦砾填。

蛙跳聚浮沫,羊饮留余膻。

我行历荒基,涕下何涟涟。

舜不一井庇,下者何有焉。

帝功福万世,帝泽润八埏。

要与天地并,宁待一水传。

甘棠思邵伯,自是古所然。

我欲操畚锸,浚水及其原。

再令泥浊地,一变清冷渊。

青石垒四周,千祀牢且坚。

石渠漱清溜,日听薰风弦。

便为泉上叟,杯饮终残年。

［金］元好问《遗山集》卷二

[元]侯克中《舜》

历山雷泽复河滨,非舜谁能处此身。

孝瞽慈均全父子,事尧让禹尽君臣。

四门既辟群凶去,五教惟宽百姓亲。

莫怪古今疑未信,圣人所以异常人。

[元]侯克中《艮斋诗集》卷二

[元]刘因《虞帝庙》

四顾莽何际,威灵俨若临。

山川尚淳朴,天地自高深。

凤鸟千年叹,《箫韶》三月音。

元功久无复,徒抱致君心。

[元]刘因《静修集》卷十九

[元]张养浩《过舜祠》

太古淳风叫不还,荒祠每过为愁颜。

苍生有感歌谣外,黄屋无心揖让间。

一井尚存当日水,九嶷空忆旧时山。

能令子孝师千古,瞽叟原来不是顽。

[元]张养浩《归田类稿》卷十九

[明]朱元璋《咏李白游洞庭湖》

苍梧山色水何分,碧镜澄湖杳渺云。

惟有古人堪羡处,湘妃犹自望虞君。

[明]朱元璋《明太祖文集》卷二十

［明］乌斯道《潇湘水云》

英英水上云，乃在潇湘间。

朝随江风出，暮逐江风还。

盘旋复缥缈，遥连九嶷山。

重瞳不可见，但见江竹斑。

明月照洲渚，于焉发长叹。

［明］乌斯道《春草斋集》卷一　　275

［明］杨维桢《湘灵操》

湘之水兮九支，湘之山兮九疑。

皇一去兮何时归，攀龙髯兮逐龙飞。

生同宫死同穴，招黄衣兮复皇辙。

九疑水九疑山，九疑辙迹在其间。

望飞龙兮未来，还湘之泪兮成水，湘之石兮成斑。

［明］杨维桢《元艺圃集》卷四

［明］刘基《画竹歌》

我所思兮在潇湘，

苍梧九疑渺无际，但见绿竹参天长。

上有寒烟凝不飞，下有流水声琅琅。

中有万古不尽离别泪，化作五色丹霞浆。

穿崖贯石出厚地，风吹露涤宵有光。

我欲因之邀凤凰，天路修阻川无梁。

孰知画史解人意，能以造化归毫芒。

虚堂无人白日静,使我顾盼增慨慷。

玄霜惨烈岁将晏,鵻啼鼯叫天悲凉。

我所思兮杳茫茫,山中紫笋春可茹,

归来无使遥相望。

[清]陈邦彦编校《御定历代题画诗类》卷七十五

[明]贝琼《大韶赋并序》

《传》曰:尧作《大章》,舜作《大韶》。韶,继也,言舜能继绍尧之德也。《周礼》曰《大韶》,禹乐名也,言禹能大尧舜之德也。前乎舜者,尧非不继尝也;后乎尧者,禹非不继舜也,特于舜言继者,法成乎尧也。在尝之时,法犹未成,尧虽继之,而可继之事未备。舜协于帝,在舜之时功为已协,禹虽继之,不足为难矣,则可继之善,善继之功,惟舜独也。是《韶》为舜之乐无疑。季札观乐,见舞《韶箾》者,曰德至矣盛矣,如天之无不覆帱,如地之无不持载,虽甚盛德蔑以加矣。后孔子学之于齐,三月不知肉味,曰不图为乐之至于斯也。盖知乐之尽善尽美,莫过于《韶》,宜当时之感召丹朱,在位群后德让,祖考来格,鸟兽跄跄,凤皇来仪也。然非舜之德致和于上,夔之乐召和于下,何以臻此哉!故述而为赋,不徒极其声音之美,而且本之舜之德云。赋曰:

有东吴公子,北走齐鲁之疆,观于峄山,而见孔林之主人焉。主人曰:公子之游也,亦将有所睹乎? 曰:无也。生于震泽三江之上,僻陋寡闻,窃慕礼乐之事,而六律七均之制尝究心久矣,愿有请于大人先生焉。主人曰:嘻! 吴会,东南之天府而天下之善音萃焉。然公子犹有所未足者,岂将厌淡泊而说铿锵乎? 必将挟陈娥,携赵女,挼鹍弦,考鼍鼓,若是以为乐乎? 公子憱然不悦,曰:《霓裳》之曲,唐之所以播越也;《广陵》之散,晋之所以分裂也,固不足言矣。若此者又夷狄之乐,无异纣之靡靡以亡其国者,岂君子之所乐乎? 愿闻其他。主人曰:《七德》之歌,《七德》之舞,太宗之肇王业也,亦尝闻之乎?曰:伯者之事,子孙无所法焉。曰:汉祖蹴嬴龙,飞沛中,置酒层台,悲歌《大风》,造基四百,光启西东,若是何如?公子曰:犹有伯心之存也。驳而未纯,然亦一世之雄乎?请言其上。主人曰:抑闻武之《六成》乎?武之济河而西也,马散弗乘,牛散弗服,倒载干戈,包以虎皮,天下知其寝兵不用也,爰作《武》以象功焉,鼓以戒众,久然后战也。长戈连延起其慕也,发扬蹈厉时不可失也。故一成北出,再成灭商,三成自北而南,四成南国是疆,五成分左右以居周、召,六成复始而为天下,王振铎夹舞,秉戈鹰扬,若是何如?公子曰:其容美矣,此武事也,未尽善也,请言其上。主人曰:其惟舜之《大韶》乎!当夫六府治,三事和,叙九功,形九歌。峄阳之桐可以琢琴瑟焉,云梦之筱可以窍管籥焉,泗滨之石可以砮而为磬焉,荆山之金可以范而为镈焉。八音既具,而大体短脰之属有力而不能走者以之为钟虡焉,小体骞腹声清而远闻者以之为磬虡焉。其作也柷以合之,其终也楬以止之。洪者铿而充,清者磬而介,凄切而不流,泛滥而可会。当夫朝廷之燕享,宗庙之祭祀,于是而奏焉。升歌在上,匏竹在下,代作间奏,秩秩有序。或击或戞,或拊或搏。清亮而高远。象乎天之浑沦;广厚而含容,象乎地之磅礴。一变一通兮,四时之终始;一散一润兮,风雨之回合。是时也,熙熙然八荒一春,皞皞乎洪荒大朴,格三苗于洞庭,丹朱宾而有恪。俯而聆之,纯如辛甘之相济,皦如有伦而莫夺,绌如断玉之复续,绎如骊珠之碎落。飞流合而万壑雷转,清风生而天籁交作。吟九渊之老龙,唳九皋之玄鹤。既幺妙而悠扬,亦和平而淡泊。无急微噍杀以感其忧,无啴谐慢易以感其乐。其动于物也，容何为而肃若？神何为而来思？兽何为而舞于土阶？凤何为而翔于茅茨？明协乎《大章》，博拟乎《咸池》，所以保无穷之治，以示安而不忘乎危也。悼六龙之南巡，历苍梧而上九疑。阿母之玉管犹在，湘灵之锦瑟空悲。怅遗声之寂，叫有虞兮远而然。而齐之有《韶》，陈亡而流于兹也；海外之有《韶》，圣人之化播于蛮夷也。宜季札观之而知德，仲尼学之而忘味。彼《武》之六极于阴，特著其武功；此《韶》之九极于阳，实昭其文治也。公子以为何如？公子乃避席而谢曰：至矣！尽矣！不可以有加矣。主人曰：未也，请授以《九德》之歌。

其一《洪流横》，曰：玄黄判，风气开，洪流横，民乃灾。五行泪，帝为哀，禹治之，启始孩。决九川，平九垓，百谷生，田每每。

其二《洪流杀》，曰：洪流杀兮民灾既除，山有鸟兽兮川有鱼。爰可食兮可居胥，乐且歌兮毋忘厥初。

其三《三苗格》，曰：惟圣亶聪，抚有九围，蠢蠢三苗，险阻是依。出师于南，奋我帝威，我师既还，苗亦东归。

其四《四凶黜》，曰：德与刑兮国之经，四凶斥兮八元在庭。帝无为，四海宁。

其五《正德之歌》，曰：惟天降命，物必有则。民之蚩蚩，胡乃自贼。五教不行，禽兽相食。圣人龙飞，四方之极。

其六《利用之歌》，曰：水既平兮别九州，下为隰兮高为丘。徒则轩兮涉则舟，以羡济乏兮百货流，财孔阜兮乐且无忧。

其七《厚生之歌》，曰：下民孔艰兮遭垫溺，寒我衣兮饥我食，我无民违兮父母职。

其八《凤皇来仪》，曰：尧不德兮舜不辞，授以天下万物治。寒暑无易风雨时，《箫韶》九奏朱凤仪。

其九《万世赖》，曰：天覆地载，高广莫测。孰参赞是，俾衣而食。帝治天下，如埏如埴。万世赖之,安知其力。

公子曰:呜呼! 礼废乐崩几千秋矣,而始闻主人之宏论。乃复为之歌,曰:《雅》《南》已亡兮,流荡曷正;觱栗雷怒兮,空桑无声。绿绮不陈兮,荐檀槽与秦筝。妖倡为妍兮,啸鸾鹄而啼燕莺。孰究夫《大韶》之尽善尽美兮,实媲夫《六英》《六茎》。后千载之圣人兮,集厥大成。安得闻九奏于清都兮,御天风而上征。

[明]贝琼《清江诗集》卷一

[明]蓝智《题舜庙》

虞帝传闻葬九疑,苍梧远在桂江湄。

空山黼黻瞻龙御,落日《箫韶》想凤仪。

墓木曾经巡狩地,风云谁见陟方时。

空遗二女《潇湘曲》,明月沧波万里思。

[明]蓝智《蓝涧集》卷五

[明]方孝孺《四箴》(选一)

父子

子孝宽父心,斯言诚为确。

不患父不慈,子贤亲自乐。

父母天地心,大小无厚薄。

大舜日夔夔,瞽叟亦允若。

[明]方孝孺《逊志斋集》卷一

[明]黄表卿《九疑山赋》

下一景,湖南九疑。按诸古以为据,考其图而可知。龙驾不还,万世衣冠之在;马蹄所至,十分山水之奇。戴尧天而身属尧民,履舜土而心知舜事。数千年、百千载之遐踪遗迹,七十二、三十六之福地洞天,此则居其一也。何为渺茫,彼乃疑其九焉。见诸图志,父老常言,迄今以传。巫中黔中,属乎楚之邦吴之境;零陵舂陵,分于秦之后汉之前。仙踪显天皇之始载,郡名标贞观之初年。地方千里而物外胜地,天南一角而壶中有天。攀断龙髯,黄鹤莫留于仙驭;空遗虎鼎,白鸦犹养于玄田。八井俱涸而一井涌泉,九峰齐高而三峰压众。桂林杞林左右森列,石楼石城东西护送。有朱明,有华盖,而簇成蓴绿一华;曰娥皇,曰女英,而对笑桃花一洞。下临玉管,依稀玉管之吹鸾;上有箫韶,仿佛《箫韶》之来凤。古者得道,帝之有虞。浮湘江而溯潇浦,登疑岭而望苍梧。洒西江之泪兮,斑斑之文竹千亩;奏《南风》之琴兮,夏夏之古松数株。三麓床中,丹炼九转;万岁山上,声齐一呼。所以《尚书》已有陟方之语,至于《史记》广为考古之图。乾坤大而圣境亦宽,日月长而仙家不老。碧虚岩前千怪万状,紫霞洞中十洲三岛。六月无夏,惟木惟石;四时有春,非花非草。兹境为胜,异时可考。经藏石室,隐然六甲之护持;亭立仙梯,宛若五丁之开道。客难之曰:舜居蒲阪,本属乎冀之北;舜卒鸣条,不在乎夷之西? 殊不知,无本不立,非文孰稽,有舜江则可枕可漱,有舜坛则可攀可跻。月帔兮明月上,云阁兮白云齐。九溪源下之流派,万丈天边之石梯。鸟篆穹碑,刺史元公之笔;电文怪石,舍人李峤之题。余应之曰:百岂无于一二,十未丧其八九。紫霞高卧前后十四辈,白曰飞升小大三百口。不然,是赋也何为而作焉? 以代门下抠衣而藉手。

［清］康熙《御定历代赋汇》卷十九

［明］李梦阳《大舜赞》

圣狂天渊,一念则分。

孟钦大孝,孔赞克君。

袗衣鼓琴，今如见之。

我犹乡人，鸡鸣莘莘。

［明］李梦阳《空同集》卷六十

［明］王渐逵《韶石铭并序》

惟皇舜既摄元位，躬历数受于文祖，乃朝群岳以厘庶政，观风于多方。于是岁仲春二月，东巡守于岱宗，柴燔于名山大川，以协天时，以修人纪，敦礼明政，以宪于东后。岁五月仲夏，复南巡守于明都，迄衡岳，沿湖湘，上陟九疑，乃历郴、桂，又其南抵于曲江之滨，受觐于皇冈。群后群牧毕会，圭璧琮璜，五瑞三帛，侍于荒垧。南蛮贡琛，惟瑶琨象犀，具皇舜，乃矢文德，舞《韶》于皇冈之阳。凤凰来仪，百兽跄跄，群后荒服，罔不丕格以逊。皇舜曰：都！予闻惟帝祇承明德，不宝异物，予其懋哉！乃归觐于群牧，归贡于蛮荒之长。三让弗克，委而去之，乃陟方西。惟皇既西，群后蛮荒，亦各抵厥疆。众物弃于水湄，粤古迄今，遂成灵异。天帝乃命祝融，司护永奠厥荒，以风于多邦。某谓皇德广运，后之士庶罔或测识，曰为韶石，曰为香炉，相传以讹，兹惟湮哉！乃敬述其事而铭之，其辞曰：

洪荒之余，宣命之纪。肇厥元圣，中天而起。

惟彼元圣，德配彼天。重华协光，放勋是禅。

帝曰汝舜，予耄于勤。尔巽朕位，万邦皇君。

厥位既摄，乃陟群方。修礼同度，迄彼南荒。

惟皇宁止，南荒嘉祉。群后敷功，蛮方聿至。

其至惟何，格兹文命。惟琛祇德，克让以敬。

惟德惟宝，不珍异物。苍璧奇皇，载堙以汨。

浈水溶溶，皇冈葱葱。亿万斯年，惟皇之宫。

灵涉自天，百世之下。锡我元元，草木夭乔。

山川冲郁,惟皇之光。衍此遐福,滇东小臣。

勒此芜文,昭皇之德,以诏后人。

［清］黄宗羲编《明文海》卷一二四

［明］孙承恩《鉴古韵语》

虞舜帝

克尽为君道,无如帝有虞。

执中遵圣轨,大智秉谦虚。

端拱雍容日,时巡治理余。

典谟焕千古,仿佛见都俞。

又

明德身为范,人文日与开。

《韶》鸣灵鸟至,干舞远人来。

龙衮辉宸极,南熏惬圣怀。

泰和千载遇,稽首咏康哉。

［明］孙承恩《文简集》卷二

［明］孙承恩《古像赞》

帝舜

大孝格天,玄德配帝。

精一执中,圣学攸始。

焕乎文章,巍巍成功。

千万世下,仰瞻无穷。

［明］孙承恩《文简集》卷四十一

大舜传

［明］管大勋《恭祭虞陵》（三章）

之一

于皇赫兮帝灵，德广运兮好生。

协巍焕兮重华，开景会兮文明。

格两阶兮有苗，狩八埏兮洞庭。

遵岳南兮庋止，向阊阖兮遐升。

垂功德兮永世，妥冈陵兮不崩。

峨庙貌兮炯光，修祀典兮尝烝。

台小子兮德凉，被帝命兮南征。

过灵祠兮问俗，采兰芳兮展情。

之二

日始夏兮乾阳，日惟吉兮时良。

云火生兮郁炎，礼乐举兮铿锵。

玉瑞陈兮璀灿，椒桂奠兮芬香。

七弦调兮风和，六舞谐兮凤翔。

发骏奔兮上下，载拜跪兮趋跄。

格英爽兮明德，顾予祀兮洋洋。

之三

神居歆兮陶陶，倏回銮兮逍遥。

测诸源兮沄沄，瞻九峰兮峣峣。

神何依兮峻极，山何疑兮光昭。

既屏营兮送之，睹徘徊兮见招。

恍承训兮曰咨，嗟下民兮尔劳。

式有位兮无懈，永终誉兮夙宵。

钦受辞兮旁皇，仰重瞳兮寂辽。

托斯文兮告虔，庶邃古兮神交。

［清］嘉庆《九疑山志》卷三《艺文上》

［明］蒋鐄《谒舜陵礼成》

之一

硙硙连朝夜若何，名山如待两骖过。

寝园春荐三湘藻，复洞寒生二月波。

雷雨犹能迷大麓，风云长为护鸣珂。

两阶今日重干羽，一啸青天愧枕戈。

之二

朝来紫雾更氤氲，闷寝馨香彻夜闻。

斑竹旧沾天上雨，苍梧不散岭头云。

微传虚谷《箫韶》奏，忽印当年剑佩文。

太乙蓬瀛看咫尺，明珰先拜九疑君。

［明］万历《九疑山志》卷八《诗》

［明］万元吉《恭祭虞陵一章》

九疑渐渐，弓箭斯藏；舜陵之名，与山无疆。

臣极既立，帝德乃章；山空庙古，灵气恓荒。

有明小臣，拜舞趋跄；规矩在焉，敢曰未遑。

登高四望，兵气何扬；有若无臣，惭负陶唐。

小臣对此，引疚诚惶；盟辞普前，尽瘁以将。

干羽不言，自服瑶羌；蛮欢蛮舞，神来洋洋。

［清］嘉庆《九疑山志》卷三《艺文上》

大舜传

[明]劭城《谒舜陵有感》

群峰相对帝祠幽,凤辇何年倦此游。

翠竹迎风疑坠泪,碧杉带雨为含愁。

四时冠盖交陵寝,千古江山瘗冕旒。

展拜几回伤往事,满天霜露不胜秋。

[清]嘉庆《九疑山志》卷四《艺文下》

[清]钱陈群《帝舜凤仪麟舞》

玉瑞既班,琴弦斯抚。

《九成》《箫韶》,两阶干羽。

应律风平,谐音石拊。

麟凤为宝,来仪率舞。

群后至止,虞宾在斯。

扬帝之华,典乐唯夒。

敷教行赏,象刑方施。

薰风自南,恭己无为。

[清]张廷玉等编《皇清文颖》卷三十

[清]爱新觉罗·弘历《谒舜庙》

孝称千古独,德并有唐双。

历下仪刑近,城中庙貌庞。

春风余故井,云气护虚窗。

缅继百王后,钦瞻心早降。

[清]乾隆《御制诗二集》卷三

[清]爱新觉罗·弘历《赋得舜歌〈南风〉得薰字八韵，散馆试题》

溯惟鳏在下，玄德早升闻。

钦受心传秘，奋庸帝载勤。

四门惟吁俊，八伯已歌云。

大鹿兴于野，五弦咏是薰。

阜财期畅遂，解愠化嚣纷。

初虑同时舞，中谣比律殷。

咸熙庶哉绩，用协焕乎文。

岂不怀景仰，瞠如空白勤。

[清]乾隆《御制诗三集》卷三十一

[清]爱新觉罗·弘历《虞舜》

居深山中荷天宠，依石屪颜木拥肿。

闻善若决江河涌，沛然莫之能御壅。

升闻玄德投艰重，危微心传开道统。

举八元恺光尧踵，五刑七政修以并。

《南风》解阜时几奉，《九韶》正律来仪凤。

青宫重华额斗拱，高山仰止心翘竦。

[清]乾隆《御制诗四集》卷四十九

[清]李应期《虞陵陪祀恭纪二律》

之一

当今三遣祭虞陵，翠节云华式所凭。

夹道松杉迎瑞霭，九天雨露沛峻嶒。

大舜传

明禋肇备钦崇礼,殷荐专咨内府丞。

守土骏奔勤献藻,恍听《韶》乐凤飞腾。

之二

无为托体在崖阿,楚水湘云吊女娥。

万古丛生环拱向,三峰矗峙郁嵯峨。

虞陵自古标金阙,祀典于今动玉珂。

肃肃王臣同对越,千秋礼乐并山河。

[清]嘉庆《九疑山志》卷四《艺文下》

[清]李应期《皇帝遣官画九嶷山图歌以记之》

今皇一统靖烽烟,绘图海内名山川。

楚南方广属地偏,丹崖耸耸多奇巅。

衡山屹屹戴星躔,七十二峰亥相连。

虞帝南巡度陌阡,翠华莫返邃龙渊。

九疑崇隆势插天,举头瞩目形相然。

玉管之岩轩且妍,传言王母献诸筵。

奚生所得不虚传,蔡邕笔力为铭镌。

紫霞高出舜陵前,古木修森石磴悬。

悠然如磐俯鸣泉,有台有像三千年。

蝌蚪字迹剥石荐,岩前乳石下垂田。

大者华表小者拳,丹青碧绿五色全。

神工不能喻其鲜,崖中乳实左右边。

倾斜幻阒绝跻攀,投炬而入见月穿。

无为天柱杂缀篇,名人手泽尚未干。

玉楼箫韶万寿联，女英娥皇峙集贤。

杞桂二林相后先，石楼石城势危颠。

朱明日照舜源潆，龙岩临水卦峰坚。

白马二峰自并肩，五臣笔架金印圆。

鳌头淹口为邑颧，九峰之胜过龙眠。

画中莫尽山水缘，即此图名山气宣。

上陈睿览见飞仙，宸游即在御榻前。

何事蓬莱把云骞，车书之同不异焉。

民国三十一年《宁远县志》卷二十二《文撷下》

［清］徐旭旦《秋祀舜陵》

凤笙导入重华宫，杉木阴森解愠风。

日映红云开紫殿，香飘绛节引青童。

山川不改秋容肃，俎豆长祈岁月丰。

阶下荆蛮歌万舞，至今犹想格苗功。

［清］嘉庆《九疑山志》卷四《艺文下》

［清］杨汝谷《恭祭虞陵》

九疑积翠仰穹窿，古木萧森护寝宫。

当日鼎湖悲二女，至今文德仰重瞳。

群山星列皆依北，众水分支尽绕东。

一望苍梧云黯淡，教人何处觅遗弓。

［清］嘉庆《九疑山志》卷四《艺文下》

大舜传

[清]杨汝谷《奉使祭陵入九嶷山》

宇内多名胜,冈峦递相续。

惟有九嶷山,峭壁起平陆。

初行入淹口,两门掎角矗。

中有万芙蓉,颖拔面黛绿。

石势互参差,巉巉争起伏。

锐若林笋进,耸若牙笏肃。

一则瘦而利,一则丰而颟。

一则如幢盖,一则如剑簇。

或如臂与指,或如舟与屋。

嵯峨推舜源,八峰皆统属。

更有三分石,插天高莫瞩。

俨若帝端拱,左右皆岳牧。

烟岚互有无,杂花间芬馥。

古木大十围,枝叶何浓郁。

帝灵实式凭,樵采入者仆。

涧水与松风,时时响林麓。

化工施鬼斧,已足骇心目。

闻有紫霞岩,绘形类物族。

幽折神仙居,前贤多纪述。

黄山与雁荡,视此等凡局。

惭余未能到,怃然谢岩谷。

[清]光绪《宁远县志》卷四上《山川·题咏》

[清]陈世烈《虞陵奉祀礼成恭纪》

苍梧缥缈隐巉岏，拱秀陵宫万绿攒。

岭对娥英分侍从，峰排岳牧拜衣冠。

烟清日照双楮老，地静阴生七月寒。

向晓山禽声细细，如闻《韶》奏出林端。

[清]嘉庆《九疑山志》卷四《艺文下》

[清]沈永肩《虞陵陪祀恭纪》

何年鬼谷凿巉岏，青玉连云翠欲攒。

黛色回环新寝殿，山容整肃旧衣冠。

泉声如听琴声古，松影还同月影寒。

幸获趋承宗祝事，荣膺章甫共元端。

[清]嘉庆《九疑山志》卷四《艺文下》

[清]钟人文《恭祀虞陵》

苍梧崩葬自何年，振古如兹荐豆笾。

山立千官朝寝殿，松流古韵杂宫悬。

芳苹洁藻春秋候，荆舞蛮歌陟降前。

寄事微臣深庆幸，至今犹得仰中天。

[清]嘉庆《九疑山志》卷四《艺文下》

[清]何绍基《舜陵》

衡山之阳帝攸宇，南面无为万方睹。

九疑陵庙乃北乡，魂兮归来恋中土。

大舜传

神器有托有何憾，天下臣民泪如雨。

记从受命神宗后，万机大录已授禹。

帝因耄期代巡狩，亦藉游观节倦苦。

有弟封邑百里近，汤沐无劳壁假许。

初致山祇效玉管，遂使苗民格干羽。

山国俗不隔时代，二三千载犹父祖。

至今春秋肃祀享，尚感遗风献歌舞。

南方畏神兼服教，何异冀都星拱聚。

古皆有死葬者藏，神归于天掩其腐。

委蜕于斯盖末命，九州何适非宸宁。

后世山陵示不广，饰观讵止封与树。

同治初元遣祭告，承宣恽公奉香俎。

野人看山乃先至，未由伏瞻盛仪举。

皇华未临特静旷，游屐方贪蹑深阻。

三日风雨任狘逐，岩峦已可谈其粗。

吁嗟涂山会玉帛，南征不归踵前武。

禹陵窆石今尚在，我尝手拓笔可数。

亦如承帝曰咨岣嵝碑，留俟学僮藉稽古。

岂若重华天子体魄严且神，万代茫茫迷处所。

民国三十一年《宁远县志》卷二十二《文摭下》

［民国］张梧生《舜庙》

翠华一去杳苍冥，犹见当年大化经。

木石何曾知贷慧，山川原不肯钟灵。

树排岳牧班联碧，嶂列娥英鬓耸青。

韶乐至今何处觅，仙岩玉琯最堪听。

纪岁陟方阅倦勤，千秋瞻拜古神君。

庳林霁雨犹传爱，湘瑟风来尚鼓薰。

烟辨齐州峰九点，源寻楚越石三分。

赤乌莫遣虞渊坠，犹见重华日未曛。

民国三十一年《宁远县志》卷二十二《文撷下》

大舜传

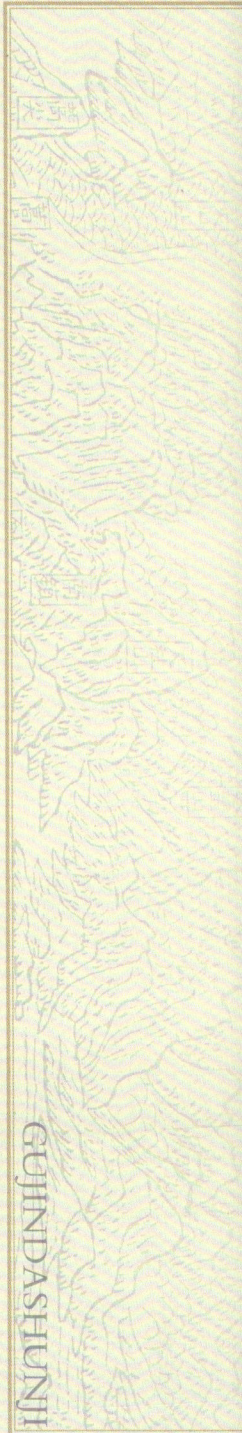

附录二

古今大舜祭

永州舜祭

先秦时期

夏商周三代是祭舜活动的起步阶段。在这一阶段,大禹开祭舜之先河。当地人在九嶷山下大阳溪畔修建了舜庙,以供祭祀。殷商和楚国人有着强烈的崇舜情结。特别是战国时期楚国的伟大诗人屈原,更是把舜帝作为自己心目中的神予以顶礼膜拜。

大禹望九疑而祭舜。《大清一统志》载:"禹南巡,至衡山,筑紫金台,望九疑而祭舜。"是我国古代文献记载的第一个祭祀舜帝的帝王。

大禹是上古时代影响最大的帝王之一。他在舜帝摄政和执政时期接受治理洪水的重任,并取得了成功,为我国上古时期的大洪水时代画上了一个圆满的句号,被舜帝选定为接班人。在将部落联盟首领职位移交大禹以后,舜帝就离开了当时的都城蒲坂(在今山西永济县),到南方巡狩。由于年事已高,路途劳顿,舜帝逝世于今九嶷山一带。大禹南巡至衡山,采用望祀的形式即"望九疑而祭舜"。望祀是由郊祀发展而来,也是古代一种正规的祭祀仪式。在举行望祀仪式之前要筑坛,沐浴更衣。然后在祭坛上奉上三牲,按一定程序朝九嶷山方向进行拜祭。

舜帝南巡崩葬于九嶷山后,九嶷山即成为祭祀舜帝的朝圣之地。后人为了祭祀方便,便在九嶷山一带建立舜庙。舜庙始建时间,已经很难考证。舜庙始建地点,在今宁远县天堂镇大阳洞村一带。《中国历史文献和方志》记载,舜庙始建于夏代,最早的舜庙在九嶷山大阳溪白鹤观前,三代时祀于此,土人呼为大庙。《宁远县志》:"舜庙在大阳溪,盖三代时祀于此。其遗址在白鹤观前,土人呼为大庙。"这里的大阳溪,就是今之大阳洞,为九嶷河流经大阳洞村一带的河段名称。

屈原"就重华而陈词"。屈原名平,字原,又自名正则,字灵均,并自称是上古五帝之一颛顼的后裔。在屈原的心目中,舜帝是最贤明的上古帝王。他非常向往上古时期"尧天舜日"的政治环境,非常推崇舜帝举贤任能的政治品质,非常希望实现楚国强大的政治理想。去职期间,屈原写下了千古名篇《离骚》。他在诗中反复倾诉对楚国前途命运的关心,想要"济沅、湘以南征兮,就重华而陈词",希望楚国的君王能够效法舜帝,从谏如流,使楚国重新强大起来。

秦汉时期

秦汉时期,是历代祭舜的第一个高潮期。这一时期,舜庙由大阳溪迁建于玉琯岩旁,与舜陵合而为一。

秦始皇望祀虞帝于九嶷山。秦始皇是典籍记载的第二个祭祀舜帝的帝王。《史记·秦始皇本纪》:"三十七年十月癸丑,始皇出游。……十一月,行至云梦,望祀虞帝于九疑山。"

秦始皇姓嬴。嬴姓是舜帝后裔。秦始皇作为舜帝后裔,非常崇拜自己的祖宗——舜帝。他以自己的雄才大略完成了中国的统一大业,建立了中国第一个中央集权制的封建王朝,为中华民族与国家疆域、封建制度的形成作出了巨大的历史性贡献。他是舜帝后裔,当然忘不了祭祀自己的老祖宗。因此,他于三十七年(前210)南巡来到云梦时,就在云梦举行仪式,向着九嶷山的方向祭祀舜帝。云梦即今天的洞庭湖一带。

汉武帝盛唐望祀舜帝。元光二年(前133),汉武帝首次到雍邑,用郊祭的礼仪参见五帝。《汉书·武帝纪》:"(元封)五年(前105)冬,行,南巡狩,至于盛唐,望祀虞帝于九疑。"这是古代典籍中记载的第三位望祀九嶷山舜帝陵的帝王。汉武帝(前156—前87)刘彻,是继秦始皇之后又一位有着雄才大略的封建帝王,为中华民族的形成和发展,为中国疆域的形成与拓展,立下了不朽功勋。

蔡邕九疑祭舜。蔡邕是东汉著名文学家、书法家。字伯喈,陈留圉(今河南杞县南)人。灵帝时为议郎,因上书议政获罪,流放朔方。遇赦后,亡命江湖十余年。董卓专权,被任命为侍御史,左中郎将。卓被诛后,邕被捕,死于狱中。蔡邕亡命江湖期间,曾在九嶷山一带停留了相当长一段时间,并拜谒玉琯岩前的舜帝陵,写下了《九疑山铭》:

岩岩九疑,峻极于天。触石肤合,兴播建云。时风嘉雨,浸润下民。芒芒南土,实赖厥勋。逮于虞舜,圣德光明。克谐顽傲,以孝烝烝。师锡帝世,尧乃受征。受终文祖,璇玑是承。泰阶以平,人以有终。遂葬九疑,解体而升。登此崔嵬,托灵神仙。

魏晋南北朝时期

魏晋南北朝时期,中国经历了长达300年的分裂时期。在这期间,战乱与政权更替频繁,各封建王朝和地方官员对舜帝的祭祀仍未中断。

三国时,曹操之子曹植富于才学,早年曾为曹操所宠爱,并一度欲立为太子。后来曹植在政治上的失败,给他以极大打击。正是在这种情况下,曹植写了一篇《帝舜赞》:"颛顼之族,重瞳神圣。克协顽嚚,应唐莅政。除凶举俊,以齐七政。应历受禅,显天之命。"

西晋文学家夏侯湛曾作《虞舜赞》:"有虞悟悟,揖让鼓琴。垂拱临民,咏彼南音。世澄道玄,天下混心。民思王度,如玉如金。"

东晋文学家庾阐出补零陵太守时,曾到九嶷山祭祀舜帝,并作《虞舜赞并序》。其赞词曰:"玄像焜耀,万物之灵。飞龙在天,阳德光明。神道虽寂,务由机生。拥琴高咏,寄和五声。玄风既畅,妙尽无名。民鉴其朗,孰测窈冥。"

南北朝时期,北魏文学家温子升到九嶷山祭舜,并留下了《舜庙碑》。

［魏］温子升《舜庙碑》

怀山不已,龙门未辟。大道御世,天下为公。感梦长人,明扬仄陋。厘降二女,结友九男。执耒历山,耕夫所以让畔。施罟雷泽,渔父于是让川。亦既登庸,以之纳录。九官咸事,百揆时叙。有大功于当世,集历数而在躬。受文祖之命,致昭华之玉。班五瑞于群后,禋六宗于上玄。舞干戚而远夷宾,弃金璧而幽灵应。青云浮洛,荣光塞河。符瑞必臻,休祥咸萃。以君人之大德,为帝王之称首。陟方之驾遂往,苍梧之窆不归。爰自先民,实存

旧庙。既缉药房,遂镇瑶席。龙驾帝服,盖依稀于慕舜。交鼓缤瑟,实仿佛于闻《韶》。其辞曰:

　　虹气降灵,姚墟诞圣。树阴未徙,帝图已定。乃宾四门,以齐七政。天眷功高,民归德盛。治既荡荡,化亦巍巍。《南风》在咏,西环有归。嶷山永逝,湘水长违。灵宫肃肃,神馆微微。

　　　《汉魏六朝百三家集》卷一百八《魏·温子升集》

宋武帝刘裕遣使祭舜

　　晋元熙二年(420),宋王刘裕代晋自立,成为南朝宋代的开国皇帝,史称宋武帝。他当时的太子舍人颜延之,即被委任为始安郡太守。永初三年(422)二月,颜延之离开京都,前往始安郡赴任。临行前,宋武帝要颜延之带了一道口谕,着湘州刺史张邵代为祭舜。颜延之代张邵撰写的祭舜帝文,是祭舜史上见诸记载的第一篇官方祭文。此前,历朝历代官方祭舜,其祭文均未传世。颜延之写的这篇祭文,保存在唐代欧阳询于武德七年(624)成书的《艺文类聚》中,其标题是《为张湘州祭虞帝文》。全文如下:

　　惟哲化神,继天作圣。藏器渔陶,致身爱敬。是以二妃嫔德,九子观命。在麓不迷,御衡以正。唐历继终,虞道乃光。咨尧授禹,素俎采堂。百龄厌世,万里陟方。敬询故老,钦咨圣君。职奉西湘,虔属南云。神之听之,匪酒伊荤。

唐宋时期

　　元结任道州刺史时,迁舜庙于道州城西。唐玄宗时,遣大臣张九龄前往九嶷山祭舜,是见诸记载的唐王朝唯一一次遣使祭舜。唐僖宗时,宁远县令奏请复置舜庙于玉琯岩。宋代,朝廷加强了祭祀活动,九嶷山舜帝陵庙得到修复,祭祀活动得以正常进行。理学大家朱熹还撰写了祭舜乐舞歌词《虞庙乐歌词》。

乾元年间(714—740),唐玄宗派名相张九龄到九嶷山舜帝陵祭祀舜帝。张九龄(678—740),唐玄宗时大臣、诗人。韶州曲江(今属广东)人。长安进士。任左拾遗,迁右补阙,为唐代名相。这次张九龄受唐玄宗派遣到九嶷山祭舜,还带去了祭文,在祭舜仪式上宣读。

[唐]张九龄《祭舜庙文》

维某月朔日,中散大夫、使持节都督桂州诸军事、守桂州刺史兼当管经略使、岭南道按察使、摄御史中丞、赐紫金鱼袋、上柱国、曲江县开国男张某,告昭告于大舜之灵:

惟神以大孝而崇德,以大圣而奋庸,以至公而有天下,以至均而一海内,故不以荒服之外,不以黄屋之尊,巡守而来,殂落于此。勤倦之造,永结于黎庶;惠怀之尊,长存于寿宫。载祀虽遐,威灵如在。今圣朝绍兴至道,愍兹远人,爰遣使臣,按理边俗。惟神幽鉴,愿表微诚。若私僻为谋,公忠有替,明鉴是殛,俾无远图。如悉心在公,惟力是视,当福而不福,为善者惧矣。今至止之日,辄诣陈诚,伏惟神道聪明,亮斯钦畏,愿伏垂冥佑,俾输力明时。尚飨。

[唐]张九龄《曲江集》卷十七

[唐]吕温《谒舜庙文》

唐贞元十一年,岁次乙亥十一月一日,东平吕温敢盥沐斋洁,敬谒于舜帝之神:

恭惟至仁无方，大孝不匮。德馨升闻，允厘百揆。以圣授圣，犹言历试。择人之君，良不可易。圣功无全，相待而宣。雷驱四凶，灵起八元。太冶陶土，璇玑转天。垂衣岩庙，万物浩然。是称至理，是曰帝者。混成雍熙，永锡大椴。乃眷南顾，苍梧之野。归尧鸿名，付禹天下。茫茫推迁，邈万斯年。三代之后，谁为圣贤。政如颓波，俗若坏山。《韶》乐犹在，熏风不还。於戏！道有通变，事有同异。官帝家王，随时之义。揖让而禅，固非力致。所以识者，存而不议。若辅相之宜，财成之规，焕乎文章，百代可知。九官惟旧，七政有彝，宏道在人，太平无时。如何后王，曾莫是思，甚易甚简，舍而弗为？历山岂然，河水东注，唐、虞日远，杨、墨谁拒？瞻彼历山，薄言往诉，庶几精诚，必我依据。假我以灵，俾飞曾云。行神之道，以致吾君。不然归来，鸟兽为群。敢竭微志，托于明神。

[唐]吕温《吕衡州集》卷八

[唐]柳宗元《舜庙祈晴文》

年月日，某官某敢用牲牢之奠，昭祭于虞帝之神：

帝入大麓，雷雨不迷。帝在璇玑，七政以齐。九泽既陂，锡禹玄圭。至德神化，后王与稽。勤事南巡，祀典以跻。此焉告终，宜福遗黎。庙貌如在，精诚不暝。今阳德僭候，有潦凄凄。降是水潦，混为涂泥。岸有善崩，流或断堤。泛滥畴垄，坡陁圃畦。恒雨获戾，循咎增凄。忍兹嘉生，均彼蓬藜。敢望诛黑，蛃抶阴霓，式乾后土，以廓天倪。粢盛不害，余粮可栖。或簸或溲，为酒为醴。枪枪笙镛，坎坎鼓鼙。百代祀德，眈心不携。岂独苹藻，征诸涧溪。帝其听之，无作神羞。

［唐］柳宗元《柳河东集》
卷四十一

［唐］韩愈《祭湘君夫人文》

维元和十五年岁次庚子，十月某日（一作维年月日），朝散大夫、守国子祭酒韩愈谨令前袁州军事判官张得一，以清酌之奠，敢昭告于湘君夫人二妃之神：

前岁之春，愈以罪犯黜守潮州，惧以谴死，且虞海山之波雾瘴毒为灾以殒其命，舟次祠下，是用有祷于神，神飨其衷，赐以吉卜，曰"如汝志"。蒙神之福，启帝之心，去潮即袁。今又获位于朝，复其章绶。退思往昔，实发梦寐凡累年，于今乃合。夙夜悚惕，敢忘神之大庇。伏以祠宇毁顿，凭附之质，丹青之饰，暗昧不蠲，不称灵明；外无四垣，堂陛颓落，牛羊入室，居民行商，不来祭飨。辄敢以

明代文徵明《湘君湘夫人图》（故宫博物院藏）

私钱十万，祈于邦伯，修而作之。旧碑断折，其半仆地，文字缺灭，几不可读。谨修而树之，庙成之后，将求玉石，仍刻旧文。因铭其阴，以大振显君夫人之威神，以报灵德。俾民承事，万世不怠。惟神其鉴之。尚飨。□□始将既修树旧碑，乃刻其文于新石，因铭其阴。旧碑石既多破落，文不可尽识，移之于新，或失其真，遂不复刻。

［宋］魏仲举编《五百家注昌黎文集》卷二十三

［唐］张谓《虞帝庙碑铭并序》

尧有天下七十载，将逊于位，久难其人，伯支、许由全其节而固让，羲仲、和叔审其才而固辞。帝德合于天，天命归于帝，帝尽善也，我其试哉。由是宾于四门，纳于百揆，星辰合度，雷雨不迷。尧之二女厘降于内，尧之九男服勤于外。受昭华之玉，允洽人神；泥封祀之金，大报天地。五臣皆进，明赏也；四族咸黜，明刑也；先质后文，敦俗也；贵德尚齿，优贤也。于斯之时，君明于上，人化于下，山川鬼神，亦莫不宁，鸟兽鱼鳖，众乎咸若。无为而治，其圣也欤！夫以万乘之尊，一人之贵，多见轶其轨度，少能窒其嗜欲。瑶台琼室，尧、舜则茅茨土阶矣；玉食宝衣，尧、舜则藜羹皮裘矣；历代多嫔御，尧、舜顾礼经娶一姓矣；自古好征伐，尧、舜舞干戚怀四夷矣。百姓乐，尧、舜未尝不乐；百姓忧，尧、舜未尝不忧。历数之来，人以位授我；讴歌之去，我以位授人。其来也婴于樊笼，其去也脱于桎梏。形神非吾有，天地之委和；子孙非吾有，天地之委蜕。此其所以禅代也。近日曹丕父子，世为汉贼，当鼎易之时，发荒唐之论，高视前古，大夸群雄，猥以汉魏之间，辄同尧、舜之际，此河伯不知于海，若盗跖自方于仲尼也。古人云尧以义终，舜以勤死，稽诸祀典，永为世教，游夏之徒，岂诬也哉！称尧见囚，小儒之虚诞；为禹所放，曲士之穿凿。攻乎异端，斯害也已。九疑北麓，三湘南滢，帝之遗庙存焉。地僻易芜，徒生荆棘。水深难涉，谁荐苹蘩。先圣不祀，后贤之过。

摄邵阳令、前监察御史宇文宣,大树风教,小康黎元,相冈峦,移栋宇。前豁林莽,得爽垲之地焉,下指城隅,见祈祷之人焉。如或宣室,言征閟宫,灵降娥、英,近侍稷、契。旁趋则歌《南风》,觐东后,朝众圣,会群臣。则知汤、武不敢升堂,自愧于廊庑之下;高、光不敢及户,退惭于阃阈之外。谱敢升堂,自愧于廊庑之下;高、光不敢及户,退惭于阃阈之外。成、康、文、景,帝所讥焉。谓也无孔氏之祖述,有颜子之希慕。作颂于清芬,勒文于玄石。其铭曰:

系自颛顼,家于勾芒。大口奇表,重瞳异相。俗变山中,风移河上。其器不窬,其人皆让。二年成邑,三年成都。惟彼陶唐,禅于有虞。域中交泰,天下昭苏。彩凤听乐,黄龙负图。其德难名,元功不宰。脱屣城阙,遗形江海。陵庙有依,山川无改。象耕未辍,鸟耘犹在。托此岩阿,神心若何。蒸尝昔少,俎豆今多。百越迢遥,九疑嵯峨。湘云古色,楚水新波。庭罗松桂,森若容卫。檐度风飙,宛如《箫韶》。黎庶以宁,阴阳以调。凭兹圣灵,祚我皇朝。

[唐]张谓《唐文粹》卷五十一

[唐]韩云卿《虞帝庙碑铭》

帝舜有虞氏,南巡狩,崩于苍梧之野,南人怀思,立祠祷祭。历夏、殷、周、秦,距乎有国,凡更十姓,飨奠不替。大历十一年,皇族陇西县公兼御史中丞昌巙,领桂林象郡之地。虔祇统命,肃恭神祀,以祠宇堕圮,狭隘朽陋,不足延降神灵。遂谋于州佐县尹,因以俸钱,增新易故,崇垣峻宇,萧屏牖户,有轮有度。亚缋既成,以时昭飨,瞻觐门屏,践履阶闼。兢业恂惧肃然,无不加敬。

牲牷既设,巫祝斯列,斋庄躅洁,惷然如馌其诚。箫鼓既阕,俎豆斯彻。神人和悦,偁然如受其福。是岁,寇贼歼平,年谷丰稔。五岭之人,阴受帝祉。官属长老,愿刊琢表识,以彰懿烈。其辞曰:

惟虞禅夏,夏德斯沦。更殷历周,以及嬴秦。帝号再尊,帝道莫宣。祀典空存,记礼无闻。於穆皇家,踵关虞唐。独生淳俭,后嗣其昌。明明大君,佑佑俾躬。穆穆宗臣,祗业肃恭。广厦增饰,展礼竭忠。人神胥会,风雨晦蒙。三千年间,礼币赞通。西原寇平,南亩有年。祀事报功,皇灵降臻。仡仡武夫,我战自克。畟畟农耜,我勤乃获。日用游焉,恶知帝力。天人同休,心存影会。诚感昭通,屑易窒碍。刊石播关,垂亿千载。

《四库全书》《粤西文载》卷三十七

[唐]柳宗元《湘源二妃庙碑》

元和九年八月二十日,湘源二妃庙灾。司功掾守令彭城刘知刚,主簿安邑卫之武,告于州刺史御史中丞清河崔公能,祇栗厥戒,会群吏洎众工,发开元诏书,惧废守祀。搜考赢羡,均节委积。咸执牒聿,至于祠下。稽度既备,佣役惟时。斩木于上游,陶埴于水涯。乃桴乃载,工逸事遂。作貌显严,粲然而威。十有一月庚辰,陈奠荐辞,立石于庙门之宇下。唯父子夫妇,人道之大。大哉二神,咸极其会。为子而父尧,为妇而夫舜。齐圣并明,弥成授受。内若嚣嚚。上承辉光。克艰以乂,德罔不至。帝既野死,神亦不返。食于兹川,古有常典。驱被庨豁,恢宣淑灵。敢或失职,以奸天刑。有翼其恭,有苾其馨。沉牲爰告,即石是铭。铭曰:

清代任熊《湘夫人图》

（上海博物馆藏）

渊懿承圣，舜妻尧女。德形妫汭，神位湘浒。揆兹有初，克硕厥宇。唐命秩祀，兹邑攸主。胤于万年，期保伊祜。潜火煽燨，炖于融风。毛牷既肆，椒馨爰糈。胤于万年，期保伊祜。潜火煽燨，炖于融风。神用播迁，时罔克龚。邑令群吏，告于君公。廉用积余，以就尔功。桴木负埴，载流于江。既夷以成，崇宇峻墉。洁严清间，左右率从。神乐来归，徒御雍雍。神既安止，邦人载喜。奉其告主，以对嘉祉。南风滑滑，湘水如舞。将子无护，神听钟鼓。丰其交报，邦邑是与。刻此乐歌，以极终古。

[唐]柳宗元《柳河东集》卷五

[唐]韩愈《黄陵庙碑》

湘旁有庙曰黄陵，自前古立，以祠尧之二女舜二妃者。庭有古碑，断裂分散在地，其文剥缺。考图记言汉荆州牧刘表景升之立，题曰"湘夫人碑"，今验其文，乃晋太康九年。又其额曰"虞帝二妃之碑"，非景升立者。秦博士对始皇帝云：湘君者，尧之二女舜妃者也。刘向、郑玄亦皆以二妃为湘君，而《离骚·九歌》既有《湘君》，又有《湘夫人》，王逸之解，以湘君者自其水神，而谓湘夫人乃二妃也,从舜南征三苗不返,道死沅湘之间。《山海经》曰:洞庭之山,帝之二女居之。郭璞疑二女者帝舜之后,不当降小君为其夫人,因以二女为天帝之女。以予考之,璞与王逸俱失也。尧之长女娥皇为舜正妃,故曰君;其二女女英,自宜降曰夫人也。故《九歌》词谓娥皇为君,谓女英为帝子,各以其盛者推言之也。《礼》有小君,明其正自得称君也。《书》曰舜陟方乃死,《传》谓舜升道南方以死,或又曰舜死葬苍梧,二妃从之不及,溺死沅湘之间。余谓《竹书纪年》帝王之没皆曰陟,陟,升也,谓升天也。《书》曰殷礼陟配天,言以道终,其德协天也。《书》纪舜之没云陟者,与《竹书》《周书》同文也。其下言方乃死者,所以释陟为死也。地之势东南下,如言舜南巡而死,宜言下方,不得言陟方也。以此谓舜死葬苍梧,于时二妃从之不及,而溺死者,皆不可信。二妃既曰以谋语舜,脱舜之厄,成舜之圣,尧死而舜有天下,为天子二妃之力,宜常为神,食民之祭。今之渡湘江者,莫敢不进礼庙下。元和十四年春,余以言事得罪,黜为潮州刺史。其地于汉南海之揭阳,历毒所聚,惧不得脱死,过庙而祷之,其冬移袁州刺史。明年九月,拜国子祭酒。使以私钱十万抵岳州,愿易庙之圮楹腐瓦于州刺史王堪。长庆元年,刺史张愉自京师往。余与愉故善,谓曰:丐我以碑石,载二妃庙事,且令后世知有子名。愉曰:诺。既至州,报曰:碑谨具,遂篆其事,俾刻之。

[唐]韩愈《五百家注昌黎文集》卷三十一

宋太祖定制祭舜

赵宋王朝建立后,加强了对上古帝王陵庙的保护与管理。宋太祖建隆年间(960—963),王继勋时为检校太保、行道州刺史事,奉诏重修九嶷山舜帝陵庙。乾德元年(963),宋太祖下诏,对上古帝王的祭祀作出规定。《宋史·礼志》载:"乾德初,诏历代帝王,国有常享,著于申令,可举而行……按祠令,先代帝王每三年一享,以仲春之月,牲用太牢;祀官以本州长官,有故则上佐行事,官造祭器送诸陵庙。又诏先代帝王载在祀典……其太昊、黄帝、高辛、唐尧、虞舜……各置守陵五户,岁春秋祠以太牢。"乾德六年(968),宋太祖敕令九嶷山舜庙每三年一祭。所有这些可以说明,在宋代,朝廷对九嶷山舜帝陵庙的保护与管理是非常重视的,而且采取了很多积极的措施。宋代九嶷山舜帝陵庙,是在唐代舜帝陵庙的基础上重修的,保持了唐代舜帝陵庙的规格与规模,地址仍在玉琯岩前。

朱熹作《虞庙乐歌》

宋代在祭舜问题上作了特别规定,歌祭时,有统一的乐曲,歌词统一使用朱熹所作的《虞庙乐歌》。其歌词如下:

皇无为兮山之幽,翳长薄兮俯清流。

渺冀州兮何有? 眷兹土兮淹留。

皇之仁兮如在,子我民兮不穷以爱。

沛皇泽兮横流,畅灵威兮之无外。

洁樽兮肥俎,九歌兮韶舞。

嗟莫报兮皇之祐,皇欲下兮俨相羊,烈风雷兮暮雨。

从此以后,朱熹所作的《虞庙乐歌》成为祭舜时的通用歌词。

宋理宗《御制御书道统十三赞并序》(赞语选一)

朕获承祖宗右文之绪,祗遹燕谋,日奉慈极,万几余闲,博求载籍,推迹道统之传,自伏羲迄于孟子,凡达而在上其道行,穷而

在下其教明,采其大指,各为之赞,虽未能探赜精微,姑以寓尊其
所闻之意云耳。

舜

於皇圣德,至孝尽伦。所以为大,乐善取人。

惟精惟一,帝心之纯。垂拱无为,尧道是循。

[宋]潜说友《咸淳临安志》卷十一

[宋]华镇《代道州祭九疑帝舜文》

皇帝嗣位初,郊昊天,礼洽百神,庆覃四表,凡载典祀,罔有
弗钦。矧惟潜德升闻,粤帝甚盛,尽善尽美,惟时惟几,功茂百王,
名高四代,陵寝攸在,威神所依。祗若诏书,敬修祀事,惟帝降格,
歆国之馨。尚飨。

[宋]华镇《云溪居士集》卷三十

[宋]邹浩《黄陵庙祝文二首》

维崇宁元年岁次壬午,九月癸未朔,初七日己丑,责授衡州
别驾永州安置邹浩,谨以清酌茗果之奠,敢昭告于湘君、湘夫人
二妃之神:浩,元符中以谏官论中宫不当,立削籍,流新州。明年,
今天子嗣兴,召复秩序,遂跻禁从为中书舍人,又为尚书吏部兵
部侍郎,又以宝文阁待制出帅杭、越。顾虽报效未昭,而宿罪往
愆亦扫然尽矣。日者,元符皇后重有诉述,于是复审湖外,其所
以播告天下,有特降之诏,有中出之疏,典刑所被,竦动一时。在
神聪明,宜已洞察。惟神,其尧为父而嫔于虞,虞帝之所以去四

凶,所以命九官,所以辨真伪是非之实,而待君子小人各当其分,神固得之矣,用以照物,岂不明哉! 唐韩愈黜守潮阳,舟次祠下祷焉,蒙神之福,启帝之心,以获位于朝,人到于今仰之。浩愚不肖,不足以方愈,傥其诚果在所飨,庶几亦邀大庇,早获旋归,以奉老母;若夫获位于朝,如愈之前曰事,则非所敢望也。惟神其听之。尚飨。

维崇宁五年岁次丙戌,二月甲子朔,二十九日壬辰,前责授衡州别驾邹浩,谨以清酌茗果之奠致祭于湘君、湘夫人二妃之神:浩,元年秋九月舟舣祠下,尝有祷于神,今蒙恩归侍,悉如初愿,神之所以赐浩者效矣! 敢不肃恭,澡雪进谢。灵德乃若,调柔风伯,纳来冯夷,使江湖安帖,早达乡国,则尚于神有望焉。惟神终相之,尚飨。

[宋]邹浩《道乡集》卷三十八

[宋]张栻《祭舜祠祝文》

某谨以牲醴,致祭于虞帝之祠:惟斯民之所以生,斯世之所以立,繄人伦之教是赖,而圣人,实人伦之至也。帝之盛德,冠冕万代,固岂下臣所敢赞述。苍梧之野,谓帝尝临。寅缘此邦,获奉庙祀。某莅官之初,适修常事。周视栋宇,缺坏弗称。悚栗汗下,不敢遑宁。肇新规模,兹焉获考。敬率官僚,俯伏以告。惟帝之泽,化育并行。动植蒙赖,何有穷极。敢云此邦,独私其赐。

《五百家播芳大全文粹》卷八十四

[宋]张栻《有虞氏二妃祝文》

惟神,唐帝之女,嫔于有虞,协德圣神,垂则万代。新宫肇建,内阃是严。修祠于春,敢率彝典。

[宋]张栻《南轩集》卷四十二

元明清时期

自秦汉至宋元时期,九嶷山舜帝陵庙位于玉琯岩前,各类祭舜活动也基本上在这里举行。明初,迁舜庙于舜源峰下。明太祖朱元璋御制祭舜文,开皇帝御制祭舜文之先河。明王朝还进一步完善了祭舜制度。清王朝则成为祭舜最多的王朝,并为封建王朝祭舜画上了句号。民国时期,国势衰微,军阀混战,特别是日寇侵华,对祭舜造成了极大影响,国祭舜帝就此停止。

[明]曾鹤龄《祀舜陵记》

舜为万世所宗之圣,而其死与葬,皆有可疑。《书》言舜南巡至于南岳,则南岳者,舜巡狩所止也,今其陵乃在九疑,去南岳千有余里,此其可疑一也。史言舜崩于苍梧之野,今苍梧乃在广西,去九疑又五六百里,此其可疑二也。孟氏言舜卒于鸣条,鸣条在东方徼外,今不闻有舜冢,此其可疑三也。《书》又言舜三十登庸,三十在位,五十载陟方乃死,则是在位通八十年,未尝一日释去,今《零陵志》载舜厌治天下,修道于九疑,后遂仙去,而蔡邕《九疑山铭》言舜尸解升天,此其可疑四也。疑者虽多,解者率无的论。以予观之,舜既巡狩至于南岳,其或事毕又幸九疑,遂崩而葬其地也。苍梧在当时,隶零陵郡,亦未可知。据史与《书》,其述略同,而鸣条之说出于孟氏,盖有不可晓者,若《零陵志》及蔡邕之《铭》,灼然不足辨矣。自古圣人,有生必有死,岂有修道化去之事也。九疑在宁远县南七十里,人迹罕至,故凡有事于此者,礼成即去,皆不暇志其事。予奉命代祀,既毕,有来请曰:斯乃今之盛事,不可无记。遂谨记之,曰:皇帝始遣臣来祀,实宣德元年二月十一日也。其所告则即位改元之事,其所赍则香币祝文,其礼则用太牢,其祀之日则四月庚辰,其陪祀官则宁远令刘董,臣则为翰林院修撰鹤龄。夫智者不惑,孔子犹不自居,况众人乎?予因记祀告之事,遂并列其疑于前,且略记之,俾后来者少去其惑也。

[清]黄宗羲编《明文海》卷三百六十《记三十四》

[明]蒋鐄《重修九疑观碑记》

出延唐东门数百武，有九疑观，乡耆老言古建于三峰石下，唐贞观中迁于斯，我明洪武五年再经始。余令延唐，经其门，询诸耆老，谓旧宫历二百余年，已圮尽。数年间邑民慕义者，共聚财新之工，未半而力不任，遂中辍。余惟九疑，楚之望也，立命鸠工卒业。旬月，缭有垣，堲有茨，虚有牖，一切颓敝者悉举，自中宫暨左右庑，重牖列闼，庙貌俨然。外屏高门，饰以丹垩，父老过而趑之。观以九疑，重观迁而故额犹存，居人不知有邑之镇山，犹知有观，殆九疑之饩羊乎？吾子之勤斯也，其有意乎？余曰：夫潇湘之南，自昔在南鄙，逐臣迁客，泽畔行吟之地也。余浮湘登九疑，觅所谓三峰石者，皆目为穷荒异域，乃自贞观以前，斯观翚革如故也。今日嵥绝鸟道菁棘蓁蓁之路，犹昔年香火不绝之通衢，夫昔以投荒厌苦之而胜事若彼，今稍以为中土安居之而虚墟若此，岂山川之衰旺有数与？抑古今之物力不相及也。夫敬事山川以祝厘，绍修余业以志古，征文考献以鼓吹休明，邑令事也。父老又请曰：比岁之不易泽若焦，方数千里艰食，自吾子之来而时雨，若亩有栖，野有被也，庶几山川之灵其庇予乎？祈年以保我遗黎，敢邀吾子之贶，实居歆之。余曰：天之福也，二三子之劳也。余兹所图者，即不望贞观以前之故宫，俾湘灵生色，又何忍洪武以后之遗构，重夷为里社。自今以往，父兄子弟，其毋剪伐，以水告虔不谷，将藉手以报采风者。于是具岁月土工，勒诸石。

[清]黄宗羲编《明文海》卷三百六十三

御制祭舜陵文（明洪武四年）

维洪武四年岁次辛亥，二月乙卯朔，越日己未，皇帝御名谨遣翰林国史编修雷敢昭告于皇舜之陵，告易代。曰：

朕生后世，为民于草野之间，当有元失驭，天下纷纭，乃乘群雄大乱之秋，集众用武，荷皇天后土眷佑，遂平暴乱，以有天下，主宰庶民，今已四年矣。君生前世，作蒸民主，大德无穷，垂法至今，后人不忘者，以其量同天地故也。朕典百神之祀，考君陵墓在此，然相去三千余年，观于帝《典》，大哉圣德，非天者何！虽窃慕于心，奈禀性之愚，时有古今，民俗亦异。仰惟圣谟，万世所法，特遣官奠祀修陵。至灵不昧，尚其鉴纳焉。尚飨。

［明］万历《九疑山志》卷之一《皇朝御制祭舜陵文》

御制祭舜陵文（明永乐年间）

成祖文皇帝靖难大统，遣翰林编修杨溥致祭，告靖难也。曰：

仰惟圣神，继天立极，功被生民。万世永赖。予祗承祖训，获承大统，式严礼事，用祈佐我国家，永底升平。

［明］万历《九疑山志》卷之一《皇朝御制祭舜陵文》

御制祭舜陵文（明宣德年间）

宣德章皇帝登极，则遣翰林修撰曾鹤龄致祭，告即位也。曰：

仰惟圣神，继天立极，德被生民，垂范无穷，万世永赖。予祗承天序，式修明祀，用祈佐我邦家。

［明］万历《九疑山志》卷之一《皇朝御制祭舜陵文》

御制祭舜陵文（明正统年间）

英宗睿皇帝则遣行人雷复致祭,告即位也。曰:

仰惟前古圣神继作,润泽生民,功在万世。予恭承大统,祗严祀事,用祈鉴佑,永祚我国家。

[明]万历《九疑山志》卷之一《皇朝御制祭舜陵文》

御制祭舜陵文（明景泰年间）

景皇帝则遣尚宝司卿朱礼致祭,告即位也。曰:

仰惟圣神,继天立极,功被生民,万世永赖。予嗣大统,祗严礼事,用祈佑我国家,永底升平。

[明]万历《九疑山志》卷之一《皇朝御制祭舜陵文》

御制祭舜陵文（明天顺年间）

裕陵复辟,辄遣尚宝司卿凌信致祭,告复位也。曰:

粤惟邃古,圣神挺生。继天出治,爰立人极。功德之隆,延于永世。兹于复正大位,祗严祀事,恭祈灵贶,佑我邦家,永臻熙皞。

[明]万历《九疑山志》卷之一《皇朝御制祭舜陵文》

御制祭舜陵文（明成化年间）

宪宗纯皇帝则遣中书舍人解祯亮致祭,告即位也。曰:

仰惟圣神挺生,自古继天立极,著人文功化之隆,惠得万世。兹予缵承天序,式修明禋,用祈鉴佑,祚我邦家。

[明]万历《九疑山志》卷之一《皇朝御制祭舜陵文》

御制祭舜陵文（明弘治年间）

孝宗敬皇帝则遣翰林院编修于材致祭，告即位也。曰：

仰惟圣神挺生，继天出治，德迈千古，功被蒸民。予缵承天序，爰正祀典，恭祈昭格，永奠我邦家。

[明]万历《九疑山志》卷之一《皇朝御制祭舜陵文》

御制祭舜陵文（明正德年间）

武宗毅皇帝则遣太仆寺少卿何孟春致祭，告即位也。曰：

仰惟圣神挺生，宪天立极，功化之隆，万世永赖。予承大统，式严明祀，用祈鉴佑，永祚我邦家。

[明]万历《九疑山志》卷之一《皇朝御制祭舜陵文》

御制祭舜陵文（明嘉靖年间）

世宗肃皇帝则遣翰林院编修尹襄致祭，告即位也。曰：

仰惟圣神，挺生前古，继天立极，宣著人文，功化之隆，惠利万世。兹予缵承天序，式修明祀，用祈鉴佑，永祚我邦国。

[明]万历《九疑山志》卷之一《皇朝御制祭舜陵文》

御制祭舜陵文（明隆庆年间）

穆宗庄皇帝则遣太常寺少卿王凝致祭，告即位也。曰：

仰惟圣神，挺生前古，继天立极，宣著人文，功化之隆，惠利万世。兹予祗承天序，式修明祀，用祈鉴佑，永祚我邦国。

[明]万历《九疑山志》卷之一《皇朝御制祭舜陵文》

大舜传

御制祭舜陵文（明万历年间）

今皇帝则遣吏科给事中张楚城致祭,告即位也。曰:

仰惟圣神挺生,继天立极,德被黎元,垂佑之隆,万世永赖。今承天庥,履"震"继"离",式修明祀,用祈钦格,永佑邦家。

[明]万历《九疑山志》卷之一《皇朝御制祭舜陵文》

御制祭告炎帝陵舜陵文（清顺治八年）

二陵祭文同,致祭年月遣官衔名均与祭南岳庙同。

自古帝王,受天明命,继道统而新治统,圣贤代起,先后一揆。功德载籍,炳如日星。朕诞膺天眷,绍缵丕基。景慕前徽,图追芳躅。明禋大典,亟宜肇隆。敬遣专官,代将牲帛,爰修殷荐之诚,用展仪型之志。伏惟格歆,尚其鉴飨。

[清]光绪《湖南通志》卷七十三《祀典二》

御制祭告舜陵文（清康熙七年）

康熙七年,遣官宗人府府丞高珩致祭,告亲政也。祝文曰:

朕惟自古历代帝王,继天立极,功德并隆,治统道统,昭垂奕世。朕受天眷命,绍缵丕基,庶政方亲,前徽是景,明禋大典,亟宜肇修。敬遣专官,拜将牲帛,爰昭殷荐之忱,聿修尊崇之礼。伏惟格歆,尚其鉴飨。

[清]雍正《湖广通志》卷首

御制祭告舜陵文（清康熙二十一年）

康熙二十一年,遣官督捕理事官魏双凤致祭,告平滇也。祝文曰：

朕惟自古帝王，受天显命，继道统而新治统，圣贤代起，先后一揆，成功盛德，炳如日星。朕诞膺眷佑，临制万方，扫灭凶残，廓清区宇，告功古后，殷礼肇称。敬遣专官，代将牲帛，爰修禋祀之诚，用展景行之志。仰企明灵，尚其鉴飨。

［清］雍正《湖广通志》卷首

御制祭告舜陵文（清康熙二十七年）

康熙二十七年，遣官詹事府少詹事舒书致祭，告祔庙礼成也。祝文曰：

朕惟自古帝王，受天明命，御宇应图，时代虽殊，而继治同道，后先一揆。朕承眷佑，临制万方，稽古礼文，肃修祀事。兹以皇祖妣孝庄仁宣诚宪恭懿翊天启圣文皇后神主升祔太庙礼成，特遣专官，代将牲帛，虔修禋祀之典，用抒景行之忱。仰冀明灵。鉴兹忱悃。

［清］嘉庆《九疑山志》卷一《御祭文》

御制祭告舜陵文（清康熙三十五年）

康熙三十五年，遣官太仆寺少卿王绅致祭，告为民祈福也。祝文曰：

朕惟自古帝王，继天出治，道法兼隆，莫不慈惠嘉师，覃恩遐迩。朕勤恤民，依永期殷阜。迩年来，郡县水旱间告，年谷歉登，蚤夜孜孜，深切轸念。用是专官秩祀，为民祈福。冀灵爽之默赞，溥乐利于群生。尚鉴精忱，俯垂歆格。

［清］嘉庆《九疑山志》卷一《御祭文》

御制祭告舜陵文（清康熙三十六年）

自古帝王，受天景命，制治绥猷，必禁暴除残，以乂安黎庶。缅怀往烈，道实同符。朕钦承帝祉，临御九围。兹以狡寇跳梁，亲征漠北，荡涤寇氛，廓清边徼，永靖兵革。以与普天率土，乐育太和。敬遣专官，代将牲帛，昭告古先哲后。虔修禋祀，式彰安攘之模，用展景行之志。仰企明灵，俯垂鉴飨。

［清］光绪《湖南通志》卷七十三《祀典二》

御制祭告舜陵文（清康熙四十二年）

康熙四十二年，遣官通政司左通政张格致祭，告万寿也。祝文曰：

朕惟自古帝王，继天立极，出"震"承"乾"，莫不道洽寰区，仁周遐迩。朕钦承丕绪，抚驭兆民，思致时雍，常殷惕厉，历兹四十余载。今岁时届五旬，宵旰兢兢，无敢暇逸，渐致民生康阜，世运升平。顷因淮、黄告成，亲往巡历，再授方略，善后是期。睹民志之欢欣，滋朕心之轸恤，遄回銮驭，大沛恩膏。用遣专官，敬修祀典，默赞郅隆之治，益弘仁寿之休。尚鉴精忱，俯垂昭格。

［清］雍正《湖广通志》卷首

御制祭告舜陵文（清康熙四十八年）

康熙四十八年，遣官通政司左通政戴珊致祭，告复储也。祝文曰：

朕惟自古圣神挺生，正位临民，代有令德，是以禋祀千秋，用昭钜典。朕仰荷天庥，俯临海宇，建立元良，历三十余载。不意忽见暴戾狂易之疾，深惟祖宗洪业及万邦民生，所系至重，不得已而有退废之举。嗣后渐次体验，当此大事时，性生奸恶之徒，各庇邪党，藉端构衅，朕觉其日后必成乱阶。随不时究察，究极始末，因而确知病源，皆为镇厌，极为除治。幸赖上天鉴佑，平复如初。朕比因此事，耗损心神，致成剧疾。皇太子晨夕左右，忧形于色，药饵必亲，寝膳必视，惟诚惟谨,历久不渝。令德益昭,丕基克荷。用是复正储位,永固国本。特遣专官,敬申殷鉴,尚祈歆格。

［清］嘉庆《九疑山志》卷一《御祭文》

御制祭告舜陵文（清康熙五十二年）

康熙五十二年,致祭,遣官失考,告万寿也。祝文曰:

朕惟自古帝王,继天出治,建极绥猷,莫不泽被生民,仁周寰宇。朕躬膺宝箓,仰绍前徽,夙夜孜孜,不遑暇逸。兹御极五十余年,适当六十初届,所幸四方宁谧,百姓乂和,稼穑岁登,风雨时若。惟庶征之协应,妥群祀之咸修。特遣专官,式循旧典。冀益赞雍熙之治,尚永贻仁寿之休。俯鉴忱诚,用垂歆格。

［清］嘉庆《九疑山志》卷一《御祭文》

御制祭告舜陵文（清康熙五十八年）

康熙五十八年,致祭,遣官失考,告祔庙礼成也。祝文曰:

朕惟自古帝王,受天景命,建极绥猷,垂万世之经当,谨一朝之典礼。朕钦承帝祉,临御九围,夙夜惟寅,敬将祀事。兹以皇妣孝惠仁宪端懿纯德顺天翼圣章皇后神主升祔太庙礼成,特遣专官,代将牲帛,用展苾芬之敬,聿昭禋祀之虔。仰冀明灵,尚其歆格。

［清］嘉庆《九疑山志》卷一《御祭文》

御制祭告舜陵文（清雍正元年）

雍正元年,遣官都察院左副都御史金应璧致祭,告即位也。祝文曰:

朕惟自古帝王,继天出治,建极绥猷,莫不泽被生民,仁周海宇。惟我皇考,峻德鸿勋,媲美前古,显谟承烈,垂裕后昆。朕以藐躬,缵膺大宝,当兹嗣位之始,宜修禋祀之仪。特遣专官,虔申昭告,惟冀时和岁稔,物阜民安,淳风遍洽乎寰区,厚德长敷于率土。尚其歆格,鉴此精诚。

[清]雍正《湖广通志》卷首

御制祭告舜陵文（清雍正二年）

雍正二年,遣官都察院左副都御史杨汝谷致祭,告配禋礼成也。祝文曰:

朕惟自古帝王,体天立极,表正万邦,恺泽遍于寰区,仁风及于奕祀。朕丕承大统,遥契前徽,兹于雍正元年十一月十五日,恭奉圣祖合天宏运文武睿哲恭俭宽裕孝敬诚信功德大成仁皇帝,配禋圜丘礼成。特遣专官,虔申昭告。惟冀永赞修和之治,益昭安禋之休。鉴此精诚,尚其歆格。

[清]嘉庆《九疑山志》卷一《御祭文》

御制祭告舜陵文（清乾隆元年）

乾隆元年,遣官太常寺少卿雅尔呼达致祭,告即位也。祝文曰:

朕惟礼崇祀典,光俎豆于前徽;念切景行,荐馨香于往哲。惟帝舜有虞氏,继天建极,抚世诚民。丰功辉耀于简编,骏烈昭垂于宇宙。溯典型之犹在,钦遗迹之未湮。朕以藐躬,继登大宝,属膺图其伊始,宜展祀以告虔。特遣专官,祗遵彝典。苾芬在列,备三献之隆仪;灵爽式凭,仰千秋之明德。尚其歆格,永锡鸿禧。

[清]嘉庆《九疑山志》卷一《御祭文》

御制祭告舜陵文（清乾隆二年）

乾隆二年，遣官内阁学士兼礼部侍郎吴金致祭，告配飨礼成也。祝文曰：

朕惟自古帝王，宪天出治，建极绥猷，德泽洽于万方，轨范昭于百世。朕纂承鸿绪，景仰前徽。兹于乾隆二年四月十六日，恭奉世宗敬天昌运建中表正文武英明宽仁信毅大孝至诚宪皇帝，配飨圜丘礼成，特遣专官，虔申昭告。惟冀永佑雍熙之盛，益昭安阜之隆。庶鉴精诚，尚其歆格。

［清］嘉庆《九疑山志》卷一《御祭文》

御制祭告舜陵文（清乾隆十四年）

乾隆十四年，遣官大理寺少卿陈世烈致祭，告中宫摄位、慈宁晋号也。祝文曰：

惟自古帝王继天建极，抚世绥猷。教孝莫先于事亲，治内必兼以安外。典型在望，缅怀至德，要道之归，景慕惟殷，心希武烈文谟之盛。兹以边徼敉宁，中宫摄位，慈宁晋号，庆洽神人。敬遣专官，用申殷荐。仰惟歆格，永锡鸿禧。

［清］嘉庆《九疑山志》卷一《御祭文》

御制祭告舜陵文（清乾隆十七年）

乾隆十七年，遣官大理寺卿李世倬致祭，告慈宁万寿晋徽号也。祝文曰：

惟自古帝王，宪天作极，受箓承庥，教孝莫先于事亲，敛福用光乎继治。是彝是训，缅怀至德；要道之归，寿国寿人。允怀锡类推恩之盛。兹以慈宁万寿,懋举鸿仪,敬晋徽称,神人庆洽。爰申殷荐,特遣专官,冀鉴兹忱,永绥多福。

[清]嘉庆《九疑山志》卷一《御祭文》

御制祭告舜陵文（清乾隆二十年）

乾隆二十年,遣大理寺卿罗源汉致祭,告平定准噶尔、晋徽号也。祝文曰:

惟自古帝王,建极乘时,绥猷驭世。制临无外,德威之福远者神;教化有原,孝道以尊亲大。典型在昔,实天经地义之丕昭;佑启方来,惟文治武功之交凛。兹以平准噶尔大功告成,加上皇太后徽称,神人庆洽,中外蒙麻。敬遣专官,用申裡祀,伏惟鉴格。

[清]嘉庆《九疑山志》卷一《御祭文》

御制祭告舜陵文（清乾隆二十五年）

乾隆二十五年,遣礼部侍郎程景伊致祭,告平定回部也。祝文曰:

惟自古帝王,建极绥猷,经文纬武。诞敷德教,仁义备其渐摩;克诘戎兵,声灵彰其赫濯。惟恩威之兼济先后,道本同符,司命讨之,昭垂今古,功归一轨。兹以西师克捷,回部荡平,缅骏烈于前型,敷奏其勇;远徂征于绝域,通观厥成。中外胪欢,神人协庆。专官肃祀,昭鉴惟歆。

[清]嘉庆《九疑山志》卷一《御祭文》

御制祭告舜陵文（清乾隆二十七年）

乾隆二十七年,遣官都察院左都御史董邦达致祭,告慈闱万寿、晋徽号也。祝文曰:

惟自古帝王,本仁祖义,明物察伦,修人纪以绥猷,则天经而立极。面羹墙其可接,先后攸同;奉俎豆以常新,楷模斯在。兹以慈闱万寿,懋举鸿仪,敬晋徽称,神人庆洽。展尊亲之义,思克绍夫前型;广锡类之仁,期永绥夫后禄。爰申祀告,式荐馨香。尚鉴悃忱,俾膺多福。

［清］嘉庆《九疑山志》卷一《御祭文》

御制祭告舜陵文（清乾隆三十七年）

乾隆三十七年,遣户部左侍郎范时纪致祭,告慈闱万寿、晋徽称也。祝文曰:

惟自古帝王,体元则大,抚世诚民,勋被寰区,德昭往古。羹墙匪隔,累朝之统绪相承;俎豆惟新,百代之英灵如在。兹以慈闱万寿,懋举鸿仪,敬晋徽称,神人庆洽,孝道以尊亲为大,式仰前型;母仪之锡类者宏,永绥厚福。彝章载举,祀典期崇。布肸蚃以告虔,庶灵明之来格。

［清］嘉庆《九疑山志》卷一《御祭文》

御制祭告舜陵文（清乾隆四十一年）

乾隆四十一年,遣内阁侍读学士欧阳瑾致祭,告平定两川也。祝文曰:

自古帝王,德洽恩威,义严彰瘅,除奸禁暴,昭命讨之,无私辑远,绥荒振声,灵之有赫。兹以两金川大功全藏,逆党咸俘。殄遗孽于番陬,戢武协求宁之志;缅丰功于前代,庆成觇耆定之庥。特遣专官,肃将禋祀,惟冀鉴歆。

［清］嘉庆《九疑山志》卷一《御祭文》

御制祭告舜陵文（清乾隆四十五年）

乾隆四十五年,遣官詹事府詹事梦吉致祭,告万寿也。祝文曰:

惟自古帝王,体元赞化,建极绥猷,泽被生民,勋垂奕世。简编明备,累朝之治法相传;弓剑留藏,千载之英灵如在。兹以朕七旬展庆,九有胪欢,懋举崇仪,特申昭告。缅当日之膺图受箓,每深景仰之忱;抚此时之集嘏凝禧,弥切祗肃之念。冀佑郅隆之运,永贻仁寿之麻。式荐精英,惟祈鉴格。

[清]嘉庆《九疑山志》卷一《御祭文》

御制祭告舜陵文(清乾隆五十年)

乾隆五十年,遣官礼部左侍郎庄存与致祭,告绵国祚也。祝文曰:

惟自古帝王,体元赞化,建极绥猷,泽被生民,勋垂奕世。简编明备,累朝之治法相传;弓剑留藏,千古之英灵如在。兹当鸿图锡羡,凤纪增绵,懋举崇仪,特申昭告。缅当日之膺图受箓,每深景仰之忱;抚此时之集嘏凝禧,弥切祗肃之念。冀佑郅隆之运,永贻仁寿之麻。式荐精英,惟祈鉴格。

[清]嘉庆《九疑山志》卷一《御祭文》

御制祭告舜陵文(清乾隆五十五年)

乾隆五十五年,遣内阁学士傅森致祭,告万寿也。祝文曰:

惟自古帝王,膺图抚运,建极宜民。泽洽当时,声教动寰瀛之慕;勋垂奕世。典章昭方册之贻。思英爽以长存,秩春秋而匪懈。兹以朕八旬展庆,万国胪欢,懋举崇仪,特申昭告。荷蕃厘于昊纬,益缅皇春帝夏之隆;仰景行于前朝,倍殷夕惕朝乾之志。尚其来格,鉴此惟馨。

[清]嘉庆《九疑山志》卷一《御祭文》

御制祭告舜陵文（清嘉庆元年）

嘉庆元年,遣荆州左翼副都统成德致祭,告万寿。祝文曰:

惟自古帝王体元赞化,建极绥猷,泽被生民,勋垂奕世。简编明备,累朝之治法相传;弓剑留藏,千载之英灵如在。兹以乾隆周甲、嘉庆纪元,懋举崇仪,用申昭告。缅当日之膺图受箓,每深景仰之忱;抚此时之集瑕凝禧,弥切祇寅之念。冀佑郅隆之运,长贻仁寿之庥。式荐精英,惟祈鉴格!

［清］光绪《湖南通志》卷七十三《祀典二》

御制祭告舜陵文（清嘉庆五年）

嘉庆五年,遣官国子监祭酒玉麟致祭,告配飨礼成。祝文曰:

自古帝王膺箓受图,乘时御宇,罔不宪天立极,宥密单心,故能泽洽万方,范昭百世。朕寅成鸿典,景仰前徽。兹以嘉庆四年十一月二十六日,恭奉高宗法天隆运至诚先觉体元立极敷文奋武孝慈神圣纯皇帝,主配飨圜丘礼成,特遣专官,虔申昭告。惟冀孚佑皞熙之运,益昭安阜之风。鉴此精禋,尚其歆格!

［清］光绪《湖南通志》卷七十三《祀典二》

御制祭告舜陵文（清嘉庆十四年）

嘉庆十四年,遣官理藩院右侍郎策丹致祭,告万寿。祝文曰:

握符御宇,征一心一德之传;建极宜民,差百世百王之等。惟帝王肇开鼎祚,递广萝图。统元会以循环,书《典》《谟》而合揆。溯高庙寅承祖志,睿吟窥升降之原。抚朕躬式缵丕基,治法契登咸之蕴。兹以陈畴锡庆,合宇胪欢。际重熙累洽之期,大衍之数五十;缅骏德丰功之辟,古史之纪廿三。昔年像展南熏,闻见本通乎礼乐;此日心斋左个,馨香仁洽乎人天。用荐精英,特申昭告。山陵不远,樽俎宜歆!

[清]光绪《湖南通志》卷七十三《祀典二)

御制祭告舜陵文(清嘉庆二十四年)

嘉庆二十四年,遣官都察院左副都御史韩鼎晋致祭,告万寿。祝文曰:

惟帝肇握乾符,递承泰英。制礼作乐,垂明备于简编;腾茂蕴英,留声灵于弓剑。兹以朕庆逢六帙,欢洽万方;周甲箓以提厘,萃壬林而锡福。知其政知其德,迄今钦治统之隆;作之君作之师,稽古荷心传之赐。忆五旬之介祉,曾荐惟馨;阅十载以升香,用昭有恪。伏祈歆格,虔奉精禋。

[清]光绪《湖南通志》卷七十三《祀典二》

御制祭告舜陵文(清嘉庆二十五年)

嘉庆二十五年,遣官荆州副都统七克唐阿致祭,告即位。祝文曰:

功存宇宙,留百世之松楸;德在山河,有两楹之俎豆。兴怀往烈,肃奉精禋。朕以藐躬,初承大统,自今日宵衣旰食,兢业方殷;念古来帝绪王猷,典型不远。既切景行之慕,宜修秩祀之文。敬遣祠官,虔申礼奠。眷藏弓之有地,邈矣风徽;问宰木以何年,佳哉葱郁。神其佑飨,福我寰区。

[清]光绪《湖南通志》卷七十三《祀典二》

制祭告舜陵文(清道光元年)

道光元年,遣官荆州副都统七克唐阿致祭,告配飨礼成。祝文曰:

心源递衍,球图灿御世之模;祀典常昭,俎豆肃侑神之礼。惟致治莫先稽古,斯率初宜重升香。朕缵绍丕基,尊崇先烈。廿五载神功圣德,聿符峻极于瑶坛;

325

四十年帝绪王猷,遥企遗徽于玉检。兹以道光元年四月初六日,恭奉仁宗受天兴运敷化绥猷崇文经武孝恭勤俭端敏英哲睿皇帝,主配飨圜丘礼成,特遣专官,敬申昭告,累华睠松楸之荫,往迹殷怀;□楹荐黍稷之馨,懋仪载举。式摅诚悃,庶格精禋。

〔清〕光绪《湖南通志》卷七十三《祀典二》

御制祭告舜陵文（清道光九年）

道光九年,遣官湖南镇筸镇总兵陈阶平致祭,告荡平回疆。祝文曰:

惟帝王治奉三无,功彰九伐。诰兵戎而肆武,骏烈绥戡;扬弧矢以宣威,鸿猷震叠。兹以凶酋剪灭,疆土孟安。昭奢定于极边,共觇一道同风之盛;缅声灵于列代,益著万方向化之麻。敬荐馨香,伏祈昭鉴。

〔清〕光绪《湖南通志》卷七十三《祀典二》

御制祭告舜陵文（清道光十六年）

道光十六年,遣官湖南绥靖镇总兵李约文致祭,告慈闱万寿。祝文曰:

惟帝王膺图御宇,握镜临宸,泽被黄舆,勋垂青史。羹墙不远,仰皇煌帝谛之模;俎豆常新,昭崇德报功之典。兹以慈宫万寿,懋举上仪,敬晋徽称,神人庆洽。天经地义,绍百王至治之馨香;日升月恒,申亿载无疆之颂祝。彝章式叙,祀事攸隆。致蠲洁以明虔,庶神灵之歆格。

〔清〕光绪《湖南通志》卷七十三《祀典二》

御制祭告舜陵文（清道光二十六年）

道光二十六年,遣官湖南永州镇总兵英俊致祭,告慈闱万寿。祝文曰:

惟帝王乘乾握纪,御箓登极。玑镜呈仪,瑶华垂范。羹墙如见,竭高山景仰之诚；黍稷咸登，昭明德馨香之报。兹以慈宫万寿，懋举上仪，敬晋徽称，神人庆洽。万年有道，永垂郅治之鸿猷；百福来同，用协吉蠲之燕飨。综灵囊而肇祀，陈乡簋以致虔。鉴此诚祈，庶其歆格。

民国三十一年《宁远县志》卷第五《祠祀上》

御制祭告舜陵文（清道光三十年）

道光三十年，遣官荆州副都统官文致祭，告即位。祝文曰：

功昭宇宙，千秋之明德惟馨；祀展陵园，旷代之隆仪备举。缅怀前烈，敬奉精禋。朕以藐躬，继登大宝。念天命民畏之可畏，夙夜不遑；思皇煌帝谛之同符，典型未远。肃将飨礼，特遣专官。灵爽常存，弥切景行之慕；馨香斯荐，用申昭告之诚。惟冀来歆，福兹亿兆。

御制祭告舜陵文（清咸丰二年）

咸丰二年，遣官荆州副都统官文致祭，告配飨礼成。祝文曰：

渊源递衍，前型昭方策之贻；统绪相承，明德肃苾芬之祀。缅英灵之如在，稽彝典以宜遵。朕寅绍丕基，尊崇先烈。神功圣德，深翼戴者万方；帝绪王猷，绍心传于百世。咸丰二年四月初二日，恭奉宣宗效天符运立中体正至文圣武智勇仁慈俭勤孝敏成皇帝，主配飨圜丘礼成，特遣专官，虔申昭告。瞻松楸之鹿荫，往迹殷怀；荐黍稷之馨香，明禋懋举。尚其歆格，鉴此精诚。

御制祭告舜陵文（清咸丰十年）

咸丰十年，遣官湖南布政使司文格致祭，告万寿。祝文曰：

膺图抚运，创垂之统绪常昭。锡福诚民，嬗易而后先合揆。惟帝王肇开鼎祚，递握乾符，典章窥制作之精，声教永渐摩之泽。缅先民之矩矱，方策如新；奉累祀之馨香，羹墙可接。兹以朕三旬介祉，九寓胪欢。敷惠阎于遐区，企仪型于往哲。薪传遥溯，盖钦百世之隆规；芗合告虔，庶迓万年之提福。载陈芬苾，尚冀歆依。

民国三十一年《宁远县志》卷第五《祠祀上》

御制祭告舜陵文（清同治元年）

同治元年，遣官湖南布政使司恽世临致祭，告即位。祝文曰：

宝篆斟元，奉三无以出治；璇玑协瑞，袆千圣以同符。惟帝王保泰垂模，乘乾握纪。在昔显庸创制，早启后人祖述之思；于今伟烈丰功，犹隆明德馨香之报。朕幼冲继序，茕疚承基。惕艰大之遗投，奉《典》《谟》为法守。一二日事几兢业，方廑集蓼于当躬；四千年治法钦承，尚冀传薪于先哲。爰稽彝典，肃奉精禋。道契羹墙，弥切宪章之念；仪陈鼎俎，用申昭告之诚。惟冀来歆，福兹亿兆。

民国三十一年《宁远县志》卷第五《祠祀上》

御制祭告舜陵文（清同治十二年）

同治十二年，遣官湖南永州镇总兵朱洪章致祭，告亲政。祝文曰：

宝篆掛元,奉三无以出治;璇玑协瑞,裨千圣以同符。惟帝王保泰垂模,乘乾握纪。在昔显庸创制,早启后人祖述之思;于今伟烈丰功,犹隆明德馨香之报。朕藐躬嗣统,庶政新裁。惕艰大之遗投,奉《典》《谟》为法守。一二日事几兢业,方廑继序于当躬;亿万年治法钦承,尚冀传薪于先哲。爰稽彝典,肃奉精禋。道契羹墙,弥切宪章之念;仪陈鼎俎,用申昭告之诚。惟冀来歆,福兹亿兆。

见于宁远舜帝陵碑

御制祭告舜陵文（清光绪元年）

光绪元年,遣官荆州副都统穆克德布致祭,告即位。祝文曰:

光昭宇宙,千秋之明德惟馨;祀展陵园,旷代之隆仪备举。缅怀前烈,敬奉精禋。朕以藐躬,继登大宝。念天命民碞之可畏,夜不遑;思皇煌帝谛之同符,典型未远。肃将飨礼,特遣专官。灵爽常存,弥切景行之慕;馨香斯荐,用申昭告之诚。惟冀来歆,福兹亿兆。

民国三十一年《宁远县志》卷第五《祠祀上》

御制祭告舜陵文（清光绪十四年）

维光绪十四年,岁次戊子,季春月壬子朔,越祭日丙子,皇遣湖南永州镇总兵韩晋昌致祭于帝舜有虞氏神位前。曰:

惟帝王掛元建极,抚世诚民。至治馨香,百代之神灵如在;显谟懿铄,千秋之统绪相承。稽方策以常新,秩春秋而匪懈。朕藐躬嗣服,庶政亲裁。特遣专官,虔申昭告。播庥声于后世,益缅皇煌帝谛之隆;仰景行于前朝,敢忘盰食宵衣之意。羹墙默契,俎豆祗陈。庶鉴精诚,来歆飨祀。

承祭官永州镇总兵臣韩晋昌

陪祭官永州府知府臣光熙

陪祭官宁远县知县臣侯名扬

录自宁远九嶷山舜陵现存碑

御制祭告舜陵文（清光绪十五年）

光绪十五年岁次己丑,九月甲辰朔,越十有五日戊午,皇帝遣湖南永州镇总兵韩晋昌致祭于帝舜有虞氏之神位前。曰:

天生民作之君,故制治必归一统;礼覆古不忘始,故报祀上及百王。惟帝王出"震"膺图,向"离"握纪。赫声有载,阴阳早协乎神符;熙号无穷,风雨长思乎王会。朕亲裁庶政,统御万方。典学则言必称先,敷治则事多由旧。心存兢业,一日二日万几;志切宪章,先圣后圣同揆。精意以飨,明德惟馨。众所往谓王,永垂灵于五德;功加民则祀,庶锡福于群黎。神其鉴兹,尚来歆格。

承祭官永州镇臣韩晋

培祭官永州府臣光熙

陪祭官宁远县臣侯名扬

录自宁远九嶷山舜陵现存碑

御制祭告舜陵文（清光绪十六年）

维光绪十六年岁次庚寅,十一月丁卯朔,越六日壬申,皇帝遣荆州右翼副都统德禄致祭于帝舜有虞氏神位前。曰:

勋垂宇宙,典型昭方策之贻;庆协神人,俎豆展山陵之祀。惟帝王建中立极,抚世绥猷,德泽披乎寰区,轨范光乎来叶。朕诞膺景命,式缵丕基,仰慕前徽,勤求上理。缅廿三君之骏烈,想皇煌帝谛之同符;殚十六载之小心,矢夕惕朝乾而靡懈。兹以二旬展庆,万宇胪欢,特遣专官,用申昭告。希咸五登三之治,景行惟殷;际重熙累洽之期,蕃厘永锡。尚祈来格,鉴此惟馨。

大舜传

承祭官荆州右翼副都统臣德禄

陪祭官永州府知府臣光熙

陪祭官署宁远县知县臣林佑

录自宁远九嶷山舜陵现存碑

御制祭告舜陵文（清光绪二十九年）

光绪二十九年,遣官湖南按察使司黄建筼致祭,告万寿。祝文曰:

惟帝王揆元御宇,赞化临宸,泽被九垓,勋垂百代。皇煌帝谛,羹墙如接乎心传;崇德报功,俎豆宜隆夫血食。兹以三旬之笃庆,用申一瓣之心香。地义天经,总百世不祧之祀;礼明乐备,罄一人昭告之忱。钜典攸关,彝章式焕。庶神灵之来格,谨蠲洁以明虔。

民国三十一年《宁远县志》卷第五《祠祀上》

御制祭告舜陵文（清光绪三十一年）

维光绪三十一年岁次乙巳,四月癸卯朔,越祭日庚午,皇帝遣荆州右翼副都统德禄,致祭于帝舜有虞氏神位前,曰:

惟帝王膺图御宇,握镜临民。德溥海隅,沦洽遍当时之泽;功垂天壤,辉煌贻奕世之麻。思英爽以长存,肃烝尝而罔懈。兹以慈禧端佑康颐昭豫庄诚寿恭钦献崇熙皇太后七旬展庆,万宇胪欢,懋举崇仪,特申昭告。荷蕃厘于昊绎,益缅蟠天际地之隆;仰茂矩于前朝,用纾涓日练时之敬。尚祈来格,鉴此惟馨。

承祭官荆州右翼副都统臣德禄

陪祭官永州府知府臣德泰

陪祭官宁远县知县臣李宗琏

　　书石官宁远县训导臣潘学海

御制祭告舜陵文（清宣统元年）

宣统元年，遣官湖广永州镇总兵张庆云致祭，告即位。祝文曰：

缅怀洪业，丕基遹嬗于累朝；景慕前徽，郅治渐臻于上理。惟帝王建极乘时，绥猷御宇。裕经纶于自古，宏启佑于方来，朕以藐躬，继登大宝。伏念膺图之始，宜修致礼之诚。特遣专官，用申祇告。典型在望，监成宪以无愆；胙鬯遥通，肃明禋而有恪。尚祈昭格，来飨苾芬。

民国时期（1949年以前）

宁远县知事张立德祭舜帝文（民国三年）

中华民国三年，县知事张立德以匪乱平致祭，祝文曰：

国徽五色，跻一世于共和；祀典千秋，仰重华之上圣。惟帝心传揖让，治本文明，肇后圣之薪传，作民国之基础。模范长昭乎奕世，陵园宜荐以馨香。立德承乏春陵，偏膺重寄，赖神灵之佑助，俾祸乱以削平。崔苻焰销，喜闾阎各安职业；龚墙神契，对俎豆更懔趋跄。不腆是将，尚祈来格！

湖南省政府主席薛岳祭舜帝文（民国二十九年）

民国二十九年，湖南省政府主席薛岳，遣第九区行政督察专员姚雪怀，恭代致春祭，祝文曰：

於乎！万物人贵，曰有人伦。帝处境艰，克孝于亲。人伦之至，玄德升闻。尧荐于天，用康我民。康民伊何？命禹治水。可居可耕，教养事起。命契教民，命稷司稼。更命皋夔，刑弼乐化。惟尧则天，惟帝绍尧。知人善任，帝视尧高。元凯毕登，四凶尽去。最弗可及，殛鲧用禹。公而匪私，共鉴此心。无为而治，颂仰到今。帝昔巡狩，尝陟南岳。苍梧九疑，辙迹攸托。既崩于南，陵寝在兹。民不能忘，祀典昭垂。忝主湘政，会国多故。矧总戎重，鞅掌兼顾。帝尚默佑，穆穆在上。俾殄岛夷，且芟伏莽。我民幸苏，殚虑教养。牲醴致虔，望古遐想。尚飨！

民国三十一年《宁远县志》卷第五《祠祀上》

当代

2000 年 4 月 4 日，宁远县人民政府组织社会各界人士公祭舜帝陵。这次祭典，是新中国成立以来地方人民政府组织的第一次正式祭舜活动，也是永州市公祭舜帝陵之预演。同年 9 月 9 日，永州市人民政府组织社会各界举办了一次空前规模的祭舜大典。参加这次大典的有中央和湖南省有关部门的领导，中国香港、澳门、台湾以及美国、泰国等十多个国家和地区的舜裔宗亲近 200 名代表，还有舜文化研究会代表、企业界代表、文化新闻界代表、友好县市代表、永州市和宁远县各界代表 3000 余人，以及从四面八方步行至九嶷山舜帝陵观光的 3 万多名群众。

2005 年 9 月 15 日在九嶷山举行"湖南省人民政府乙酉年公祭舜帝大典"。这次祭舜大典由湖南省人民政府主办，永州市人民政府和宁远县人民政府承办。为了办好这次祭舜大典，省市县人民政府加大了对舜帝陵庙和周边基础设施建设的力度，开展了舜帝陵庙建设二期工程，扩建了祭祀殿、钟鼓楼、碑廊和陵庙前广场，修通了县城通往九嶷山舜帝陵的标准二级公路，县城的接待设施也有了很大改进。这些都为办好这次祭舜大典创造了良好条件。这次祭舜大典以"尊祖爱国、传承文明、凝聚人心、促进发展"为主题，按照"高规格、小规模、大宣传、大影响"的要求和"热烈、隆重、简朴"的原则进行。前来参加公祭的各级领导和各方嘉宾有：全国政协副主席张梅颖，中共湖南省委副书记、省长周伯华，全国政协人口资源环境委员会副主任、湖南省九嶷山舜帝陵基金会理事长王克英，中共湖南省委常委、常务副省长肖捷。

2004 年世界舜裔宗亲联谊会祭舜帝陵文

维公元二〇〇四年九月二十五日，岁次甲申八月十二，世界舜裔宗亲联谊会常务委员会主席陈守仁、副主席陈来金、陈捷中暨全体常委，代表本会海内外舜裔，谨以太牢、五谷、百果、美酒、香烛之仪，叩首拜祭于我祖帝舜有虞氏之陵，曰：

伟哉神矣，德圣我皇！以孝立家，以德治邦。推行五教，人伦大昌。道德文化，我祖首创。颁刻五刑，慎法惟宽。法制文化，我祖肇端。播时百谷，界定职壤。农耕文化，我祖彰扬。治世清明，人和政安。政体文化，我祖凸显。伟哉神矣，德圣我皇！孝冠今古，德侔地天。呜呼始祖，九疑崩葬。精魂栖此，万民敬仰。我辈临祭，祈福久远。护佑胄裔，发达兴旺。

尚飨！

2005 年湖南省人民政府省长周伯华祭舜帝陵文

维公元二〇〇五年九月十五日，湖南省省长周伯华谨代表湖南省人民政府暨湖南六千七百万人民，敬致祭于中华圣祖舜帝有虞氏之灵，曰：

伏惟舜帝,圣哉吾君。成一代之教化,启万古之文明。父瞽嚚顽,未失晨昏之礼;弟象倨傲,仍怀手足之情。居妫汭而和宗亲,内行笃谨;耕历山而睦邻里,外德芬馨。三十发于畎亩,辅君无爽;六十践于帝位,秉政有方。举八恺与八元,国多贤哲;流四凶于四裔,民享安康。五教昌明,德育由之兴盛;五刑清肃,法制因以成章。设官定职,政体规整有范;制礼作乐,民风和乐无央。奏《九招》,歌《南风》,弹五弦,来凤凰。号大同之世,称明德之邦。讵知驾巡南国,梦断苍梧;礼葬九嶷,魂系潇湘。圣哉舜帝,其德周洽;伟哉舜帝,其业辉煌。缅前贤之雅韵,谱当世之华章。忝一省之重托,诚惶诚恐;兴三湘之伟业,亦豪亦壮。视听唯民,清廉是尚。锐意进取,敢为天下先行;夙夜匪懈,力求乘时而上。奔小康而臻大同,安天心而顺民望。灵兮不昧,鉴我赤忱。绵绵瓜瓞,万世其昌。

尚飨!

祭典仪程。以明代为例,仪程有以下 11 项:

1.瘗毛血。(牲牢之献,先瘗毛血。焚香是迎神于阳,瘗毛血,是用阴物迎神于阴。先人以人死之后魄属阴,归于大地,而魂属阳,则无所不在。故祭祀于阴阳皆有所沟通。)

2.就位。陈设完毕,献官、执事行四拜礼,盥洗,就位。执事焚香。(行礼必着履,履者礼也,饰足以行礼也。)

3.迎神。奏乐。(乐属阳,也是迎神于阳。所以乐奏半时,神其来格,乃行四拜礼迎神。)四拜:鞠躬,拜兴、拜兴、拜兴、拜兴,平身。

大殿卷棚

4.奠帛、初献礼。奏乐。(引赞引献官诣盥洗所。然后诣酒樽所,此时司樽为所有捧爵者斟酒,捧爵者及捧帛者立刻到神位前东侧朝北立。初献官诣神位前,跪奠帛,奠爵,俯伏兴,平身。然后到读祝位,读祝在献官左侧,乐止,众官皆跪,读祝,读毕继续奏乐,众官俯伏兴,平身。帛用素帛,是古人行礼的信物。乐是礼的一部分,所以在奏乐同时行礼。古代没有单独奏乐的。礼仪当中皆立,唯读祝需跪听。读祝也不需话筒,且面向神位,读与舜帝听,非读与大众。注意上下台阶要聚足:上下台阶先迈外侧脚,上下一级,两脚并拢,还是外侧迈出。但执事不必。

5.亚献,由亚献官献爵如上,但不献帛。

6.终献,由终献官献爵如上。

7.饮福受胙。奏乐。初献官到位,跪饮福酒,受福胙,俯伏兴,平身。复位。执事捧胙出,众官再拜:鞠躬,拜兴、拜兴,平身。众官一起分享酒蔬,其乐也融融。

8. 撤馔。执事象征性移动一下酒爵。

9. 辞神。奏乐,四拜。以上事死如事生,一如现实中迎宾、献酒、共餐、送宾。

10. 望瘗。通过焚祝文、焚帛,上达于天。

11. 礼成,散胙。凡与祭者,皆受福胙。

现代舜陵祭祀相关礼器及制品

现代舜陵祭祀的礼器比较简单,有香案、供品桌、供品盘、盥手盆、烛台、香炉、焚表炉、酒壶、酒杯、大钟、大鼓、编钟、礼炮、民族乐器。

香案:仿古案桌,长 2 米,宽 1 米,用于神像前摆放香烛。

供品桌:仿古长条案桌,长 4 米,宽 1.5 米,用于摆放供品。

供品盘:盛三牲(口含尾巴的猪头、牛头、羊头)的供品盘较大,长 1 米,宽 0.5 米。盛五谷百果的供品盘较小一点,一般长宽 0.4 米左右。供品盘大多仿制古代簋、簠。

盥手盆:盛水用的铜盆,供主祭人盥手之用。

烛台:主要用于固定神像前燃烧的蜡烛。

香炉:铁制仿古香炉,摆放在大殿外,供祭祀时烧香烛之用。现代祭祀,流行烧高香,高香越做越大,因此香炉内应有插放高香的筒架,避免高香倒斜。

焚表炉:放置于正殿前的月台上,用于焚烧黄表纸钱。舜帝陵两座石雕焚表炉造型奇特,是世上独一无二的焚表炉。它为建筑造型,重檐攒尖顶,高 2.9 米,兽头方脚,方形炉身。炉脚凸出的四角为猛兽头,此兽似狮非狮,似虎非虎,眼珠往外凸出,嘴张开,一副承重相。炉膛的四柱由四个力士组成。力士赤脚、挺肚微蹲,双手托举,身壮如柱。炉膛上部由四个倒立的人像组成四柱,支撑炉顶。这四人虽然倒立,但喜笑颜开,轻松自如,像杂技团的小丑,幽默有趣。上部四面分别是"福""禄""寿""喜"字格板封闭。炉顶是一只凤凰,炉尖就是凤凰头。

酒壶、酒杯:盛酒用,仿古造型。

大钟、大鼓:祭祀时,鸣钟击鼓仪式用。

编钟:用于祭祀时演奏乐曲。

民族乐器:乐队经常使用的民族乐器有唢呐、筝、琵琶、笛、箫、笙、鼓、锣、钹、京胡、板胡、中胡、低胡等。

礼炮:土硝地炮,俗名地铳,用于仪式中的鸣炮。近几年,虽然引进了接待外宾的现代先进礼炮,但却失去了民族民间特有的祭祀气氛。

现代舜陵祭祀的有关制品有旗幡制品、服装制品、道具制品等。

旗幡制品:

舜麾,长2.4米,宽1.2米,上顶部篆书"祭",中部隶书"中华始祖舜帝",绣有龙凤。

太常旗,面高3米,宽2米,枣红色,周边及旒为黄色,绘日月星辰、升龙降龙等。

刀旗,旗面高3米,宽1.2米,旒长0.6米,旗面分别绣凤凰、虎、豹、狼、熊、狮、鹰、象等禽兽。

道具制品:

兵仗8对,钺、斧、叉、戈、戟、矛、殳。

告祭乐舞道具有笏、梧桐凤凰。笏供身穿古代官服的合唱队员双手握着，做上朝状。梧桐凤凰为舞蹈道具。

挂有舜帝像的中国结佩饰：参祭来宾佩戴挂有徽章的中国结，徽章正面为舜帝像，背面为公祭图案。

绍兴舜祭

绍兴祭舜历史悠久，内容丰富多彩，传承有绪，文化地位极高。祭舜主要有两个场所，即柯桥区的王坛舜王庙和上虞区的百官大舜庙。

王坛舜王庙祭舜

王坛舜王庙和舜王庙会。舜王庙会在 2021 年 6 月成为国家级非物质文化遗产项目。

绍兴舜王庙会是每年秋季以王坛镇双江溪舜王庙为中心，集舜王祭祀、民间艺术展演与农贸交易为一体的综合性民俗活动，基本内容包括：

以舜王祭祀为中心的"座会""巡会"仪式，仪式形态完备。"座会"从九月二十四开始，持续 5 天，到九月二十八谢神结束，包括摆供、祭拜、请寿、宿山、进香、求签等；同期举行的"巡会"有梳妆、升舆起马、驻马、供筵、斋饭、入庙等。地域特色鲜明的民间艺术展演,如跳无常、三十六行、八仙庆寿、财神赐福等,并有绍剧、越剧等地方戏剧演出。相当规模的庙市交易,庙会期间绍兴境内与附近市县商贾汇集于此,农贸活跃。

绍兴南部会稽山区、诸暨枫桥、嵊县北部山区以及上虞上浦以西一带是虞舜信仰的主要流传地。以双江溪舜王庙("绍兴舜王庙"已列入国家重点文物保护单位)为中心,王坛镇、稽东镇、嵊州谷来镇、上虞上浦等还有30座村庙供奉大舜的分身或亲属神庙,为舜王诞祭祀活动提供具体的时空。

传统舜王庙会以柯桥区王坛镇双江溪舜王庙为中心,以柯桥区南部的王坛镇、稽东镇、嵊州谷来镇为主要区域,其影响范围包括诸暨枫桥镇、上虞上浦以西一带。还有从这些地区出外定居在杭州、上海等地的人也会赶来参加。近年来,中华虞氏宗亲联谊会组织海内外宗亲前来祭祖。

会稽山区的人们崇拜舜,视舜王为会稽山区农耕(稻作)文明的始祖。南朝梁任昉《述异记》载:"会稽山有虞舜巡狩台,台下有望陵祠",为舜立祠祭拜,南宋《嘉泰会稽志》文载有"虞舜庙"。庙宇是庙会活动的基本空间,有"庙"才有"会",逐渐形成以清咸丰年间重建的双江溪舜王庙为主会场的会稽山区各舜王及其亲戚庙共同庆祝农历九月二十七舜王生日的舜王庙会。舜王庙会历来是当地最盛大的节俗,舜王庙达30多座。自清初以来,舜王庙会有独立的组织领导机构——"社"和"会"。清末民初庙会达到鼎盛,有36社。主要仪式包括朝山进香和菩萨巡会,持续三天甚至五天。1926年前后,日本摄影师樱井一郎用镜头拍下了双江溪舜王庙会热闹非凡的场景。解放初仍有13社119会遍及67个村落,会货28种119个。舜王庙会一直在民间存续,1958年公社化后以物资交流会的形式存在,舜王庙会传承处于濒危状态。经当地乡贤历时三年的调查和发动,2005年恢复传统祭典,2007年恢复巡会,同年列入浙江省第二批非物质文化遗产代表性项目名录。传统祭祀和巡会庙会活动形式也已基本恢复，已恢复会货 28 种，遍及村落 67 个，巡会队伍 1000 人以上。村庙成为传承基本单位，划分为五个片区，片区与村庙扮演着传统的"社"与"会"的角色。参加庙会人数逐年提升，以 10 万人计。以庙会为平台，推进当地乡村振兴。从整个庙会的目的、功能和效果来看，信仰的力量依然贯穿其中，但艺术娱乐的成分越来越大过信仰，仪式的意义日渐淡薄。

舜王庙会的特点是：1. 以江南农耕始祖崇拜为中心，集信仰、民俗表演与庙市贸易为一体。会稽山区民众以舜为农耕的始祖与地方保护神灵，传说舜耘耕象田于上虞上浦，天降嘉禾于嵊州谷来。民众为他立庙祭祀，并定期举行庙会，逐渐形成了融祭祀仪式、民间艺术、口头传说等集中传承与展示的地方盛会。民众借此表达对稻作文明先祖舜的感恩和崇拜。2. 庙会组织结构完整，地方社

来自 31 个省（自治区、直辖市）的虞氏宗亲赴双江溪舜王庙祭舜（2023 年农历九月二十六）

祭舜柯桥区庙会

会协同运作有效,地域影响显著。旧时,有自己的祭祀组织"社"和"会"。如今当地民众以周边 97 个村庙为传承实践基本单位,形成研究会、片区与村庙三级运作的民间组织模式,充分发挥了当地民众在保护传承中的主体作用。3.民间艺术种类丰富,内涵深厚,地域文化标识独特。拥有包括造型艺术、杂技、舞蹈、音乐、武术等民间文艺类型在内的 28 类 119 个会货表演。其艺术特征体现显著的会稽山区特色,保留有祈福被除的古越巫艺能印记。

庙会的祭祀用品:五事烛台、铜镜、爵、铜盆、香炉、五牲福礼、香、祭围和胸卡等祭祀用具。会货用品:28 种会货表演服饰及相关道具共 1100 多套。

巡会队伍浩浩荡荡,有五六千人,按前后顺序,大致巡会如下:

铳会。铳是旧时使用的一种火器,又称火铳。舜王庙铳会

由肇湖村的 100 户人家组成,共 100 支铳,届时用来鸣放开道,
煞是壮观。铳会有旗幡,是斜角旗,旗杆很粗,旗上绣着老虎,还
有"大舜庙会第十社铳会"几个大字。

打架老鼠。共六至八人,化装成老鼠模样,手里拿一根头
上劈散了的毛竹棒,挥舞起来会发出响声,专门负责让围观的
人群让出道路,为巡会队伍开道。他们在路上窜来窜去,增加
不少乐趣。

执事会。模仿旧时官府出巡时的排场,手持肃静牌、回避牌
和各种兵器銮驾,以示威严。这种执事大多用锡制成,在阳光下
熠熠生辉。旧时专门由坎上村负责制作。执事会也有 100 多人。

校会。是舜王神轿的卫队,由孙吞村 16 岁以下的少年担任,
穿戴戏服,十分威风。校会有校会山,用来承担添置戏服等开支。
又分文校会、武校会两种。文校会 60 人左右,有 6 支号、6 面铜

2023 年农历九月二十四,舜王巡会肇湖村隰将庙驻马供筵场景(绍兴
市虞舜文化研究会供图)

锣。武校会的人更多些,是为了预防半路上有人抢夺神轿而准备的,都是些身强力壮、懂得些武艺的年轻人。

舜王神轿。用八抬大轿,随行十多人,半路上可以轮换。

提炉会。大约 20 人。每个人手里提着一只香炉,炉里燃着檀香。走在神轿的两侧。砩头村的提炉会有 3 亩会田。

龙会。指舞龙会的队伍,一条龙一般要有 20 多人舞,一条龙就有一个会,由近 30 户人家组成。舜王庙会上的龙特别多,每次庙会都不同,少则三四十条,多则上百条。穿插在巡会的队伍里,不时进行舞龙表演,大大增添了气势。肇湖村有"九龙百铳"之称,一个村就要出九条龙,尤其是他们的黑龙,最为出色。据说还有一种硬脚龙,煞是厉害,柔的时候宛若游鱼,硬的时候恰似一根钢棒,可以横扫千军。

高跷会。踩着高跷行走表演,一般都扮演成戏曲人物。

大炮会。共有三个土炮,用来壮声威。一个大炮二人抬,两个小炮各由一人掌管。这是双江溪村人的骄傲。当年由一位开绸厂的富户捐资,还做了一面大旗,上绣"双江溪大炮会"几个字。

罗汉会。都是些十岁左右的儿童,表演叠罗汉杂技和各种武术。青童湾村的罗汉就很出名。

马灯会。表演马灯舞。

虎豹狮象会。是一种机关布景一类的玩意儿,在笼子里扎了一只老虎、一只狮子,一拉机关,就会跳跃扑腾,表演老虎戏蝴蝶、狮子滚绣球等动作。

唱班。又称"戏客班",是一种戏曲坐唱形式的民间文艺样式。队伍休息的时候,他们会唱上一段,颇为热闹。

兵荡会。由一班会武术的年轻人组成,队伍休息时表演武术。

2023年农历九月二十四,嵊州谷来镇吴山舜王庙村庙级祭舜大典(绍兴市虞舜文化研究会供图)

2015年舜王庙祭文

王坛镇镇长郦满峰

维公元二〇一五年十一月吉日,王坛镇郦满峰偕各界代表,谨以牲时鲜、钟鼓雅乐之仪,致祭于中华圣祖舜帝有虞氏之庙前,曰:

惟哲化神,继天作圣。孝解逆悬,万古韶风。三载考绩,黜陟幽明,善无微不著,恶无隐不章。德昭天下,九州同心。南风之熏,解吾民之愠;南风之时,阜吾民之财。造福四海,德泽八方。

穆穆稽山,潺潺鉴水。古越承惠,物阜民丰;日月冉冉,再续华章。灵异见于舜水,孝道播于虞江。泽被桑梓,"五水共治"惠民生;众擎易举,"三改一拆"创新风。政通人和,风光月霁,毓秀大地,谱写中国梦!

2015 年舜帝庙虞舜后裔祭文

巍巍舜帝,中华之祖。生于上虞,迁于负夏。耕于象田,渔于渔浦。孝感动天,承接大统。巡狩会稽,恩泽千古。王坛青坛,祭天祭地。天降嘉禾,地名谷来。任命夏禹,兴修水利。始于肇湖,终于了溪。退位让国,古之贤君。大哉圣德,非天者何。崩于青桐,葬于虹坟。百姓恩之,立庙祭祀。仰惟圣谟,万世有洁,祭祀大舜,构建和谐。舜帝有灵,保佑万民。国泰民安,风调雨顺。人寿年丰,财源茂盛。伟哉大舜,伏维尚飨。

绍兴舜王庙 2017 年祭文

维公元 2017 年 11 月 13 日,岁次丁酉,九月二十五,王坛镇镇长钱苗娣偕各界代表与四方宾朋,谨以牲醴时鲜、钟鼓雅乐之仪,致祭于中华圣祖舜帝有虞氏之庙前,曰:

伏惟舜帝,圣洁吾君,继天立极,功德并隆。人伦之至,至孝韶风,淳风普世,泽福四海。圣德天下,惠怀之仁,御衡寰宇,万世永赖。歌《南风》,垂衣裳,开道德文明,润千古后世,炳如日星。

稽山苍苍,鉴水泱泱,古越承惠,物阜民康。党的十九大,再谱华章,举国奋进,共奔小康。红船精神,继承发扬,锻造铁军,卫国守疆。三改一拆,破杂除乱,五水共治,绿水青山。全域旅游,醉梅小镇,富庶文明,百业俱昌。

际此盛世,长风浩荡,昭告我祖,佑我家邦! 尚飨!

上虞大舜庙祭舜

上虞舜迹很多,祭舜活动十分活跃,核心是在大舜庙区域。大舜庙在唐代建立,原在百官镇,乡民祭祀,十分隆重。现重建在曹娥开发区,殿宇宏伟,气势磅礴。2011年大舜庙落成以后,年年有公祭民祭,祭祀活动众多,影响海内外。

百官大舜庙祭舜

大舜庙,原名舜帝庙、舜庙。始建于唐长庆元年(821),由百官民众集资建造,其旧址在百官上街堰头附近。南宋嘉泰《会稽志·祠庙》:"舜帝庙,在(上虞)县西三十五里。"明万历《新修上虞县志·山川》:"自龙山西尽,曰百官。相传舜避丹朱,百官朝会其地。旧尝建县治,有百官街,临江有舜帝庙,庙前有石曰重华石,击之有声。"清道光二十三年(1843)和民国十年(1921)又多次重修,使舜帝庙成为气势壮观、建筑雄伟、结构独特、雕刻精湛的江南名刹,成为当时名震江南的道德圣殿和祭祀场所。

舜帝庙山门面朝东南,门口牌楼巍峨,半角挑檐,青灰瓦楞,凝重壮观。两侧山墙上,嵌有用整石镂刻而成的石雕漏窗。山门外的梁柱上,皆为木刻浮雕,游鱼飞鸟,家禽走兽,大小不过盈寸,然皆神态若生。另有砖雕人物,大不过拳,但眉眼耳鼻嘴清晰异常,几欲说话行走。舜帝庙建筑为三进三殿三戏台,宽约23米,为五开间,庙纵深约139米。山门前有荷花池、石拱桥。庙前有重华石,击之有声。庙北有舜井,东西各一,均有涌泉。门口有一个放生池,池周有石雕围栏。

第一殿为祀舜帝。进入山门是一个壮观的双檐鸡笼顶戏台,四根台柱挺立四角,上下檐之间不用一根横梁,仅靠斗拱、琵琶顶的顶吊承受上檐的重荷,可谓构造别具,匠心独运。戏台的台柱斗拱上,雕有一对"荷叶神仙",悬空挑出,长发披肩,刘海覆额,无论从哪个角度看去都像开口在笑。旁边还有一个叫"屠海观"的看台。戏台对面便为大殿，高达 9 米，宽 13 米，进深 23 米。大殿前檐，石柱四根，中间两根上雕石龙，须爪凌厉；左右两根上刻凤凰，展翅欲飞。大殿正中有虞舜全身坐像，盘坐在舜井上方；舜像旁边有块巨大的凉石，光滑莹洁，据说人只要坐在上面，汗流浃背者立即会感到清凉爽身。舜王两边立有总管、天医、财神、火神四尊大菩萨，高大威猛。第二殿为祀后稷、潮神菩萨、关帝菩萨等神像。两边的大殿柱上刻着一副对仗工整、妙趣横生的对联：兄玄德弟翼德，得兄得弟；师卧龙友子龙，龙师龙友。第三殿为祀四岳，有红、白、黑、蓝脸四个菩萨。庙内每一进均有戏台，两边为廊房。庙内有石雕、砖雕、木雕、浮雕、飞檐龙顶等能工巧匠之杰作。

舜帝庙建成后，历朝群贤毕至，文人墨客更是顶礼膜拜，留下了许多著名的诗词、文章、楹联和匾额。

每逢农历九月二十七日舜的生日，都要举行盛大的祭舜庙会。每次庙会的场面都很壮观，方圆百里数以万计的善男信女，扶老携幼，持香拈烛，前来朝拜舜君，祈福禳灾。是日庙内香烟缭绕，日夜锣鼓喧天，灯光烛影，如同白昼，出出进进，人山人海，参加祭舜大典的有舞龙队、狮子队、白象队、叠罗汉、踏高跷，还有从绍兴邀请来演戏的"绍兴大班"，从嵊县请来的"女子的笃班"，戏文要做三天三夜。而庙前庙后，曹娥江堤上，到处都是临时摊贩，各色土特产，缸甏箩筐，一应俱全。

近百年间，舜帝庙屡遭劫难，先是毁于一场大火。1935 年，上虞士绅谷旸主持筹资修葺大舜庙，但在抗战期间舜帝庙又数次惨遭日机轰炸。

2016年丙申年绍兴市上虞区社会各界祭祀中华道德始祖舜帝典礼(刘育平/摄)

大舜庙（刘育平／摄）

　　重建大舜庙是上虞民众多年的夙愿。2006 年，上虞区（市）委、区（市）政府顺应民意和时代要求，正式将大舜庙重建工程摆上议事日程。2011 年 6 月 18 日，大舜庙落成暨中国孝德文化之乡授牌仪式在曹娥景区舜耕公园隆重举行。

　　整个大舜庙包括凤凰山上大舜庙组团和凤凰山下重华寺组团，与曹娥庙相呼应，和舜耕群雕相融合，气势雄浑，匠心独具。整个建筑群是高大团块状的台榭式建筑，主体为两汉风格。大舜庙组团主要由大舜殿、虞舜宗祠、重华亭、凤来亭和两个配殿组成，重华寺组团主要涵盖钟鼓楼、大雄宝殿、大悲楼、天下第一斋。外形远看酷似凤凰展翅，完美演绎了大舜"龙身凤体"的传说。

　　舜庙保留了老舜庙的重华石、戏台与舜井"三宝"。重华石与戏台分别放在山门虞舜史话廊与虞舜宗祠，而舜井则以照片的形式放在虞舜史话廊一侧。虞舜史话廊的另一侧则摆放了全国唯一的甲骨文"上虞"二字,经郭沫若考证,殷商甲骨文中已有"上虞"地名。

行走在大舜庙,粗犷原始的石雕、精美传神的铜雕、生动流畅的木雕,给人一种思想的震撼。那近千幅精心制作的石、铜、木雕作品,完美地诠释了大舜庙的建筑思想和文化内涵,衬托出中华民族5000年灿烂的文明史。

大舜殿辅以两汉风格,以石雕和铜雕为主,而虞舜宗祠则以木雕为主,呈现出鲜明的明清风格。这里的每一幅作品、每一种用料、工艺都十分讲究,均采用国内外一流的铜、石、木料和一流的工艺制作,以大舜传说、孝德文、庙宇文化为载体,将孝德文化精神和传统庙宇文化高度融合。站在大舜庙的主殿前,你仿佛看到穿戴整齐的文武百官正步伐坚定地走入朝堂。

重华亭采用青铜吊顶,其上雕刻有内容迥异的图案,有农耕、祭祀、娱乐……环顾四周,你会发现每根石柱上都有一个神态各异的泥俑,或吹,或拉,或弹,或唱,人在重华亭,仿佛真的听到了来自远古时代的乐声。相传伏羲氏作琴,神农氏制曲,黄帝操琴,虞舜歌南风,以教化万民。虞舜在《南风歌》中唱道:"南风之熏兮,可以解吾民之愠兮。南风之时兮,可以阜吾民之财兮。"意思是说,南风徐徐,可以解除我子民的温热;南风吹得正合时宜,可以赋予我子民财富。亭子上的这些雕刻,反映了虞舜时代平定九州,教化天下,百姓安居乐业的景象。

直径3米的铜制铺首。铺首是古代门扉上的环形饰物,它起源于史前人们对兽类的崇拜,汉代寺庙大多装饰铺首,以驱妖避邪,其作用类似于我们现在用的八卦图。铺兽的图案中,表现的内容是比较多的,有虫的形状,有兽的形状,有蟾蜍的形状,但以兽形居多。大舜庙的铺兽是虎、螭、龟、蛇等形状的综合体现。

大舜庙主殿顶上设有九个铜雕脊兽,一般建筑的脊兽都是头朝外的,而大舜庙的八个脊兽都是头朝内的棉棍考古研究。古代建筑中的脊兽朝向屋顶中间的那只鸟，象征着百鸟朝凤;而屋顶的九只脊兽则象征着九州平安。

端坐于大舜殿内的青铜大舜像，君临天下，气吞山河，是整座大舜庙的魂。舜帝头戴束发冕冠，身着厚帛布制作的宽袖大袍，右手扬起，似在召唤子民;左手护膝，给人一种亲和力。造型介于人、神之间，五官威严，神态端庄，剑眉竖起，双眼远视，目光坚毅，嘴唇微闭，似刚刚发完号令作短暂的停顿，给人一种深谋远虑的气魄;又似在讲述孝德礼仪中的典范，给人一种振聋发聩的启迪。庄重中折射慈爱，严峻中蕴含亲切。整座的体量感很强，充盈着一股勃发的张力，给人一种气势和力量，是不可多得的造型精品。

附:

1. 上虞《舜王庙志》(三卷)历代诗歌

[宋]陆游《舜庙怀古诗》

云断苍梧竟不归，江边古庙锁朱扉。

山川不为兴亡改，风月应怜感慨非。

孤枕有时惊客梦，斜风无赖客添衣。

千年回首消磨尽，输与渔舟送落晖。

［宋］李光《题百官渡》

晓雨微茫水接天，隔江茅店有炊烟。

杖藜独步沙头路，犹记当日趁渡船。

［宋］李光《再题百官渡》

茅舍荆扉尚宛然，重来白首记当年。

几回倚杖沙头路，独立苍茫唤渡船。

［宋］张侃《舜庙在龙山右》

水来江尾难分燕，山到崖头合号龙。

见得人心尊万乘，片帆飞过亦朝东。

［宋］赵汝普《题舜庙》

苍梧云断帝升遐，奇石江边自古夸。

莫道薰弦无逸响，鹏鸣寸念亦重华。

［元］林景熙《舜庙》

老断薰弦万窍幽，三千年事水空流。

衮衣剥落星辰古，野庙凄凉鹿豕游。

孝友风微惟旧井，神明遗胄尚荒丘。

九疑回首孤云远，老眼斑斑盼楚舟。

［清］桑调元《渡百官江》

猎猎回风乱落霞，百官江上布帆斜。

寒云半锁岩腰树,浊浪平淘峰脚沙。

雨雪连朝迷客渡,涂泥一尺困牛车。

莫嗟行路难如此,好就津头卖酒家。

［清］桑调元《渡百官江易小舟》

依依故乡路,一苇乱舜江。

江面非阔远,风湍激奔泷。

行客竟利涉,沙岸相春撞。

临江虞帝祠,神鼓秋逢逢。

敝屣帝天下,陋彼巫言咙。

仿佛白云阴,三妃袭灵幢。

小憩重华亭,水石闻寒淙。

斜阳淡疏影,鱼舣无篷窗。

夕风起潮潆,飞过白鹭双。

［民国］曹恒吉《舜庙》

帝辇何年过,荒祠起暮风。

百官藓古石,两岸漾飞虹。

松矗屯江鹤,莎深蓐塞鸿。

垂衣天子象,野老话重瞳。

［民国］王瑑《舜江十景并序》

越多佳山水,如镜湖之播于诗歌、形于图通者,无论已。吾舜江又得十焉。舜江源出剡山,婉委百里而入大海,固鄞越之天堑也。江上

有龙山,山下有金鸡石,抵拒奔涛,喷沫飞雪,宛为大观。其左则兰苕溟
濛,如披米颠画图;右则旌教寺,旁多虬松,怒风激之,时若潮音。有如
娥如黛、穹然菁密之上者,曰峨眉;与峨眉若断若续者,曰凤山;对凤山
而峙者,曰顾坪。晴日登眺,千岩万壑,罗列其下。回首北瞰,清光如镜,
渔艇蓑笠出没其间者,则夏盖湖也。是十景者,余尝朝登夕览,留连顾
视,其有播之歌,形之图画,如镜湖者,亦山水之幸也。因为之记。

舜江晚渡

夹岸青山江水肥,渡头暝色上征衣。

春潮暗落海门远,凉雨初来津树微。

2020年11月8日,庚子年上虞社会各界祭祀中华道德始祖舜帝典礼在中华孝德院举行
(刘育平/摄)

桑橹一声惊雁过，短篷三尺逐鸥飞。

半边红处炊烟外，指占灵祠孝女扉。

鸡石秋涛

银山隐隐水迢迢，倏忽飞来到舜桥。

石脚硬盘痴虎立，涛头鏖战毒龙骄。

轰雷一击天容惨，喷雪千重地轴摇。

但得枚乘好赋手，不须夸说广陵潮。

龙山九日

肥鱼大酒菊花天，十里龙山处处连。

剡县滩（潮）声来脚底，会稽峰影落樽前。

青丝莫倩愁中老，乌帽谁禁醉后颠。

满把茱萸人正健，风流未必逊当年。

兰芎烟雨

虞乡一障峙兰风，俯瞰长江气象雄。

漫说林峦明媚处，且看烟雨画图中。

云迷万壑头俱重，墨渖三分手未工。

惟有定评苏玉局，西湖两字入空蒙。

旌教晨钟

柝音未静又钟音，门巷萧萧曙欲侵。

一角青山藏古寺，半弯残月挂疏林。

江船有客初醒梦,僧阁何人正苦吟?

粟鹿乡关尘已动,几曾打破利名心!

竹岭松风

寺山名竹却多松,低拂山门积翠重。

空际一声惊骤马,树头千尺舞犹龙。

怒含远埠涛初上,势挟前溪雨正浓。

六亩泉香新茗熟,独来清听发幽惊。

峨眉初月

淡淡银河夜气清,峨眉峰顶月华生。

上虞各界人士每年都要隆重举行祭祀舜帝盛典(刘育平/摄)

云开鸦嘴石棱瘦，影落龙潭泉窦鸣。

楼阁方家帘尽上，江天十里笛初横。

面山却有蜗牛舍，闲坐东南倒酒罂。

凤山春晓

晓气晴明春景奢，一峰高处尽繁华。

烟含鸡石江头柳，日上牛皮谷口花。

北岸莺声开万户，南湖树色隐千家。

天然一种难描画，菜甲飞英麦长芽。

顾坪晴眺

石溪松径布鞋轻，独立凌虚四顾坪。

乌桕落时村店出，青山缺处海潮生。

江头估舶连章埠，云里人家指越城。

多少诗情兼画意，一回收拾眼崖明。

盖水秋渔

天光湖色净琉璃，闲看青山理钓丝。

秋水才添新雨过，渚风微动夕阳迟。

断荷浦外竿双影，疏柳桥边桨一支。

软笠轻蓑随处好，何人重谱志和词？

［民国］谷肇庆《访仇亭遗址》

昔读班固志，上虞有仇亭。

柯水绕其侧，建筑大模型。

丹朱亦应避，敝屣帝尧廷。

百官竞朝贺，乃咨四海宁。

帝曰都蒲坂，亭犹在沧溟。

晋史亦载之，本是重华庭。

古碑不可得，且复考图经。

［民国］谷旸《啸林张先生建林海亭子舜江之滨诗以记之》

孝友原为百世型，大江此去独扬灵。

虞滨故事无人问，林海新添第六亭。

2.《上虞大舜庙赋》

或蔚上虞，亘古名区。踵武嗣徽，奕代哲圣名贤辈出；光前裕后，环城奇踪胜迹竞殊。曩时，舜父瞽叟茨居虞邑西郊之虹漾；未几，前妻握登意感虹霓诞舜于姚墟。母早亡，瞽叟溺爱后妻之子，屡图谋害；舜避逃，仍然顺事顽父嚚母，笃谨无逾。舜孝慈友悌，四岳依於。执耜历山，耕夫谢畔；施罟雷泽，渔父让居，制陶河滨，器不苦窳。迁徙之处，一年成聚，二年成邑，三年成都。

帝尧闻其贤声，辄下令诏征。与之语礼乐而不逆；与之语治政而克明；与之语仁道而能澄。帝尧悦，遂命九子事之，二女妻之。牛羊备仓廪，畎亩养圣灵。帝尧薨，舜应历受禅，继天作圣。在麓不迷，御衡以正。除凶举俊，以齐七政。天眷功高，民归德盛。四门穆穆，诸侯咸敬。慎微五典，百揆和应。垂拱而治，八荒泰定。世事清明，天下和靖。

舜德巍巍，舜爱惜惜，声律协治，箫韶九成。丝桐台奏，揖让鼓琴。

熏风载旨,咏彼南音。凤凰来仪,鸟耘象耕。休祥咸萃,符瑞齐臻。惠泽桑梓,万古遗馨。

舜受禅之初,尝避丹朱于故里;百揆克从,朝贺于江畔仇亭。舜与诸侯会事既讫,因相虞乐,遂成郡名。尔后支庶封邑于此,瓜瓞繁衍,姓族蕃生。子民甘棠遗爱,醵金修葺庙廊;春秋释奠,俎豆烝尝。自唐伊始,历久未央。然漫漫岁月,屡变沧桑,灾厄兵燹,兴废无常。此后,百官原址,再难觅硕大巍峨之庙貌,唯遗舜井、戏台、重华石"三宝",依旧向人们诉说着昔日的辉煌。多少人,憧憬着庀材修缮之梦想;多少年,时光流逝,夙愿难偿。

时逢盛世,国运昌隆。天祥气瑞,人寿年丰。尧风润发,舜日暖烘。当局贤明,重揆宏旨;专家论证,复振穆容。迁址兰芎、大顶山口,渲染天人同构之逸想;汇入孝门女曹娥景区,突出孝德主题文化之显崇。舜庙皱石为栋,茅茨柏梁,呈现出远古蛮荒的特色;殿宇庄严大气,粗犷伟雄,显示出舜德肃穆熙雍。舜像魁伟,虎躯鹰臂;龙颜英奕,大口重瞳。

明德始祖,万民瞻仰;孝义之元,千古虔恭。

祠宇毕具明清风格,美轮美奂;明堂精雕细镂,巧夺天工。新颖杰特,九州魁首;匠心独运,迥然不同。下塘口,有一亭如凤,背展双翅,势欲腾空。象征舜韶九奏,百鸟随从;掩映仙翰呈瑞,神翮翔风。祥兆来仪览德,景祚丰融;表贺虞山赉福,舜里郅隆。更有"群象巨雕",堪称当世一绝,千古奇观。艺术家天机匠意,荦荦大端。演绎当年虞舜在历山执耒畎亩,群象佐耕的故事;展现出我国艺坛精湛的绝技,至巧的雕镌。如此巨大的石雕群,其规模堪称"亚洲之最";如此弘扬舜德精神,其措意实创"世界之先"。

赞曰:尧天盛世兮,舜日仁风。灵光熠烁兮,兀突琳宫。新颖独特兮,

省内外从事虞舜文化研究的专家学者,以及来自国内 10 多个虞舜学术团体等组织的代表、上虞各民间团体和单位的代表以及市民代表等 3000 余人,参加祭祀活动　(刘育平/摄)

冠时佳构;伟雄粗犷兮,拟古奇踪。象耕畎亩兮,天造地设;凤仪昆岭兮,鬼斧神工。人文美德兮,懋扬至极;五伦孝义兮,晖烈无穷。繁荣经济兮,超凡之举;振兴圣里兮,不朽之功。春风化雨兮,民心承露。闾阎和美兮,福嘏祚隆。

（钱明锵）

主要参考文献

［宋］司马光：《资治通鉴》，中华书局 1997 年版。

［宋］嘉泰《会稽志》，中国地方志集成本。

［宋］宝庆《会稽续志》，中国地方志集成本。

［明］万历《绍兴府志》，中国地方志集成本。

［清］乾隆《绍兴府志》，中国地方志集成本。

杨伯峻编著：《春秋左传注》，中华书局 1981 年版。

董楚平：《吴越文化新探》，浙江人民出版社 1988 年版。

白寿彝总主编：《中国通史》，上海人民出版社 1989 年版。

绍兴市地方志编纂委员会编：《绍兴市志》，浙江人民出版社 1996 年版。

陈桥驿：《吴越文化论丛》，中华书局 1999 年版。

金普森、陈剩勇主编：《浙江通史》，浙江人民出版社 2005 年版。

傅振照:《绍兴史纲》,百家出版社2002年版。

李永鑫主编:《三看绍兴》,云南美术出版社2004年版。

俞日霞:《绍兴虞舜文化研究》,浙江人民出版社2006年版。

李永鑫主编:《绍兴名人传略》,宁夏人民出版社2007年版。

郑国茂:《舜帝之谜》,人民出版社2007年版。

高占祥主编:《二十五史》,线装书局2011年版。

湖南省舜文化研究会、山东省大舜文化研究会编:《虞舜大典》,岳麓书社2011年版。

万里、刘范弟辑校:《舜帝历史文献选编》,湖南大学2011年版。

绍兴市档案馆编:《越地记事》,上海人民美术出版社2012年版。

李永鑫主编:《绍兴通史》,浙江人民出版社2012年版。

吕步震、杨浚清主编:《大舜故事》,中央文献出版社2014年版。

阮其龙主编:《虞舜文化学术论文集》,中国文史出版社2014年版。

曲辰、唐淑云著:《尧舜史迹考》,人民日报出版社2015年版。

越言著:《城市密码》,西泠印社出版社2016年版。

吴宝炎主编:《虞舜遗踪集》,北京图书出版社2016年版。

吴宝炎主编:《虞舜传说故事集》,团结出版社2019年版。

李永鑫:《绍兴传》,新星出版社2020年版。

李永鑫:《大禹传》,中国文史出版社2021年版。

李永鑫:《浙江文史记忆·绍兴卷》,浙江人民出版社2022年版。

李永鑫:《简明绍兴史》,群言出版社2024年版。

大舜传

后记

从嵊州小黄山文化算起,绍兴有考古依据的人类活动时间已经有 10000 年。从河姆渡文化开始,迄今也已有 7000 年之久的历史了。4500 多年前的良渚文化遗迹,是中华文明的肇始时代,三皇五帝、大禹是这个时代的主角。在那个英雄辈出的时代,虞舜、夏禹在绍兴留下众多传说和古迹遗存,反映出绍兴在 4500 年以前文明曙光初现之际也占有重要地位。古人说:"越,舜禹之邦也。古有三圣,越兼其二焉。"绍兴是虞舜文化的重镇,虞舜文化是绍兴地域最重要的文化基因。

中共上虞区委宣传部深入学习贯彻习近平文化思想,在学习理解习近平总书记关于"着力赓续中华文脉、推动中华优秀传统文化创造性转化和创新性发展"重要论述的过程中,认识到研究、整理、传承、弘扬虞舜文化具有重要价值和意义。2023年底,区委宣传部领导走访绍兴市文史研究馆,委托我们编著《大舜传》。我们认为,上虞是舜的出生地,而且舜称帝以后,多次来过会稽,在会稽地区留下了许多舜帝的遗迹,编著出版《大舜传》十分必要。接受任务后,我们全力以赴,从古文献、考古、民间传说等多角度出发,叙述了舜的生平事迹,选辑了后人歌颂虞舜的部分诗文、碑记,重点展示了数千年来朝廷和民间对湖南永州舜帝陵、浙江绍兴大舜庙、舜王庙的祭祀活动。

《大舜传》在编撰过程中得到了许多部门和人士的帮助。中共上虞区委宣传部把《大舜传》作为2024年重点课题,保证了本书的出版。区委宣传部和绍兴市虞舜研究会还提供了部分资料和照片。在《大舜传》即将付梓之际,对所有提供帮助指导的单位和个人表示衷心的感谢!由于时间仓促,书中有不少错漏之处,敬请读者批评指正!

李永鑫　何俊杰

2024 年 12 月 2 日

大舜传